荆州荆南寺

荆州博物馆 编著

文物出版社

封面设计：张希广

责任印制：王少华

责任编辑：王　铮

图书在版编目（CIP）数据

荆州荆南寺/荆州博物馆编．—北京：文物出版社，
2009. 6
ISBN 978 - 6 - 5010 - 2697 - 5

Ⅰ. 荆… Ⅱ. 荆… Ⅲ. 文化遗址 - 发掘报告 - 荆州市
Ⅳ. K878. 05

中国版本图书馆 CIP 数据核字（2009）第 026207 号

荆州荆南寺

荆州博物馆　编著

＊

文 物 出 版 社 出 版 发 行

（北京东直门内北小街 2 号楼）

http：//www. wenwu. com

E - mail：web@ wenwu. com

北京盛天行健印刷有限公司印刷

新 华 书 店 经 销

787 × 1092　1/16　印张：21

2009 年 6 月第 1 版　2009 年 6 月第 1 次印刷

ISBN 978 - 7 - 5010 - 2697 - 5　定价：240. 00 元

目　录

插表目录

插 图 目 录

彩 版 目 录

图 版 目 录

第一章　前　言

一　地理位置、自然环境与历史文化背景

荆南寺遗址位于荆州市荆州古城西 1.5 公里处，南距长江 4 公里，北距楚故都纪南城 15 公里，地属江汉平原西南部，自然条件优越。遗址西北 15 公里之外为八岭山，它是一条由西北向东南延伸的低矮丘陵，最高处不超过 100 米，丘陵以南和以东为岗状平原。遗址处在岗状平原的边缘，其南与东均为冲积平原，附近有众多的湖沼和河流，适宜稻作和渔猎（图一）。

荆南寺遗址原为一处土丘，前代曾在上面建一寺庙，名为荆南寺，此处因此得名。寺庙已于上世纪五十年代被毁。荆南寺遗址的北面与张家山岗地相连，1965 年湖北省博物馆江陵工作站为配合县砖瓦厂取土，对张家山冈地进行调查，发现一处古遗址，于是进行了试掘。张家山遗址的文化堆积是以商周时期遗存为主，兼有新石器时代及其他时期的遗存①。从地形和遗存特征看，荆南寺和张家山遗址应属于同一个遗址。"文革"期间，文物机构瘫痪，遗址无人管理，砖瓦厂把张家山冈地作为取土场，使遗址遭到了严重破坏。到上世纪八十年代初期文物普查时，张家山冈地大部分已被挖完，遗址仅剩南端荆南寺一带尚未遭到破坏，其面积为东西 100 多米，南北 50 多米。为了准确说明遗址的实际位置，考古调查人员改以荆南寺作为新的命名（彩版一，1、2；图版一，1）。

荆南寺遗址靠近纪南城和荆州城，这一地区历史文化积淀非常深厚，是我国南方文物最丰富的地区之一。早在五六万年以前，古人就在这一带居住，留下了许多遗迹和遗物，其中最著名的是鸡公山遗址，它位于荆州城北 6 公里，面积达 1000 多平方米，是旧石器时代的一处大型石器制作场，1992 年发掘后，被公布为全国重点文物保护单位②。现荆州城一带新石器时代分布着众多的大溪文化、屈家岭文化和石家河文化聚落。荆州城以西 34 公里处的阴湘城遗址，至今仍保存着屈家岭文化的城垣遗迹③。1965 年试掘的张家山遗址以及荆南寺遗址中，亦有大溪文化到石家河文化各个时期的遗存。荆州市夏商和西周时期

---

① 陈贤一：《江陵张家山遗址的试掘与探索》，《江汉考古》1982 年第 2 期。
② 刘德银：《鸡公山遗址发掘初步报告》，《人类学报》2001 年第 2 期。
③ 荆州博物馆：《湖北荆州市阴湘城遗址 1985 年发掘简报》，《考古》1998 年第 1 期。

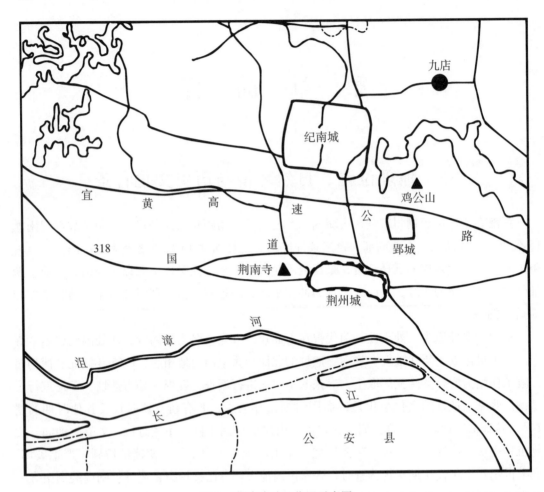

图一　荆南寺遗址位置示意图

的遗存，发现尚不多，不过在荆南寺等少数遗址中，这些时期的遗存却相当丰富。春秋战国时期，楚国建都纪南城，在古都内外留下了众多的建筑遗迹。荆南寺遗址及附近的台基上，发现大量东周时期的瓦片，并有水井等遗迹，即为楚国遗存。荆南寺遗址的北面还有成片的楚国墓葬。公元前221年秦将白起拔郢，楚都内外的建筑悉遭焚毁，荆州城一带也未幸免。荆南寺遗址发现的许多汉墓，以及此后历代的墓葬，均说明从秦汉开始，这里已成为荒丘野地，不再有人居住。荆南寺遗址的发掘，如同揭开了一本载有数千年历史的地方志，使人们对古代荆州的历史发展过程有了更多的了解。

二　调查发掘经过

1982年冬，荆州博物馆和江陵县文物考古工作人员在县砖瓦厂进行文物普查，于荆南

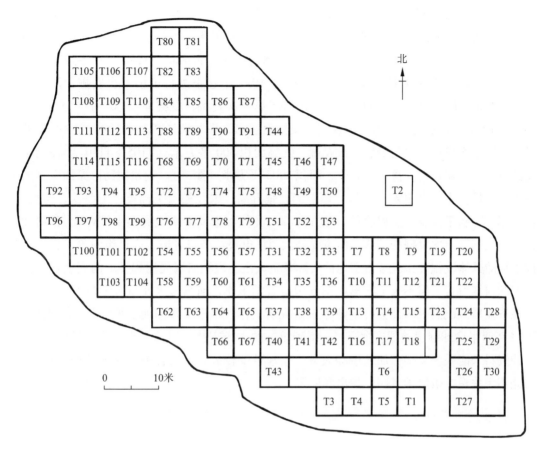

图二　荆南寺遗址探方分布图

寺取土场的断面上发现了一些商代的陶片，方知1965年试掘的张家山遗址南端，尚有部分遗址未遭破坏。当时该遗址已完全处在砖瓦厂的取土场范围内，保护难度很大。为了抢救仅有的地下遗存及资料，经报请国家文物局批准，荆州博物馆于1984年秋冬进行第一次发掘，发掘面积150平方米（T1～T6），此次发掘属于试掘性质，目的是弄清地层关系，为以后的发掘工作做准备。1985年秋冬进行第二次发掘，发掘面积300平方米（T7～T18），此次发掘由荆州博物馆和北京大学考古系合作进行，李伯谦先生担任领队，北京大学考古系1982级学生张昌平、徐良高、王连葵、樊艳华四人参加了发掘工作。发掘结束后，两个单位对第一、二次发掘的资料进行了整理，简报发表于《考古》杂志1989年第8期[1]。1986年秋季进行了第三次发掘，发掘面积300平方米（T19～T30），发掘者全部为荆州博物馆考古人员。1988年春季进行了第四次发掘，发掘面积330平方米（T31～

---

[1]　荆州地区博物馆、北京大学考古系：《湖北江陵荆南寺遗址第一、二次发掘简报》，《考古》1989年第8期。

T43），发掘者除荆州博物馆的考古人员外，还有武汉大学历史系考古专业 84 级学生邱冬联、唐舒龙、王润涛三人。1988 年秋冬进行了第五次发掘，发掘面积 250 平方米（T44 ~ T53），从此次到最后一次，发掘者全部为荆州博物馆考古人员。1990 年秋冬进行了第六次发掘，发掘面积 350 平方米（T54 ~ T67）。1991 年春季进行了第七次发掘，发掘面积 300 平方米（T68 ~ T79）。1991 年秋冬进行了第八次发掘，发掘面积 300 平方米（T80 ~ T91）。1992 年春季进行了第九次发掘，发掘面积 325 平方米（T92 ~ T104）。1992 年秋冬进行了第十次发掘，也是最后一次发掘，发掘面积 300 平方米（T105 ~ T116）。在七个年度的发掘中，累计发掘探方 116 个、面积 2905 平方米（图二）。荆州博物馆参加发掘的考古工作人员，主要有王宏、何驽、郑中华、张万高、朱江松、王福英、王明钦、何德珍、肖玉军、陈新平以及技工周明科、陈方林等人（依参加发掘次数的多少排列）。张绪球担任第三次到第十次发掘的领队，但主要是做项目申报、经费筹措、人员组织等工作，未参加工地的具体发掘工作。考古工地的实际负责人由王宏和何驽先后担任。前期整理工作由王宏和何驽负责，但不久王宏离职调到中山大学工作，何驽考入北京大学攻读博士学位，并在毕业后分配到中国社会科学院考古研究所工作，整理工作因而长期停顿，无人接手。2003 年起张绪球继续整理这批资料，得到馆方的大力支持。但是由于当事人员变动太大，有的资料未能妥善交接，加之事隔太久，整理难度较大。本报告中存在的种种不足之处，与此不无关系，敬请学者同仁指出和谅解。

第二章 地层堆积

一 概况

荆南寺遗址的文化堆积厚 2~3 米。遗存延续时间长，地层关系复杂，整个工地的地层未作统一划分。为了便于比较，大多数探方的地层按时间顺序划分为六大层。第 1 层属于近现代，此层之下分布着 80 多座各个时期的墓葬。第 2 层属于东周，第 3 层属于西周，第 4 层属于夏商时期，第 5 层属于石家河文化，第 6 层属于大溪文化。在一个探方中，如果缺少某一大层，即将该大层的编号空缺。各探方内可依实际情况，将每一大层划分为若干小层，但不同探方的小层之间，在早晚顺序上没有对应关系。从发掘情况看，绝大多数探方的地层均不完整，只有个别的探方如 T11 能见到全部六大层遗存。有少数探方，在发掘中没有按照上面的方法进行编号，还有的小层和该大层之间在年代上未能做到一致。

在六大层堆积中，大溪文化和石家河文化层分布较薄，遗存不丰富，有些探方没有或只有其中一种文化层。1965 年试掘的张家山遗址中发现的屈家岭文化遗存，在荆南寺遗址中没有见到。夏商遗存是该遗址的主体部分，文化遗存也最丰富，其中绝大部分属商代早期。西周时期的文化层分布不均匀，部分探方较薄或没有。东周时期的文化层较厚，整个遗址都有分布。西汉早期开始，直到明清，此遗址变成墓地。本报告发表的考古资料，截止到西汉时期，西汉以后各个时期的资料因比较零散，保存也不好，没有收入。

二 探方地层堆积举例

1. T11

以东壁、南壁剖面为例（图三）。

第 1 层：近现代层。灰色地表土，较坚硬，厚 10~25 厘米。出土物有陶瓷片、玻璃、塑料片、东周和商代陶片。

此层下有西汉墓一座，编号 M4，位于探方的东北部，跨入 T8、T9、T12，墓中出铜鼎、陶罐、陶壶、陶灶等器物。

第 2 层：东周文化层。分两小层。

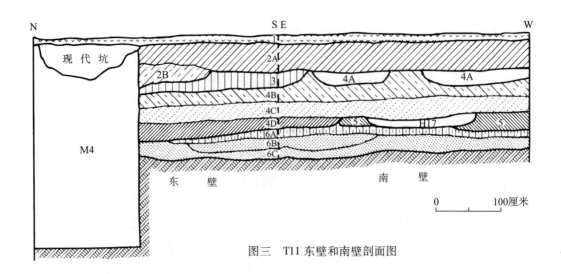

图三　T11 东壁和南壁剖面图

2A 层：灰褐色土，坚硬，厚 40～55 厘米，全方都有分布。出土大量东周时期的筒瓦、板瓦、折沿盆、细把浅盘豆、高领鼓腹罐、壶、鬲等，并杂出商代陶片。

此层下有 H11，位于探方的西北部。填土为黑色，成分较杂，较松软。出东周板瓦、筒瓦、高领罐、盆、浅盘细把豆等。

2B 层：黄红色土，结构紧密，厚 20～30 厘米，分布在探方的东北部。出土遗物与 2A 层相似。

第 3 层：西周文化层。灰黑色土，松软，厚 5～30 厘米。遗物有夹砂红陶或红褐陶的鬲、甗、泥质黑陶豆等。

第 4 层：夏商时期文化层，分为四小层。

4A 层：深灰色土，松软，厚 17～25 厘米。出土陶器中有厚方唇饰粗绳纹的鬲、方唇夹砂罐、釜、缸等。

4B 层：灰褐色土，土质较硬，厚 21～55 厘米。出土陶器有折沿方唇鬲、鼎、釜、折沿方唇罐、盆、缸等。

4C 层：浅灰色土，较松软，厚 30～44 厘米。出土陶器有薄方唇鬲、鼎、凸肩大口尊、缸等。

此层下压 H17。其中出大量陶片，器形有沿面带凹槽饰细绳纹的鬲、罐、壶、大口缸、鬶、甗、盆等。

4D 层：分布于探方的东部，黑灰色土，间浅黄色土，含碳较多，质松软，厚 35～50 厘米。出土遗物有鬲、鼎、大口缸等。此层与 H17 没有发生关系，二者所含遗物特征相似

第 5 层：石家河文化层。灰黑色土，较松软，厚 10～35 厘米。出麻点扁平鼎足、盘口鼎口沿、厚胎喇叭形杯、鬶足、方格纹和篮纹陶片等。

第6层：大溪文化层。可分为三小层。

6A层：浅灰色土，厚5~20厘米，全方均有分布。

6B层：红烧土块堆积，分布于探方的东南角，厚10~30厘米。

6C层：黄灰土，夹少量红烧土颗粒，厚10~40厘米。

以上三小层中所含陶片都极少，特点相同，可辨器形仅有圈足盘的口沿和圈足等。

2. T18

以南壁和西壁剖面为例（图四）。

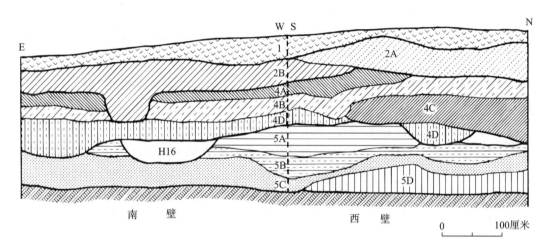

图四　T18南壁和西壁剖面图

第1层：近现代层。灰色地表土，厚11~80厘米。包含物有现代陶瓷片、东周和商代的陶片、大溪文化的石斧。

第2层：东周文化层。分两小层。

2A层：灰褐色，坚硬，厚0~50厘米。包含物有东周时期的陶盆、罐、豆以及商代的大口缸等陶片。

2B层：深褐色，较硬，厚10~100厘米。所出陶器种类与2A层相同。

第3层西周时期堆积，在此探方中没有分布。

第4层：夏商时期文化层，分为四小层。

4A层：红灰色，松软，厚20~65厘米。包含物有鬲、罐、盆、簋、豆、釜、大口缸等。

此层下有H12和H14，位于探方的北端和东北角。两坑内包含物丰富，H12内出土陶器有米粒纹釜、宽方唇鬲、螺弦纹豆把、大口缸、甗等，还有人的残头盖骨、肋骨以及直径达64厘米的大瓮背板。H14出多件宽方唇鬲。

4B层：灰褐色，质软，厚10~50厘米。包含物有大口缸、鬲、罐、豆、盆、釜等，还有兽骨和鱼骨等。

4C层：灰黑色，质软，厚10～75厘米。包含物有方唇鬲、釜、大口缸、鼎、豆、盆、罐、杯、瓶、鬶、敛口斝，还有兽骨和鱼骨等。

4D层：浅灰色，质软，包含物有大口缸、沿面带凸棱的鬲、鼎、罐、盆、簋、鬶、罍、螺弦纹豆把等。

此层下有H16，位于探方的南端。坑中出沿面带凸棱的鬲、米粒纹釜、鼎、大口缸、罐等。

第5层：新石器时代文化层。分四小层。

5A层：褐色，质软，夹红烧土块，厚11～53厘米。包含物有石家河文化的鼎、罐、盆等。

5B层：褐色，夹大量红烧土块，质硬，厚15～35厘米。包含物极少，只有极少量大溪文化的陶片。

此层下有H18。包含物有大溪文化的豆、圈足盘、罐等。

5C层：黄灰色，质软，厚10～50厘米。包含物有大溪文化的豆、碗、圈足盘、盆、瓮、器座、石斧等。

5D层：褐灰色，质硬，厚5～45厘米。包含物少，有大溪文化的细绳纹陶片、豆、罐、圈足盘等。

3. T38

以西壁剖面为例（图五）。

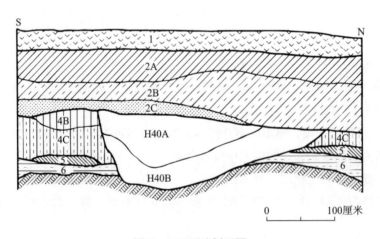

图五　T38 西壁剖面图

第1层：近现代层。灰色地表土，厚约10厘米。包含物有近现代陶瓷片、东周和商代的陶片等。

此层下出现西汉墓一座，编号M23。

第2层：东周时期文化层，分为三小层。

2A层：灰杂土，坚硬，厚10~20厘米。出有绳纹板瓦、筒瓦、锥形鬲足、盆沿、浅盘豆、红陶缸片等。

2B层：灰褐色土，较硬，厚10~30厘米。包含物有较多的绳纹板瓦、筒瓦、卷沿盆、高领罐、瓮等。

2C层：分布于探方的北侧，黑土，厚5~6厘米。包含物中无陶片。

此层下发现H40。坑中堆积分A、B两层，A层出土的遗物有缸、罐、大圈足盘、圆锥足鼎、鬲足以及动物骨骼等。B层出土的遗物有杯、盘形豆、带扉棱的圆锥形鼎足、罐以及牛、羊的骨和牙齿等。

第3层：西周时期堆积，在此探方中没有分布。

第4层：夏商时期文化层，分为四小层。

4A层：分布于探方的东北角，黄色土，夹红烧土颗粒，厚10厘米，无陶片。

4B层：分布于探方的西南部，黄褐色土，较坚硬，厚60厘米，有少量陶片，可辨器形有大口缸、罐等。

4C层：黄色土，夹红烧土小颗粒，厚6~24厘米，出红陶缸片、罐、碗等。

4D：分布于探方的东北部，灰褐色土，厚10厘米，出红陶缸、碗、罐等。

第5层：石家河文化层。灰黑色土，松软，厚约8厘米。出陶片较少，有宽扁形戳刺纹鼎足、灰陶碗、红陶缸片等。

第6层：大溪文化层。灰白色土，夹红烧土颗粒，厚5~9厘米。陶片较少，有敛口碗、釜等。

第三章 大溪文化遗存

一 遗迹

大溪文化遗存只在部分探方有分布，包括第 6 层和少数第 5 层，遗迹有房基和灰坑。

（一）房基

发现 2 座，编号 F3 和 F4。

F3 位于 T36 北端，部分伸入 T33，叠压在 T36⑥之上，东南面被第⑤层打破。房基为长方形，南北长 375、东西宽 190～200 厘米。墙基上开槽，槽中填灰黑土和红烧土，居住面上铺垫细密的红烧土。居住面下即是第⑥层，为红烧土块堆积，含有少量大溪文化的陶片。墙基西侧有一宽 95 厘米的缺口，可能是门洞（图六）。

F4 位于 T43 内，叠压在 T43⑥B 之下，仅剩一片形状不规则的红烧土房基，其原来的形状及大小已无法弄清楚。房基上发现 5 个柱洞，柱洞直径为 10～20 厘米。这些柱洞分布不规则，可能属于不同时期。

（二）灰坑

发现 3 座，皆为口大底小的自然坑堆积，以 H18 为例，此坑开口于 T18⑤B 之下，平面近圆形，最大径 171、宽 154 厘米，剖面为浅锅底形，深 25 厘米。坑中堆积主要为灰色土，中夹黄色红烧土块以及大溪文化的陶片（图七）。

二 遗物

（一）石器

石斧 发现 6 件。标本 T8⑤B：15，长梯形，弧顶，弧刃，长 14.3、厚 3 厘米（图八，1）。标本 T53⑥B：21，小弧顶，宽弧刃，顶端较薄，高 9.2、刃宽 6.6、最厚 1.4 厘米（图八，2）。标本 T50⑥：11，顶略残，宽梯形，弧刃，体较薄，残长 12、刃宽 8.8、厚 2 厘米（图八，5）。标本 T50⑥A：67，上端残，近长方形，弧刃，残长 8.4、刃宽 8.5、厚 3.4 厘米（图八，3）。标本 T64⑥B：35，梯形，弧顶，刃残，残长 10.8、残宽 6.8、厚 1.3 厘米（图八，4）。

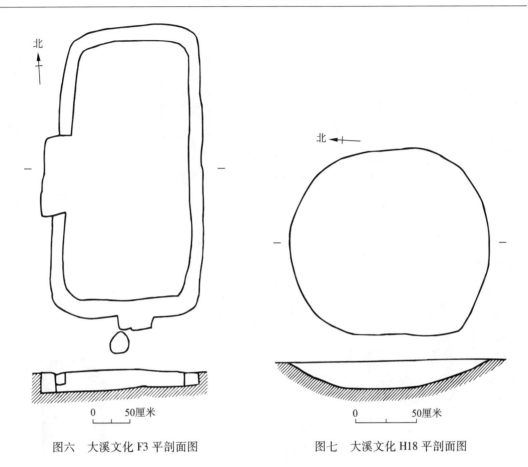

图六 大溪文化 F3 平剖面图　　　图七 大溪文化 H18 平剖面图

石锛 2件。标本 T9⑥B：27，梯形，弧顶，弧刃，长4.7、刃宽4.7、厚1.1厘米（图八，6）。标本 T14⑥：1，扁薄，长条形，斜顶，平刃，长9.4、宽4.6厘米（图八，8）。

杵 1件，标本 T67⑥：62，圆柱形，一端稍平，另一端尖圆，两端皆有捣磨痕迹，全身磨光，长21、腰径8厘米（图八，9；图版一，2）。

凿形器 采集，平刃，长7.5、刃宽0.7厘米（图八，7）。

（二）陶器

绝大多数皆为陶片，可复原的器物很少。陶质有泥质、夹炭、夹砂三种，陶色有红、橙黄、灰、黑等。以 H18 为例，出土泥质陶占46.7%，夹炭陶占50%，夹砂陶占3.3%；红陶占55.9%，橙黄陶占31%，灰陶占11.8%，黑陶占1.3%。红陶大多涂红衣，少数陶器外红内黑。绝大多数陶器皆为素面，纹饰中有弦纹、戳印纹、镂孔、细绳纹，有少量的彩陶。常见的器类有釜、罐、盆、豆、圈足盘、三足盘、碗、鼎、甑、瓮、碟、器盖、器座、支座、陶球等。叙述如下：

釜 文化层中碎片甚多，陶质以夹炭红陶为主，质地疏松，难以复原，表面涂红衣。标本 H5：3，残，卷沿，深鼓腹，夹炭红陶，中腹以下饰细绳纹，口径18.4厘米（图九，

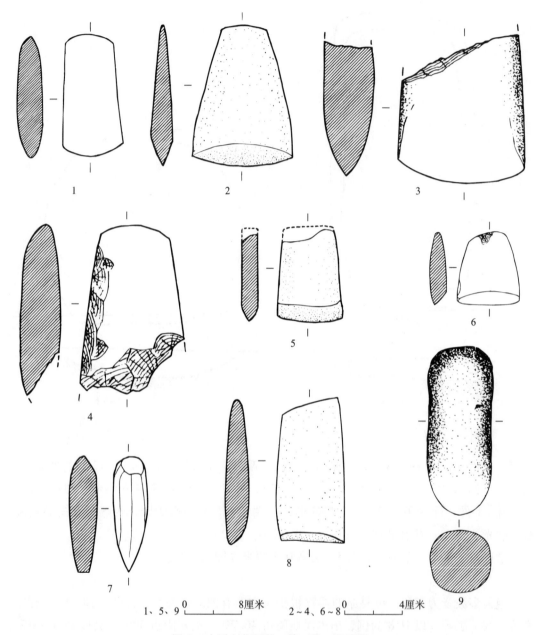

1、5、9 ⌐_____⌐ 0　　　8厘米　　　　2～4、6～8 ⌐_____⌐ 0　　　4厘米

图八　大溪文化石斧、锛、杵、凿形器

1～5. 斧（T18⑤B：15、T53⑥B：21、T53⑥A：67、T64⑥B：35、T50⑥：11）

6、8. 锛（T9⑥B：27、T14⑥：1）　7. 凿形器（采集）　9. 杵（T67⑥：62）

1)。标本 T3⑤B：1，残，尖圆唇，仰折沿，夹炭红陶，沿内和沿外均涂红彩，口径 17.6 厘米（图九，2）。

　　罐　为常见陶器。标本 T45⑥B：1，高直领，尖唇，深腹较鼓，小平底，泥质红陶，

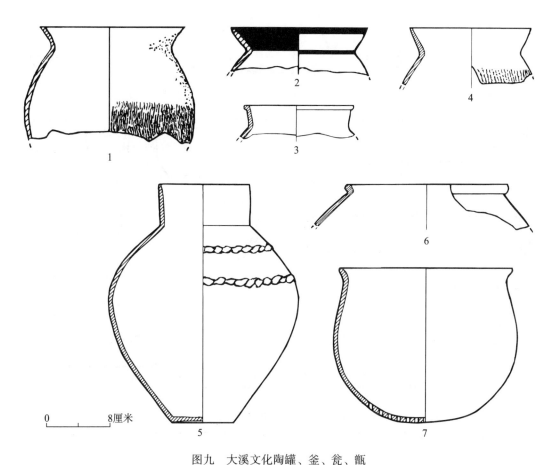

图九 大溪文化陶罐、釜、瓮、甑

1、2. 釜（H5：3、T3⑤B：1） 3~5. 罐（T3⑤B：9、T18⑤C：225、T45⑥B：1） 6. 瓮（T18⑤C：233）
7. 甑（015）

肩部有二道绞丝状附加堆纹，口径11.6、高28.8厘米（图九，5；彩版四，1）。标本T3
⑤B：9，残片，矮直领，圆唇外凸，器表及口沿内涂红衣，夹炭红陶，口径14.2厘米
（图九，3）。标本T18⑤C：225，残，仰折沿，泥质红陶，饰细绳纹，口径16厘米（图
九，4）。

瓮 标本T18⑤C：233，残片，厚圆唇，小口大腹，泥质红陶，口径22厘米（图九，6）。

甑 标本015，采集，微卷沿，腹较鼓，圜底，底上有密集的小圆孔，泥质红陶，口
径22、高18.8厘米（图九，7；图版二，1、2）。

盆 常见陶器，标本分二型。

A型 敛口，内卷沿，弧腹，圜底。标本T4⑤B：13，残，腹较深，沿较厚，下腹及
圜底残，泥质红陶，外红内黑，外表划直线格子纹，口径约20厘米（图一〇，1）。标本T18
⑤B：143，残片，厚圆唇，浅腹，泥质红陶，壁厚1厘米（图一〇，2）。标本T18⑤C：

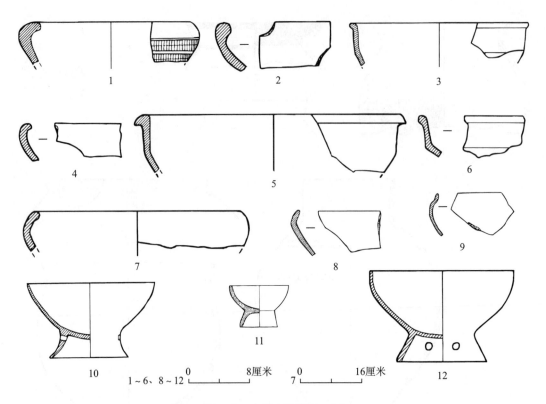

图一〇　大溪文化陶盆、豆

1、2、4、7. A 型盆（T4⑤B：13、T18⑤B：143、T18⑤C：144、T18⑤C：145）　　3、5、6. B 型盆

（T17⑥B：10、T13⑤A：19、T18⑤A：142,）　　8、9. A 型豆（T18⑤B：43、T18⑤C：139）

10～12. B 型豆（T18⑤C：234、T103⑤B：1、T18⑤C：247）

145，残片，体硕大，泥质，橙黄色，口径 56 厘米（图一〇，7）。标本 T18⑤C：144，残片，橙黄色，壁厚 1 厘米（图一〇，4）。

B 型　折腹，平底。标本 T13⑤A：19，残片，翻卷沿，折腹明显，夹炭红陶，口径约 36 厘米（图一〇，5）。标本 T18⑤C：142，残片，窄沿略卷，上腹较直，壁厚 0.6 厘米（图一〇，6）。标本 T17⑥B：10，残，沿略卷，折腹不明显，夹炭红陶，内外涂红衣，口径约 24 厘米（图一〇，3）。

豆　常见陶器，标本分二型。

A 型　均为残片，敛口，深弧腹。标本 T18⑤B：43，内折沿，斜弧腹较深，泥质红陶（图一〇，8）。标本 T18⑤C：139，敛口，泥质红陶，内黑（图一〇，9）。

B 型　复原 4 件，敞口，斜弧腹。标本 T18⑤C：234，深斜弧腹，矮圈足外撇，圈足上有两个圆镂孔，泥质黑陶，口径 16.2、高 9.5 厘米（图一〇，10）。标本 T18⑤C：247，口沿近直，斜弧腹较深，矮圈足，泥质红陶，腹内灰色，圈足上饰两个镂孔，口径 16.4、

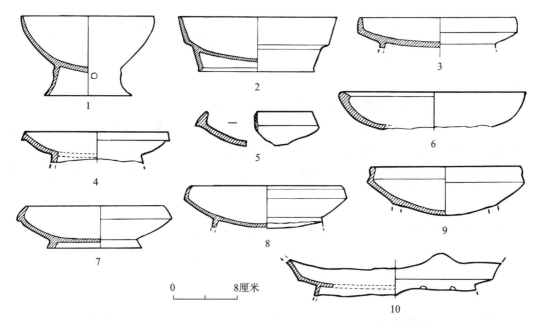

图一一　大溪文化陶豆、圈足盘

1. B 型豆（T18⑤C：1）　　2、10. A 型圈足盘（H22：1、T3⑤B：8）　　4、5. B 型圈足盘（T3⑤B：22、
T8⑤B：164）　6. C 型圈足盘（T3⑤A：16）　3、7～9. D 型圈足盘（T51⑥A：1、T18⑤C：165、
T24⑤C：1、T25⑥A：1、）

高 1.6 厘米（图一〇，12）。标本 T18⑤C：1，形式与前两件相似，泥质灰陶，口径 16.8、
高 9.7 厘米（图一一，1；图版一，3）。标本 T103⑤B：1，深斜弧腹，高圈足，泥质红
陶，口径 6.5、高 4.4 厘米（图一〇，11）。

　　圈足盘　数量很多，复原 2 件，其余残，标本分四型。

　　A 型　斜腹，下腹斜内折。标本 H22：1，敞口斜壁，腹下端斜内折，圈足斜内收，
泥质红陶，器表及口沿内涂红衣，口径 20、高 7.2 厘米（图一一，2）。标本 T3⑤B：8，
口沿及圈足下部残，腹下端斜内折，泥质，红褐色，圈足上饰小圆镂孔，最大残腹径约 27
厘米（图一一，10）。

　　B 型　口沿较窄，呈"丁"字形。标本 T3⑤B：22，圈足残，浅弧腹，泥质红陶，盘
内涂红衣，口径 18、残高 3.2 厘米（图一一，4）。标本 T8⑤B：164，残片，浅弧腹，泥
质红陶（图一一，5）。

　　C 型　弧腹。标本 T3⑤A：16，残，口沿向内勾，夹炭红陶，表面涂红衣，口径约
23.6 厘米（图一一，6）。

　　D 型　折沿。标本 T18⑤C：165，内折沿，沿面较宽，斜弧腹，矮圈足，口径与圈足
的比值较小，泥质红陶，口径 18、高 5.2 厘米（图一一，7）。标本 T24⑤C：1，残，内

折沿，泥质，红褐色，口径19.2、残高4.5厘米（图一一，8）。标本T25⑥A：1，残，内折沿，沿外侧内凹，弧腹较深，泥质红陶，器内外涂紫红色陶衣，口径19.2、残高6厘米（图一一，9）。标本T51⑥A：1，残，宽折沿较直，盘底浅平，泥质红陶，口径20、残高4.4厘米（图一一，3）。

三足盘　数量较少，标本T13⑤B：1，浅弧腹，倒梯形矮足，每足上饰二个镂孔，泥质红陶，口径19.8、高6厘米（图一二，1；图版一，4）。标本T3⑤B：11，仅存一足，为宽瓦形，外侧戳有二组（每组四个）圆窝纹，夹炭红陶，足根最宽处9厘米（图一二，2）。标本T13⑤B：15，仅存一足，倒梯形，饰有两个镂孔，夹炭红衣陶，足根宽6.4厘米（图一二，3）。

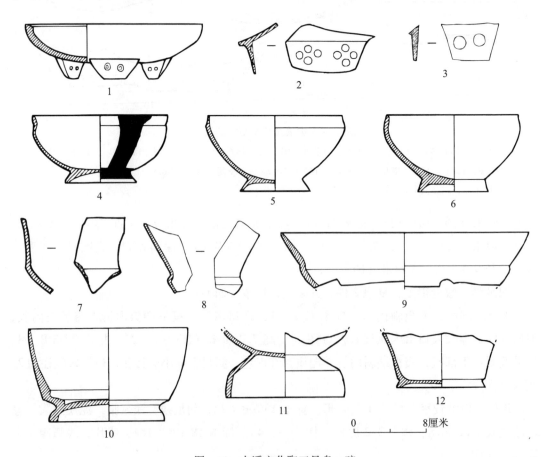

图一二　大溪文化陶三足盘、碗

1~3. 三足盘（T13⑤B：1、T3⑤B：11、T13⑤B：15）　　4~6. A型碗（T18⑤C：230、T17⑥A：15、T17⑥A：1）　　7~9. B型碗（T18⑤D：135、T3⑤B：3、T4⑤B：4）　　10、11. C型碗（T30⑤A：1、T10⑤A：22）　　12. D型碗（T3⑤B：4）

碗　常见器形，标本分四型。

A 型　斜弧腹，小圈足。标本 T18⑤C：230，侈口，颈部稍内束，矮圈足外撇，表面由口至圈足有三道竖条形的黑色印痕，泥质，外红内黑，口径 14.8、高 7 厘米（图一二，4；图版二，2）。标本 T17⑥A：15，内折沿，矮圈足外撇，泥质红陶，口径 14.8、高 8 厘米（图一二，5）。标本 T17⑥A：1，口稍敛，矮圈足外撇，泥质红陶，口径 14.8、高 8.3 厘米（图一二，6；图版二，3）

B 型　均为残片，折腹。标本 T18⑤D：135，上腹稍外撇，下腹向内折，泥质红陶，涂红衣（图一二，7）。标本 T3⑤B：3，斜折腹，腹下部向外凸鼓，外表及腹内涂红衣，夹炭红陶（图一二，8）。标本 T4⑤B：4，大口，斜折腹，泥质，外红内黑，口径约 27.4 厘米（图一二，9）。

C 型　圈足壁有折痕。标本 T30⑤A：1，腹壁近直，近底处内折，矮圈足呈台座形，泥质红陶，口径 18、高 10 厘米（图一二，10）。标本 T10⑤A：22，残，圈足上端较细，向外斜，中段向下折成台座形，泥质红陶，圈足底径 12.8 厘米（图一二，11）。

D 型　标本 T3⑤B：4，残，深腹外撇，矮圈足与底接合处内凹明显，泥质红陶，外涂红衣，圈足底径 9.6 厘米（图一二，12）。

碟　标本 T58⑥A：1，浅折腹，圜底，夹炭红陶，涂红衣，口径 14.5、高 3.4 厘米（图一三，1）。

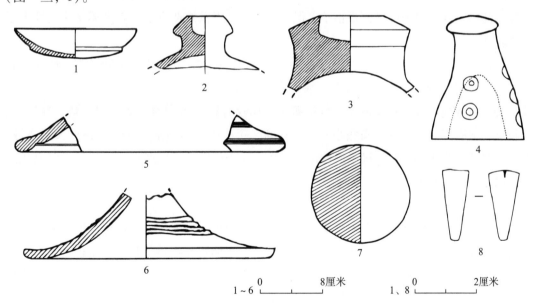

图一三　大溪文化陶碟、支座、器盖、器座、球、鼎足

1. 碟（T58⑥A：1）　　2、3. 器盖（H20：2、T51⑤A：5）　　4. 支座（H5：1）　　5、6. 器座（T3⑤A：20、T18⑤C：229）　　7. 球（T18⑤A：12）　　8. 鼎足（T3④A：18）

支座　少见，标本 H5∶1，整体似猪嘴形，略偏斜，饰镂孔，夹炭红陶，高 14.4 厘米（图一三，4）。

器盖　标本 H20∶2，残，钮似算珠形，泥质红陶，残高 3.4 厘米（图一三，2）标本 T51⑤A∶5，残，钮似短柱形，上端内空，泥质红陶，最大径 4.4 厘米（图一三，3）。

器座　标本 T3⑤A∶20，残，整器如草帽形，夹粗砂红陶，厚胎，表面饰几组凹凸弦纹，底径约 32 厘米（图一三，5）。标本 T18⑤C∶229，残，喇叭形，体大壁厚，夹粗砂红陶，表面饰一组不规则的瓦楞纹，底径 30 厘米（图一三，6）。

陶球　标本 T18⑤A∶12，圆形，实心，泥质红陶，直径 2.8 厘米（图一三，7）。

鼎　数量很少，标本 T3④A∶18，仅存一足，长圆锥形，夹砂红陶，足根有一条戳印痕，残足长 7 厘米（图一三，8）。

三　小结

荆南寺遗址大溪文化文化堆积薄，加之后期破坏严重，因此发现的考古遗存不丰富。下面重点讨论其文化特点和分期问题。

（一）文化特点

荆南寺发现的两座房屋中，仅 F3 比较清楚，是一座小型的长方形房屋，室内地面用红烧土铺垫。这座房子虽然面积很小，但房子的形状以及筑造方法，在大溪文化遗址中还是比较常见的[①]。

陶器的主要特点是，陶系以红陶为主，大多涂红陶衣，其次为灰陶和黑陶，胎质中有较多的夹炭陶，少数陶器外红内黑。绝大多数陶器为素面，陶器纹饰主要有弦纹、戳印纹、镂孔、细绳纹等，彩陶很少，也很简单。比较有特色的陶器有釜、圈足盘、敛口盆、折腹盆、深腹豆、三足盘、圜底小碟、密孔甑、折腹碗、猪嘴形支座、草帽形大器座等。以上这些特点均为鄂西和江汉平原西南部大溪文化中所常见，因此荆南寺遗址大溪文化遗存应属于大溪文化关庙山类型[②]。

（二）分期年代

荆南寺遗址大溪文化遗存发现不多，又缺少典型单位，无法独立进行分期，但对照鄂西南大溪文化的分期资料，还是可以大致明确其所在期别和相对年代的。整理者认为，荆南寺遗址大溪文化遗存中，大部分相当于关庙山类型的第二期，也有少部分可能稍早或稍晚。理由主要是：在陶系方面，荆南寺遗址大溪文化红陶和橙黄陶（也可归于红陶）占绝

① 李文杰：《大溪文化房屋的建筑形式和工程做法》，《考古与文物》1986 年第 4 期。
② 李文杰：《大溪文化的类型和分期》，《考古学报》1986 年第 2 期。

大多数，夹炭陶也很多。这两方面的特点都是鄂西大溪文化一、二期所特有的。在陶器器形方面，荆南寺出土的三足盘足很矮，与关庙山第一期的三足盘基本相同，猪嘴形支座、折壁碗也常见于关庙山一期。荆南寺圈足盘数量较多，其形态与关庙山二期的相似，而与关庙山三期的差别较大。荆南寺笨重的草帽形大器座也是大溪文化关庙山类型二期易见的器形。

第四章 石家河文化遗存

一 遗迹

石家河文化遗存主要包括多数探方的第 5 层，遗迹少，仅发现 3 个灰坑和 1 处房基，即 H47、H110、H150 和 F17，叙述如下。

H47 位于 T38 中南部，开口于 T38⑤A 下，打破 T38⑥A 层。平面呈椭圆形，剖面为深锅形，最大径 0.55 米，深 0.37 米，坑内堆积灰黑土（图一四）。出少量龙山时代的灰陶盘形豆、红陶夹砂鼎腹片及带戳刺纹的红陶片等。

H110 位于 T57，几乎遍及全探方，开口于 T57⑤C 下，打破 F18。平面形状不规则，从剖面看似为一浅平坑，南北长 450～500、东西宽 300～400、深约 20 厘米（图一五）。坑内

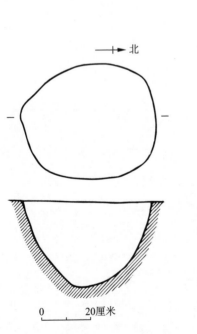

图一四 石家河文化 H47 平剖面图

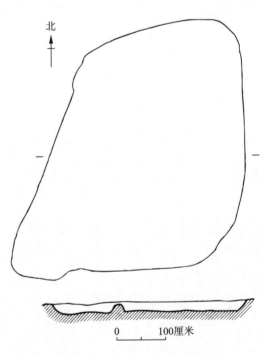

图一五 石家河文化 H110 平剖面图

堆积灰黑色黏土，出土物丰富，有宽扁形夹砂红陶鼎足、泥质灰陶豆圈足、泥质红陶豆、喇叭形泥质红陶杯、泥质红陶鬶、泥质红陶器盖、泥质红陶钵和碗、夹砂红陶缸等。

H150　位于 T73 南侧，开口于 T73⑤A 下，被东周 H157 打破。平面形状近方形，边长约 80 厘米。剖面为长方形，深 60 厘米（图一六）。坑内堆积红黄色土，杂大量红烧土块。含少量细碎的陶片，特征与龙山时代相同。

F17　位于 T62 中部，仅存残基，距地面深 1.65、长约 5、宽约 3.22 米。房基用红烧土筑成，内含极少量陶片。残基上分布着 9 个柱洞，柱洞里的填土不尽一致，说明柱洞可能有早晚之分（图一七）。据推测，柱洞可能分属两间，D1、D2、D4、D5 属于一间，D3、D6、D7、D8、D9 属于另一间，两间房稍有先后。

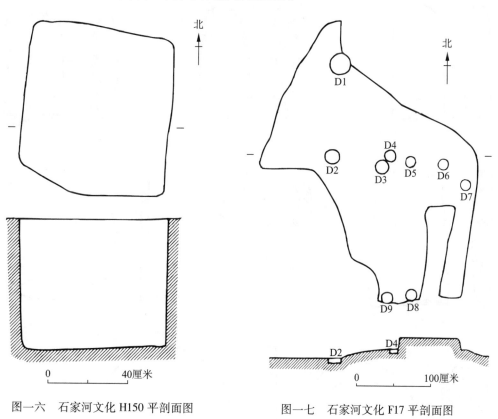

图一六　石家河文化 H150 平剖面图　　　　图一七　石家河文化 F17 平剖面图

二　遗物

（一）石器

石斧　发现 7 件，标本 T9⑤B：61，长梯形，弧顶，弧刃，长 14.4、刃宽 3.2、厚 3 厘米（图一八，1）。标本 T35⑤A：43，长梯形，弧顶，刃残，长 17、最宽 8.2、厚 4.2

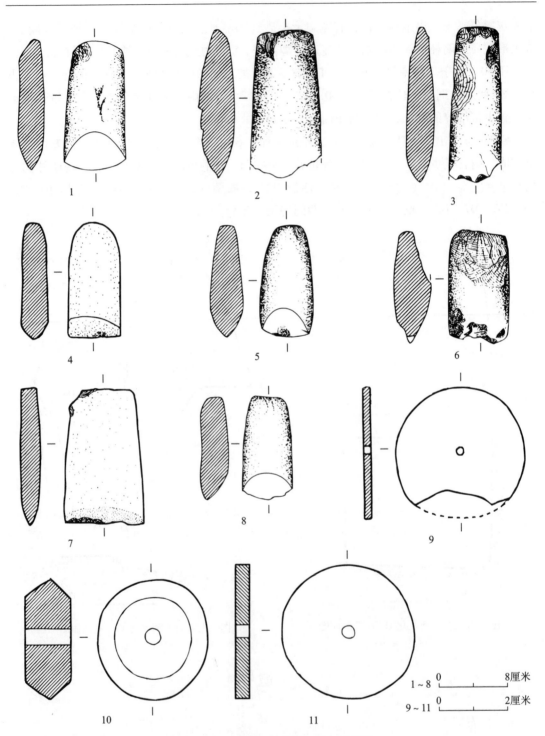

图一八　石家河文化石斧、锛、陶纺轮

1~7. 石斧（T9⑤B：61、T35⑤A：43、T42⑤：65、T50⑤：12、T50⑤：61、T50⑤：47、T52⑤A：23）

8. 石锛（T107⑤：97）　　9~11. 陶纺轮（T53⑤：5、T45⑤C：5、T52⑤A：22）

厘米（图一八，2）。标本 T42⑤：65，长方条形，弧顶，刃残，残长17.6、最宽6、厚3.2厘米（图一八，3）。标本 T50⑤：12，圆顶梯形，刃较平，体较厚，长12.8、刃宽6、厚4厘米（图一八，4）。标本 T50⑤：61，梯形，小弧顶，弧刃，长12.4、刃宽5.6、厚4厘米（图一八，5）。标本 T50⑤：47，长方形，平顶略斜，刃残，长15、宽8.4、厚5厘米（图一八，6）。标本 T52⑤A：23，梯形，体较扁薄，平顶，平刃，长7.2、最厚1.1厘米（图一八，7）。

锛　1件，标本 T107⑤：97，长梯形，平顶，弧刃，长11.6、刃宽5.8、厚3.2厘米（图一八，8）。

（二）陶器

不同地层单位的陶器，因年代早晚不一致等原因，表现出较大的差异，以 T17⑤B 层为例，该单位共出陶片247片，其中夹炭红陶117片，占47.4%，泥质灰陶56片，占22.7%，泥质红陶45片，占18.2%，泥质黑陶25片，占10.1%，夹砂红陶4片，占1.6%。在全部陶片中，素面陶片有202片，占81.8%，其余为有纹饰陶片。纹饰主要有刻划纹、方格纹、绳纹、篮纹、附加堆纹、镂孔等。器类有鼎、罐、瓮、盆、缸、豆、钵、碗、鬶、杯、器盖、器座等。

鼎　复原1件，标本 T50⑤：11，器身与釜相似，盘形口，扁鼓腹，宽扁足，足外侧有三道竖划纹，夹砂红陶，口径24、高24厘米（图一九，1）。其余皆为残片。标本 T18⑤A：151，口沿凹折近似盘形，夹炭红陶，口径23.5厘米（图一九，2）。标本 T11⑤A：195，盘形口沿内凹较甚，夹砂红陶，口径18厘米（图一九，3）。标本 T17⑤A：61，鼎足呈扁平长方形，外侧正中有一道纵向凸棱，饰长条形刻划纹，夹炭红陶，残长15.6厘米（图一九，4）。标本 T11⑤：144，残鼎足，呈薄片状，表面饰雨点纹，夹炭红陶，残长12厘米（图一九，5）。

釜　复原1件，标本 T50⑤：1，盘形口，扁鼓腹，大圜底，夹炭红陶，口径28、高20.4厘米（图一九，7；图版二，4）。

罐　复原二件，分二型。

A型　标本 T30⑤A：2，折沿，深腹似腰鼓形，底内凹，泥质灰陶，口径15.8、高29.2厘米（图一九，6；图版三，3）。

B型　T77⑤：1，小口，矮直领，广肩凸鼓，深弧腹，小平底，泥质灰陶，口径8.8、高14.4厘米（图一九，8）。

瓮　只有残片。标本 T17⑤：53，矮领，广肩，饰绳纹，泥质灰陶，口径26厘米（图二〇，6）。

缸　数量较多。标本分三型。

A型　标本 T17⑤B：56，残，平折沿，深腹近直，下腹稍内收，表面拍方格纹，颈

图一九　石家河文化陶鼎、釜、罐

1～5. 鼎（T50⑤：11、T18⑤A：151、T11⑤A：195、T17⑤A：61、T11⑤：144）

6. A 型罐（T30⑤A：2）　7. 釜（T50⑤：1）　8. B 型罐（T77⑤：1）

及腹部饰附加堆纹，夹砂灰陶，胎较薄，口径 37.2、残高 23.2 厘米（图二〇，2）。

　　B 型　标本 T17⑤A：63，仰折沿，深弧腹，圜底，饰粗条形斜篮纹，夹砂灰陶，胎
较厚，口径 42.4、高 45.4 厘米（图二〇，7；图版三，4）。

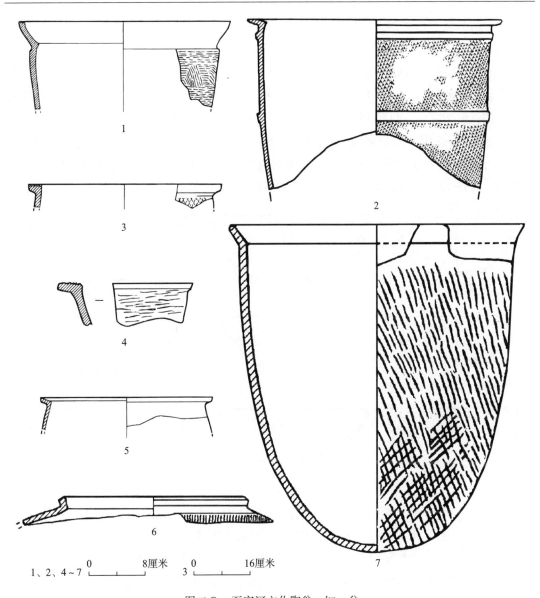

图二〇　石家河文化陶瓮、缸、盆

1. C 型缸（T15⑤：17）　2. A 型缸（T17⑤B：56）　3～5. 盆（T17⑤A：62、T18⑤A：241、T17⑤C：44）

6. 瓮（T17⑤：53）　7. B 型缸（T17⑤A：63）

　　C 型　标本 T15⑤：17，残，折沿，深直腹，饰篮纹，夹砂灰胎黑皮陶，口径约 32 厘米（图二〇，1）。

　　盆　发现很少，均为残器。标本 T17⑤A：62，平折沿，沿面上有多道同心圆沟槽，表面饰方格纹，泥质黑陶，口径约 51 厘米（图二〇，3）。标本 T18⑤A：241，宽折沿，沿面上有多道同心圆沟槽，泥质灰陶，表面饰篮纹（图二〇，4）。标本 T17⑤C：44，斜折沿，泥质灰陶，口径24.8厘米（图二〇，5）。

钵　常见陶器，标本分两型。

A型　斜弧腹，外贴厚沿。标本H110：1，深弧腹，圜底近平，内壁有拉坯留下的螺旋形指印，泥质红陶，口径15.4、高6.8厘米（图二一，1）。标本T37⑤：8，斜弧腹较深，平底，泥质灰陶，口径19.4、高8厘米（图二一，2）。标本T17⑤C：43，大口，腹较斜，底略凹，腹饰篮纹，泥质灰陶，口径18.8、高7.7厘米（图二一，3）。标本T8⑤：2，大口，腹较斜，小平底，腹壁近底处略向内收束，泥质灰陶，外表有拉坯留下的螺旋形指印，口径17.2、高6厘米（图二一，4；图版三，1）。

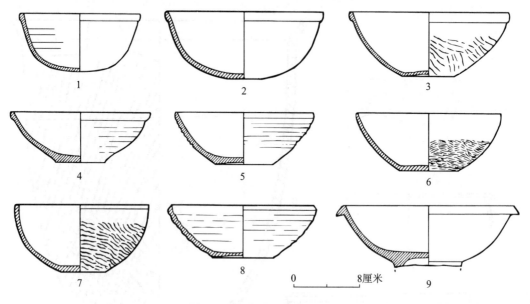

图二一　石家河文化陶钵、碗

1~4、6. A型钵（H110：1、T37⑤：8、T17⑤C：43、T8⑤：2、T17⑤C：42）

5、7、8. B型钵（T18⑤：1、T52⑤：5、T8⑤：14）　9. 碗（T39⑤B：1）

B型　口微敛，斜弧腹。标本T18⑤：1，平底略凹，外表有螺旋形拉坯指印，泥质灰陶，口径16.8、高6.4厘米（图二一，5；图版三，2）。标本T17⑤C：42，下腹饰篮纹，泥质灰陶，口径17.6、高6.8厘米（图二一，6）。标本T52⑤：5，直口，深弧腹，小平底，泥质红陶，饰斜篮纹，口径16.4、高8厘米（图二一，7）。标本T8⑤：14，内外壁均有拉坯指印，泥质灰陶，口径18.2、高6厘米（图二一，8）。

碗　标本T39⑤B：1，外折沿，尖唇，斜弧腹，圈足残，口径22.6、残高7厘米（图二一，9）。

豆　常见陶器。标本T17⑤B：52，外折沿，弧腹，中高圈足上粗下细，底沿向外平折，圈足上饰镂孔，圈足内侧有拉坯留下的螺旋形指印，泥质灰陶，口径26、高14.5厘米（图二二，1；图版三，5）。标本 T35⑤A：7，仅存圈足，泥质灰陶，圈足底径 8 厘米（图二二，2）。标本 T51⑤：9，平折沿，浅弧腹，泥质灰陶，口径约 28 厘米（图二二，3）。标本 T15⑤A：18，残，高圈足，饰圆镂孔，残高 13.6 厘米（图二二，4）。

杯　数量很多，分三型。

A 型　喇叭形，泥质红陶。分二式。

A Ⅰ 式：数量较少，胎壁较薄或略厚。标本 T37⑤：1，胎较薄，凹底，口径 9.6、高 10.4 厘米（图二二，5；图版三，6）。标本 T52⑤：21，胎略厚，深斜腹，近底处较直，底略残，口径 7.4、深 8.6 厘米（图二二，6）。

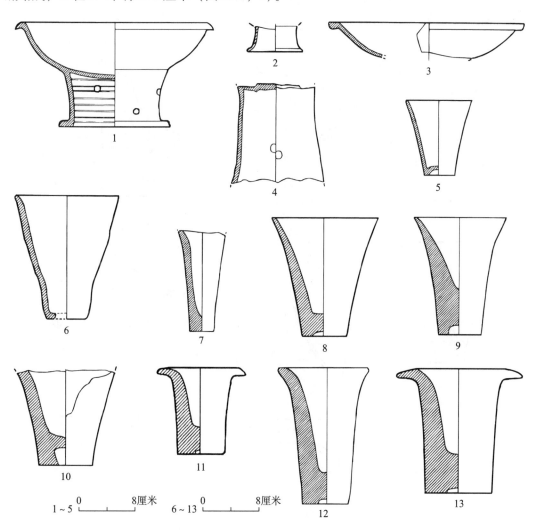

图二二　石家河文化陶豆、杯

1～4. 豆（T17⑤B：52、T35⑤A：7、T51⑤：9、T15⑤A：18）　　5、6. A Ⅰ 式杯（T37⑤：1、T52⑤：21）

7～13. A Ⅱ 式杯（T11⑤：147、T13⑤：26、T51⑤：12、T52⑤：20、T17⑤B：24、T51⑤：11、T17⑤B：54）

A Ⅱ式：数量较多，厚胎。标本 T11⑤：147，胎较厚，口略残，细喇叭形，平底，残口径3.4、残高7厘米（图二二，7）。标本 T13⑤：26，胎从口沿向下逐渐变厚，底外有凹坑，口径7.6、高8厘米（图二二，8）。标本 T51⑤：12，口沿较薄，下部逐渐增至特厚，底外有凹坑，口径6.5、高8厘米（图二二，9）。标本 T52⑤：20，口略残，底外有一深坑，残高6.4、底径3.6厘米（图二二，10）。T51⑤：11，口沿略向外卷，口径6、高9.4厘米（图二二，12）。标本 T17⑤B：54，翻沿尖唇，直腹，胎极厚，底外有凹坑，口径9.2、高8.6厘米（图二二，13）。标本 T17⑤B：24，卷沿，壁较直，胎很厚，口径6.4、高6厘米（图二二，11）。标本011，宽卷沿，直腹，下腹壁极厚，口径9.2、高8.6厘米（图二三，1）。

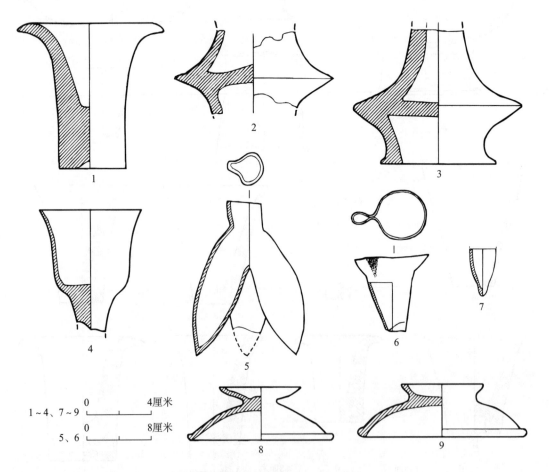

图二三　石家河文化陶杯、鬶、器盖

1. A Ⅱ式杯（011）　　2、3. B 型杯（T52⑤A：7、T17⑤B：51）　　4. C 型杯（025）　　5、6. 鬶（T22⑤B：1、T15⑤B：55）　　7. 鬶足（T11⑤：146）　　8、9. 器盖（T37⑤：13、T37⑤：15）

　　B 型　壶形，系从屈家岭文化的壶形器演变而来，数量很少。标本 T17⑤B：51，口部残，扁折腹，平底外折，厚胎，泥质红陶，残高 8、底径 7.2 厘米（图二三，3）。标本 T52⑤A：7，残，腹部扁折成锐角，厚胎，腹腔容积很小，泥质红陶，腹径 9.6、残高 4.4 厘米（图二三，2）。

　　C 型　少见，标本 025，形如高脚酒杯，口微敞，腹略向内收，细实柄残，泥质红陶，口径 6.4、残高 7.2 厘米（图二三，4）。

　　鬶　少见。标本 T22⑤B：1，短颈，从口沿两边稍向内捏成葫芦形平流，袋足较长大，泥质红陶，口径 4.4、高 18.4 厘米（图二三，5；图版四，1）。标本 T15⑤B：55，敞口，捏流，长颈，颈以下残，泥质红陶，残高 8.8 厘米（图二三，6）。标本 T11⑤：146，残存一足下部，略带实足尖，泥质红陶，残长 3 厘米（图二三，7）。

　　器盖　标本 T37⑤：13，浅盘形钮，斜弧壁，厚沿外翻，泥质灰陶，盘口径 8.8、高 3 厘米（图二三，8）。标本 T37⑤：15，浅盘形钮，浅弧腹，厚唇外翻，泥质灰陶，盘口径 10.4、高 3.5 厘米（图二三，9）。

　　纺轮　发现 3 件。标本 T53⑤：5，体薄，周边侧面呈圆方形，泥质红陶，直径 3.7、厚 0.2 厘米（图一八，9）。标本 T45⑤C：5，体厚重，周边侧面呈锐角形，泥质红陶，直径 3.4、厚 1.4 厘米（图一八，10）。标本 T52⑤A：22，体较薄，直边，泥质红陶，直径 3.8、厚 0.4 厘米（图一八，11）。

三　小结

　　荆南寺遗址石家河文化遗存因资料过于零碎，无法作深入的分期研究。但从陶器特点看，存在着明显的早晚区别。根据学术界关于长江中游龙山时代遗存研究的观点，可以将这部分遗存中的陶器分为早、晚两期。

　　早期的陶器明显多于晚期，主要有以 T17⑤B：52 为代表的豆，以 T39⑤B：1 为代表的碗，以 H110：1、T37⑤：8 等为代表的钵，以 T30⑤A：2 为代表的腰鼓形罐，以 T11⑤A：195、T50⑤：11 为代表的盘口长方形宽扁足罐形鼎，以 T17⑤A：61、T11⑤：144 为代表的长方形麻点（雨点）纹鼎足，以 T22⑤B：1、T15⑤B：55 为代表的捏流鬶，以 T17⑤B：56 为代表的薄体深腹缸，以 T17⑤A：63 为代表的厚胎圜底缸，以 T17⑤B：51 为代表的壶形杯，形如高脚酒杯的标本 025 和以 T17⑤A：62 为代表的平折沿盆等。喇叭形厚胎杯早晚都有，形状无明显区别，其中大部分应属于早期。晚期的陶器很少，能够肯定属于此期的只有 T77⑤：1 直领广肩罐、T8⑤：2 钵、T17⑤：53 直口广肩瓮，以及少数喇叭形厚胎杯。

　　荆南寺遗址石家河文化的灰坑中，所出的陶片与早期陶器特征基本相同，因此这些灰坑也属于早期。

　　关于以上遗存的文化性质，学术界有不同的表述方法。一种说法是将早晚两期都称为石家河文化，但并不否认两者之间在文化特征方面的明显差别。另一种说法只将早期遗存称为石家河文化或青龙泉文化，而将晚期称为大寺文化、后石家河文化、石板巷子文化等。本报告采用前一种说法。

第五章 夏商时期遗存

一 遗迹

夏商时期遗存是荆南寺遗址的主体部分，遗迹丰富，主要有墓葬、房屋和灰坑。

（一）墓葬

只发现1座，编号M26，位于T42内，开口于④B层之下，被H51、H52叠压。墓坑为长方形竖穴，方向274度。南端被M1打破。墓口距地面147厘米，残长103～107、宽160～168厘米。墓坑底部残长103～104、宽142～151厘米。从墓口到墓底深50厘米。人骨保存较差，如渣状。葬式为仰身直肢，面向右偏，盆骨以下被M1破坏。随葬品共8件，有铜斝、铜戈、铜钺、铜刀、陶爵、陶尊、石斧和一件仅存漆皮、器形不明的漆器（图二四）。

（二）房屋

房屋均破坏严重，大部分只能见到小块红烧土或少数柱洞。经工地编号的房屋共有24处，因有些房屋遗迹残留太少，无法在图上一一标明范围，所以仅能公布每处房屋遗迹的坐标位置。

F1位于T24西南角，F9位于T44内，F13位于T57内，F14位于T56内，F15位于T62内，F16位于T63内，F18位于T56、T57内，F20位于T78、T79内，F22位于T79内，F23、F25位于T72内，F24位于T74内，F26位于T73内，F27位于T79内，F30位于T86内，F32位于T97内，F33、F35位于T93内，F37位于T97内，F40位于T102、T104内，F41位于T102内，F43位于T111、T114、T115内，F44位于T112内，F46位于T116内。以上这些房屋遗迹，有的同在一个探方，不排除属于同一座房基，但因过于破碎，现已无法一一弄清。下面挑选7座保存稍好一点的房基进行介绍。

F9 位于T44东部，被叠压于④B层之下，仅存残基，呈不规则长方形，南北约380、东西约260厘米。残基西侧存有一道墙基，宽约20厘米。墙基中部有一柱洞，洞的直径为40厘米，洞内填黑色土。房内偏北也有一柱洞，洞径12厘米，填灰红色土。房基上有较多的卵石，房基西侧的卵石似呈南北向排列，靠北侧发现少量的陶片和动物残骨（图二五）。

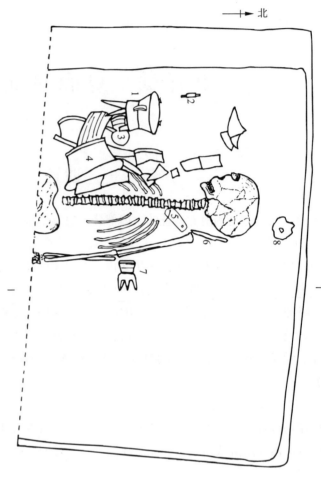

图二四　夏商时期 M26
平剖面图

1. 铜斝　2. 铜戈　3. 铜钺
4. 陶尊　5. 石斧　6. 铜刀
7. 陶爵　8. 漆皮

0 ——————————— 50厘米

　　F13　位于 T57 东半部，被叠压于④B 层之下，房基破坏严重，只剩下一小片红烧土面和一道墙基。红烧土面用火烤过，红烧土下面垫黄褐色黏土，南北残长 450、东西残宽120、厚 20～30 厘米。墙基在红烧土南侧，残长 425、宽约 25 厘米。横断面为斜直壁，深约 65 厘米，底平，形状较规整，内填红烧土块、黄灰沙土、缸片等（图二六）。

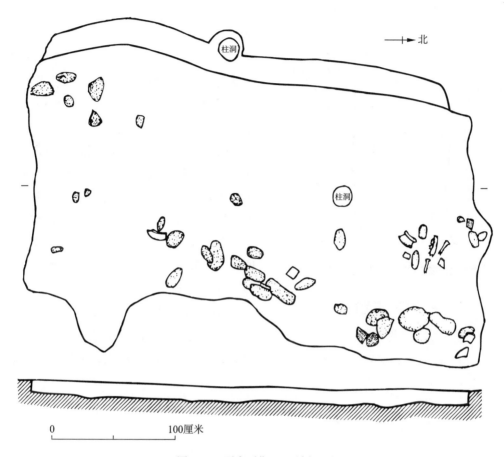

图二五 夏商时期 F9 平剖面图

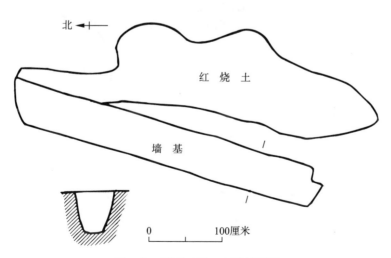

图二六 夏商时期 F13 平剖面图

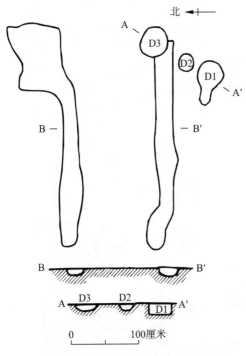

北 ←

图二七　夏商时期 F14 平剖面图

F14　位于 T56 中部，仅存二条形红烧土面和 3 个柱洞。红烧土残长 275、宽约 20 厘米，红烧土下面垫一层黄沙土，柱洞发现于红烧土面东端南侧，共 3 个。D1 不规则，直径约 30 厘米，D2 直径 15～20 厘米，D3 直径 40～45 厘米（图二七）。

F15　位于 T62 北部，被压于④C 层之下，残存房基不规则，东西长 320～450、南北宽约 240～320 厘米。房基用红烧土、杂灰土铺筑，厚约 20 厘米。房基边缘保留柱洞 5 个，洞径 8～12 厘米，洞深约 5 厘米。中间地面上放置一个直口陶罐，在 D3 西南侧发现一些竹炭（图二八）。

F16　位于 T63 东北部，被叠压于④D 层之下，仅残存房基的西南角，东西和南北各约 150 厘米。房基分两层，下层为黄棕色垫

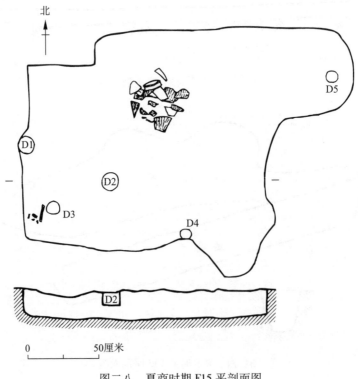

北 ↑

图二八　夏商时期 F15 平剖面图

土，上层为碎红烧土填筑的居住面垫层，两层共厚约30厘米。墙基在垫土上开槽建造，用大红烧土块掺灰黑土建墙。南墙内侧发现2个柱洞，洞径10～15、深12厘米。墙基宽34、深28厘米（图二九）。

F25 位于T72，被叠压于④I层之下，仅存部分房基，东西长约400、南北宽约250厘米。房子应为方形，地基的垫土有两层，第1层为棕色黏土夹烧土末，第2层为棕褐色土夹红烧土块。东北侧和西南侧各有一段墙基，东北侧的残墙基南北约65、东西约50厘米，向东西方向延伸，残墙西北角外发现一个陶罐。西南侧的残墙基东西约75、南北约40厘米。房基内发现柱洞9个。从分布情况看，可能有早晚不同（图三○；图版二，1）。

F26 位于T73中西部，被叠压于H146之下。平面近方形，半地穴式。边长220～240厘米。门朝东偏北，门道长190、宽90厘米。室内地面南侧为生土，北侧垫有黄褐色黏土。靠西侧有一近椭圆形的灶坑，长径88、短径56厘米。坑壁抹一层黄灰色黏土，坑内存有灰黑色土和炭末、烧骨和陶片，室内门道有柱洞3个（图三一；图版二，2）。

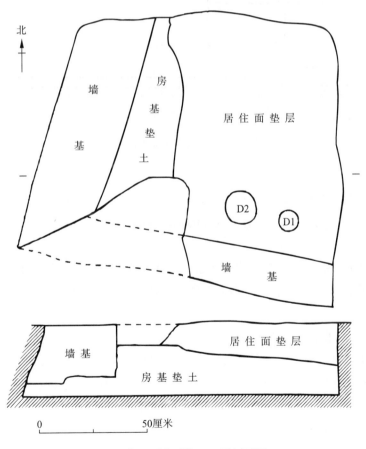

图二九 夏商时期F16平剖面图

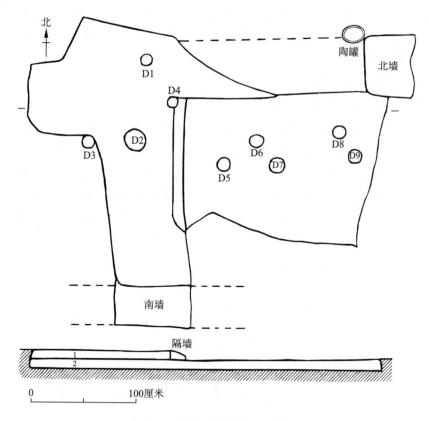

图三〇　夏商时期 F25 平剖面图

（三）灰坑

共 125 个，形状有圆形、椭圆形、长方形、不规则形等。这些灰坑绝大多数都是属于丢弃废物的垃圾坑。现选择 21 个有代表性的灰坑介绍如下。

1. 圆形灰坑

H16　位于 T18 南部，开口于④D 层之下，坑口近圆形，直径约 175 厘米。坑西壁较陡，东壁为缓坡状，坑口到坑底最深约 35 厘米。坑内土色为灰色，出较多的陶片，如鬲、大口缸、罐等（图三二）。

H31　位于 T21 西南角，开口于④C 层之下，坑口近圆形，其南侧被晚期遗迹扰掉。直径约 142 厘米。剖面原为锅底形，坑壁无加工痕迹，从坑口到坑底深 30 厘米。坑内土色为灰褐色，杂有炭和红烧土块，质地较疏松，含有少量陶片。坑内有一具人骨架，保存不好，为俯身葬，脸向右侧偏下，方向 22 度。右胸部有一件残铜戈的援部。骨架下半身被扰掉，从灰坑的形状和人骨的葬式分析，这应当是利用废弃的灰坑进行的非正常埋葬（图三三）。

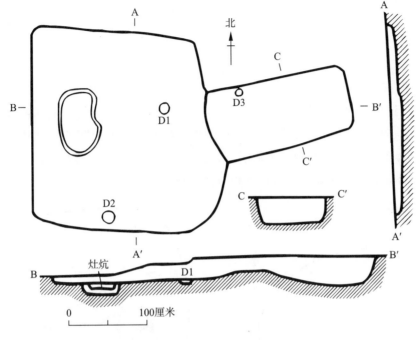

图三一　夏商时期 F26 平剖面图

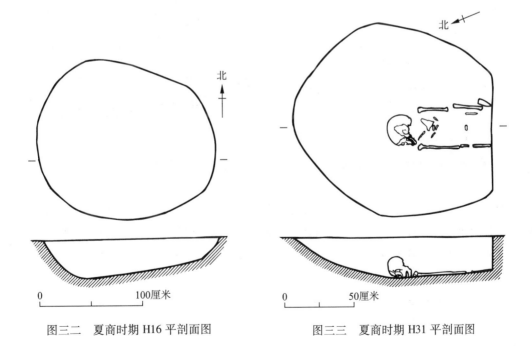

图三二　夏商时期 H16 平剖面图　　　　　图三三　夏商时期 H31 平剖面图

H44　位于 T38、T39、T41、T42 四个探方中间，开口于④B 层之下，坑口平面近圆形，直径 248 厘米。坑的剖面为浅锅底形，从坑口到坑底深 16 厘米。填土为灰黑色，含炭较多，坑内有较多的动物遗骨，如马、鹿、鱼等，陶片中可辨认器形的有缸、鬲、釜等（图三四）。

2. 椭圆形灰坑

H12　位于 T18 北侧，开口于④A 层之下。坑口形状近似椭圆形，其东侧被一条东周时期的沟所扰，长径 270、短径 215、深 36 厘米。坑壁东侧为稍陡的斜坡状，西侧较平缓，底较平，未经修整。坑内堆积灰黑色土，包含陶片丰富，其中釜最多，还发现了一个直径约 64 厘米的大鼋甲板、一具头盖骨和肋骨（图三五）。

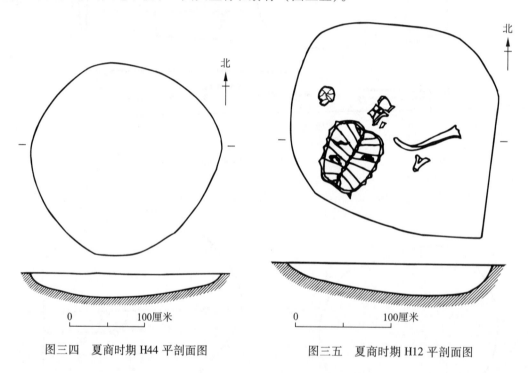

图三四　夏商时期 H44 平剖面图　　　　　图三五　夏商时期 H12 平剖面图

H17　位于 T11 南部，开口于④C 层之下，东北角被 M2 打破。坑口呈不规则的椭圆形，南北约 200、东西约 150 厘米。坑较浅，底较平，东壁较陡，西壁呈缓坡状，无加工痕迹。从坑口到坑底深约 40 厘米。坑内填土为灰色，杂红烧土块。坑中出大量陶片，器形主要有鬲、罐、壶、缸等（图三六）。

H24　位于 T24 东南角，开口于④A 层之下。坑口为椭圆形，长径 140、短径 100 厘米。断面为锅底形，坑口到坑底深 18 厘米，无加工痕迹。坑内出大量陶缸以及少量陶釜的残片等（图三七）。

H28　位于 T25 东部，开口于④C 层之下。坑口为椭圆形，长径约 110、短径约 90 厘

北

0 —————— 50厘米

图三六　夏商时期 H17 平剖面图

米。坑较浅，底较平。从坑口到坑底仅深 15 厘米，坑内堆积灰色土，含大量木炭块以及少量兽骨、陶片（图三八）。

H30　位于 T22 北部，开口于④A 层之下，坑口为不太规则的椭圆形，长径约 100、短径约 67 厘米。坑的剖面似锅底形，无加工痕迹。填土为灰褐色，质较硬。坑内陶片很多，器形有大口甑、鬲、缸、罐等（图三九）。

H32　位于 T25 南部，开口于④C 层之下，距地面 110～120 厘米。坑口为长椭圆形，南北 130、东西 71 厘米，剖面近似锅形，坑口至坑底深约 44 厘米。坑壁未见加工痕迹。填土为浅黄色，含少量炭粒。遗物有兽牙、鬲、缸等（图四〇）。

H50　位于 T42 中部，开口于④A 层之下，坑口平面呈椭圆形，最大径 240、最小径 130 厘米。坑底较平缓，北壁稍陡。从坑口到坑底深约 40 厘米，填土为灰黑色，质松软。出土陶片以缸片较多，其他器形有鬲、釜、罐等（图四一）。

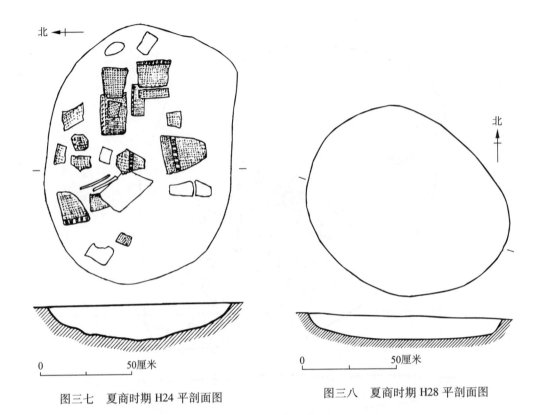

图三七　夏商时期 H24 平剖面图　　　　　　　图三八　夏商时期 H28 平剖面图

H52　位于 T37 南部，开口于④B 层之下。坑口呈椭圆形，长径 312、短径 202 厘米。剖面近似浅锅底形，坑底较平，无加工痕迹。从坑口到坑底深 33 厘米。坑内堆积灰黑色黏土，含较多炭屑。坑内陶片较丰富，器形主要有缸、鬲、罐等（图四二）。

3. 短沟形灰坑

H36 位于 T29、T30 内，开口于 T30④B 层下，这实际是一条短沟，因发掘纪录定名为灰坑，故从之。此坑（沟）长约 1100 厘米。两端稍宽，最宽处约 240 厘米。堆积分两层。第 1 层土为黑灰色，杂很多炭末和陶片，其中有很多大口缸残片，深 30～40 厘米。第 2 层为灰色土，陶片较少，深 25～30 厘米（图四三）。

4. 长方形灰坑

H133 位于 T72 中部，被叠压于 F21 之下。坑口为长方形，东西长 128、南北宽 92 厘米。坑壁垂直，坑底与坑口基本相同。坑内填土为黄褐色，质较坚硬。坑内出研磨盆一件。从坑的形状和坑壁特点看，原来应为人工挖成，废弃后成为灰坑（图四四）。

5. 不规则形灰坑

此类灰坑数量最多。

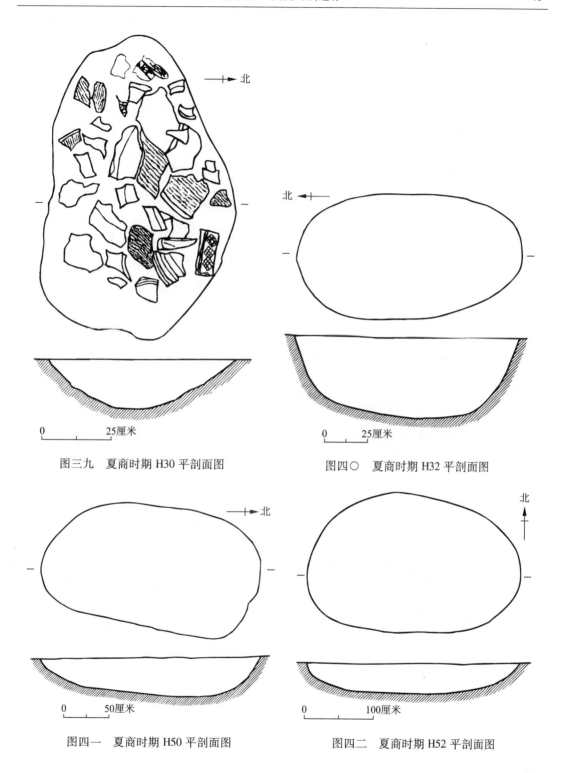

图三九　夏商时期 H30 平剖面图

图四〇　夏商时期 H32 平剖面图

图四一　夏商时期 H50 平剖面图

图四二　夏商时期 H52 平剖面图

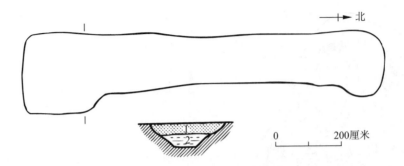

图四三　夏商时期 H36 平剖面图

　　H51　位于 T42 西南部，开口于④B 层下，坑口呈不规则形，最长约 291、宽 70～210 厘米不等。坑壁为坡状，坑底较平。坑口至坑底深约 55 厘米。堆积分上、下两层，上层土为黑色，下层为浅灰色，两层出土遗物基本相同，陶片丰富，器形有缸、鬲、罐等（图四五）。

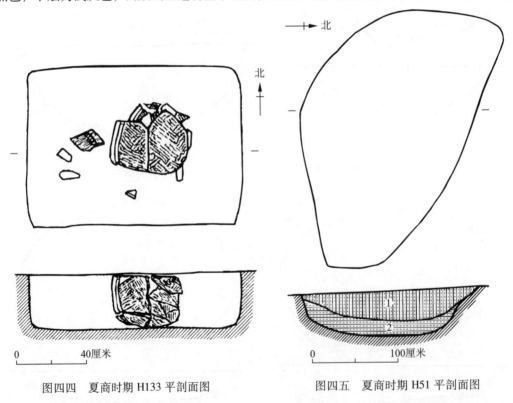

图四四　夏商时期 H133 平剖面图　　　　　　　图四五　夏商时期 H51 平剖面图

　　H57　位于 T44 西南部，开口于④A 层之下，坑口形状不规则，南北长约 310、东西宽约 230 厘米。坑口距坑底约 40 厘米。坑底浅平，填土为棕黑色，杂有许多炭末、红烧土块，陶片较多，器形有釜、缸、鬲等，还有许多兽骨、鱼骨、鹿骨等（图四六）。

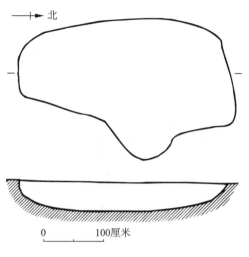

图四六　夏商时期 H57 平剖面图

H70　这是一个面积较大的灰坑。位于T46、T47 内，开口于④C 层之下，西南部被H62 叠压。坑口形状不规则，东西和南北各约700 厘米。坑壁呈斜坡形，坑底较平缓。坑内堆积可分五层。第 1 层为草木灰，厚5～10厘米。第 2 层为黑灰色土，含陶片很多，厚10～30 厘米。第 3 层为黑褐色土，含陶片较多，厚10～30 厘米。第 4 层为草木灰，厚 5～15 厘米。第 5 层为黑灰土，杂大量炭末和陶片。依陶器的特点又可以将五层合并为上、下两大层，1～2 层为上层，3～5 层为下层。从堆积看，这应是倒弃废物的垃圾坑（图四七）。

H105　位于 T63 东部，开口于④D 层之下，坑口形状不规则，东西长约 250、南北宽约 190 厘米。底较平缓，西壁略陡。坑口到坑底深 10～50 厘米。填土为浅绿色，包含物有鬲、缸、豆、釜等（图四八）。

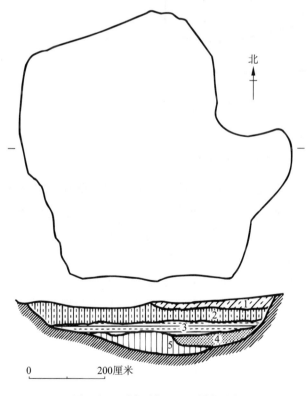

图四七　夏商时期 H70 平剖面图

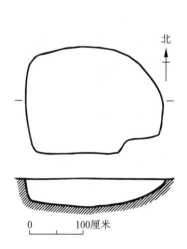

图四八　夏商时期 H105 平剖面图

H116 位于 T72、T76 内，开口于 T72④A 层之下。坑口形状不规则，东西约 310、南北约 230 厘米。坑底浅平，从坑口到坑底深约 30 厘米。填土为黑灰色，杂大量烧土块、草木灰、动物骨骼、陶片等。动物骨骼有牛腿骨、狗颈椎骨、鹿下颌骨、羊肩胛骨及龟卜骨等。陶器主要有鬲、罐、缸等（图四九）。

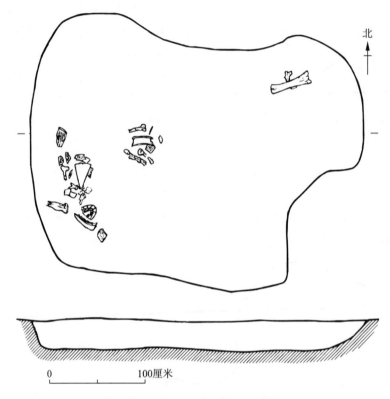

0   100厘米

图四九 夏商时期 H116 平剖面图

H221 位于 T116 南部，开口于④C 层之下。坑口形状不规则，东南侧被一晚期砖室墓打破，南北约 200、东北至西南约 220 厘米。坑壁北侧较缓，南壁较陡，从坑口到坑底深 50 厘米。填土为黄褐色，杂大量陶片、兽骨、烧土等。陶器有釜、鼎、壶、豆、杯、鬲、原始瓷片等，动物骨骼以猪、牛、鹿、鱼多见（图五○）。

H216 位于 T117 西部，开口于④B 层之下。坑口形状不规则，西南到东北长约 145、南北宽约 100 厘米，坑口到坑底深约 45 厘米。坑壁较陡，底较平。填土为黑灰色，土质疏松，杂大量炭末、红烧土和陶片等。遗物丰富，陶器有鼎、釜、簋、罐、缸、罍等残片，还有兽骨、石块、铜鱼钩、铜碎块等（图五一）。

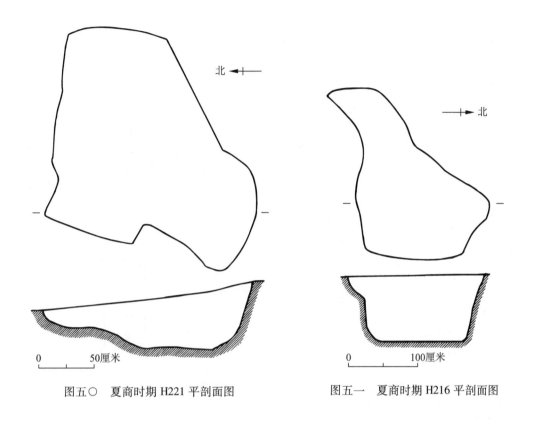

图五〇 夏商时期 H221 平剖面图　　图五一 夏商时期 H216 平剖面图

二　遗物

（一）石器

发现比较多，种类有斧、锛、杵、钺、锄、凿、锤、镰、楔、球、研磨盘、镞、网坠等。因夏商文化层之下，尚有新石时代文化层，因此不排除有少量早期的石器混入本期石器中。

斧　数量最多，皆磨制。依形状分二型。

A 型　梯形。标本 H36②：13，体较厚，长梯形，尖圆顶，弧刃，长 19.2、刃宽 8.4、最厚 5.2 厘米（图五二，2）。标本 F32：21，顶部略窄于刃部，厚重，弧刃，长 9.2、刃宽 6、厚 3.4 厘米（图五二，5）。标本 H80：39，弧顶，刃残，残长 12.4、中间宽 8、厚 3.6 厘米（图五二，7）。标本 H114：32，宽梯形，刃残，残长 12.3、宽 8.6、厚 4.6 厘米（图五二，3）。标本 H231：62，弧顶，刃残，残长 11、宽约 7.2、厚 3.4 厘米（图五二，8）。标本 T11④C：9，器形规整，顶、刃微弧，略薄，长 10.3、刃宽 7.2、厚 1.8 厘米（图五二，6）。标本 T7④B：15，长梯形，体薄，顶端略残，弧刃有残损，长 17.6、刃宽

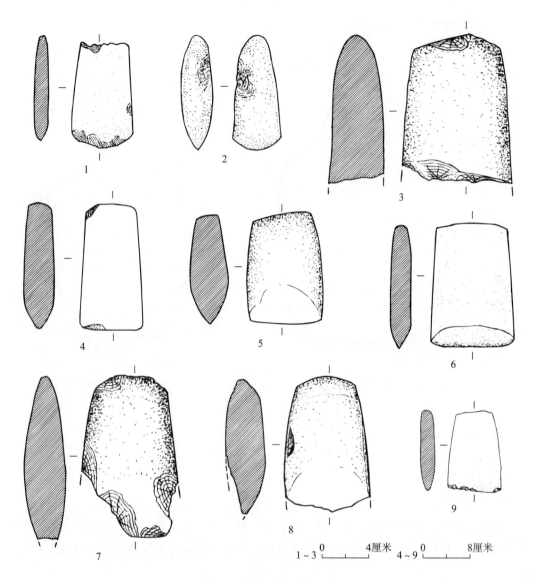

图五二　夏商时期 A 型石斧

1~9. T7④B：15、H36②：13、H114：32、T17④C：116、F32：21、T11④C：9、
H80：39、H231：62、T11④B：8

10.4、厚2.4 厘米（图五二，1）。标本 T11④B：8，长梯形，顶略弧，弧刃略残，长
14.2、宽9.2、厚2.4 厘米（图五二，9）。标本 T17④C：116，体较厚，长梯形，制作规
整，弧顶平刃，长 10.4、刃宽5.4、厚2.6 厘米（图五二，4）。标本 T17④D：11，体较
薄，弧顶略残，弧刃，长9.4、刃宽6.5、最厚1.8 厘米（图五三，1）。标本 T17④C：
71，斜弧顶，刃微缺，厚重，长10.4、最宽5.6、厚2.8 厘米（图五三，2）。标本 T38④

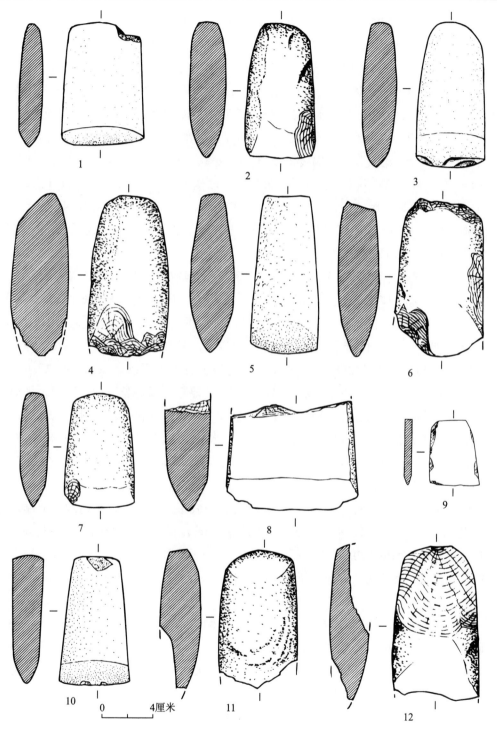

图五三　夏商时期 A 型石斧

1～12. T17④D：11、T17④C：71、T47④A：11、T94④B：73、T48④A：11、T70④D：78、
T80④A：92、T89④A：19、T38④C：1、T47④A：12、T94④C：65、T104④E：41

C：1，体薄，平顶，刃略斜，长5、刃宽3.9、厚0.6厘米（图五三，9）。标本T47④A：11，体厚，长梯形，弧顶，弧刃有缺损，长11、刃宽5.6、厚3厘米（图五三，3）。标本T47④A：12，较厚重，长梯形，平顶，弧刃有缺损，长9.6、刃宽5.6厘米（图五三，10）。标本T48④A：11，体厚重，长梯形，平顶，弧刃，长12、刃宽4.2、最厚3.4厘米（图五三，5）。标本T70④D：78，斜弧顶，弧刃残，长11.6、宽7、厚3.2厘米（图五三，6）。标本T80④A：92，弧顶，弧刃，长8.7、刃宽5.6、厚2.2厘米（图五三，7）。标本T89④A：19，宽梯形，上端残，弧刃，残长8、刃宽10.4、厚3.6厘米（图五三，8）。标本T94④B：73，厚重，长梯形，弧顶，中段侧面略向外弧，刃残，残长12.4、最宽6.2、厚4.4厘米（图五三，4）。标本T94④C：65，长梯形，残长10.4、宽6.2、厚3.2厘米（图五三，11）。标本T104④E：41，长梯形，弧顶，刃残，残长11.6、宽7.2、厚3厘米（图五三，12）。

B型　长方形。标本F4：3，体厚重，平顶、平刃缺损较多，长11、宽7、厚3厘米（图五四，2）。标本H7：21，体较薄，弧顶，弧刃，长5.8、宽2.8、厚1.2厘米（图五四，7）。标本H36②：12，体厚，近似长方形，斜弧顶，弧刃，长17、宽7.6、厚约3.2厘米（图五四，3）。标本H62：6，体厚重，斜弧顶，弧刃有残缺，长8、宽5、厚2.8厘米（图五四，4）。标本T12④：5，体厚重，近似长方形，平顶，弧刃，长13.6、刃宽6.6、厚3.8厘米（图五四，6）。标本T12④：6，体厚重，圆角长方形，弧顶，平刃，长10、宽6、厚3厘米（图五四，1）。标本T12④C：10，体较扁平，近似宽长方形，斜弧顶、圆弧刃皆有缺损，长约14、宽12、厚3.2厘米（图五四，5）。标本T99④D：76，边缘有残缺，长12、宽6.7、厚2.8厘米（图五四，9）。标本T117④：91，顶较平，弧刃有缺，长10.8、宽6.8、厚3.4厘米（图五四，8）。

C型　扁薄，穿孔。标本M26：5，长条形，顶较平，弧刃，打磨精致，上端对穿一孔，无使用痕迹。长18.4、刃宽7.3、厚2厘米（图五五，1；图版四，2）。标本T17④D：75，近梯形，平顶弧刃，对穿一孔。长10、宽6.9、厚1.9厘米（图五五，3）。标本T100④：71，残，原应为长方形，弧刃，中间对穿一孔。残长12、残宽6、厚1厘米（图五五，2）。

D型　不规则形。标本H36②：177，斜顶，侧边不规则，弧刃，长17、宽7.8、厚3.4厘米（图五五，6）。标本T48④B：15，中厚，近似舌形，弧顶较宽，弧刃较窄，长8.5、最宽4.4、最厚1.8厘米（图五五，4）。标本T50④F：77，一面磨光，另一面保留天然石皮，长5.4、最宽2.6厘米（图五五，5）。

锛　数量仅次于斧，器形大多较小，分二型。

A型　梯形。标本H27：51，宽梯形，弧顶，弧刃，长4、刃宽3.8、厚0.8厘米（图五六，1）。标本H36①：99，顶较平，弧刃，长5.3、宽3.6、厚0.8厘米（图五六，

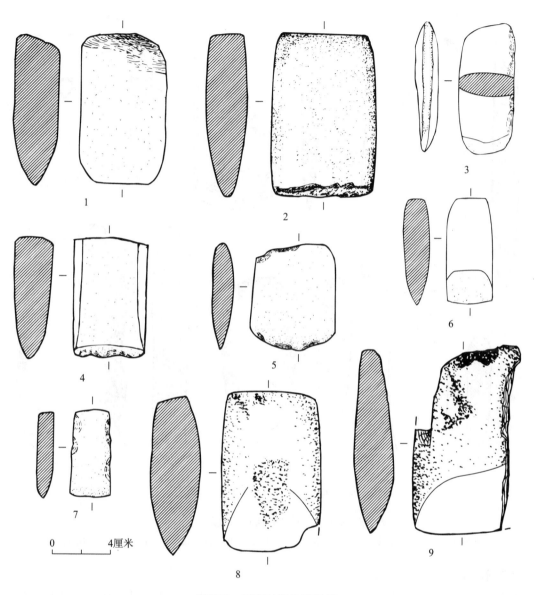

图五四 夏商时期 B 型石斧

1～9. T12④：6、F4：3、H36②：12、H62：6、T12④C：10、T12④：5、H7：21、T117④：91、T99④D：76

2）。标本 T11④D：6，体厚重，窄梯形，小弧顶，平刃，长 8.2、刃宽 4.2、厚 4.2 厘米
（图五六，5）。标本 T12④：4，体较薄，长梯形，平顶，平刃有缺损，长 5.3、刃宽 2.7、
厚 0.8 厘米（图五六，3）。标本 T38④C：98，平顶，斜弧刃，长 4.9、刃宽 3.9、厚 0.7
厘米（图五六，4）。标本 T48④D：115，形状不大规则，顶部斜平，弧刃，长 8、刃宽
5.5、厚 1 厘米（图五六，6）。标本 T48④D：116，弧顶，弧刃，长 7.1、刃宽 5.3、厚

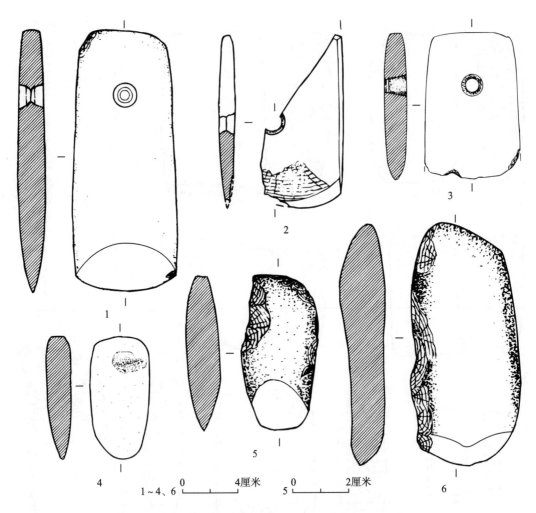

图五五　夏商时期 C、D 型石斧

1 ~ 3. C 型（M26：5、T100④：71、T17④D：75）　　4 ~ 6. D 型（T48④B：15、T50④F：77、H36②：177）

1.5 厘米（图五六，7）。标本 T49④I：71，宽弧顶，弧刃，长 8.8、刃宽 5、顶厚 2 厘米（图五六，8）。标本 T69④D：121，圆弧顶，刃较平，长 7、宽 4.3、厚 1.4 厘米（图五六，9）。标本 T108④A：91，长梯形，顶微弧，弧刃，顶部最厚，长 9.1、刃宽 4.9、厚 2 厘米（图五六，10）。

　　B 型　长方形或长条形。标本 H36②：221，长条形，长 7.8、刃宽 3、厚 1.7 厘米（图五七，1）。标本 H62：98，长方形，平顶，刃略弧，长 4.4、宽 2.5、厚 1 厘米（图五七，2）。标本 T12④：3，体平薄，长方形，平顶，弧刃，一面磨光，长 14、宽 6.2、厚 0.8 厘米（图五七，3）。标本 T45④B：13，长方形，顶端较厚，弧刃，长 7、宽 4.6、最厚 1.8 厘米（图五七，4）。标本 T23④C：87，近似长条形，斜平顶，刃残，残长 5、宽

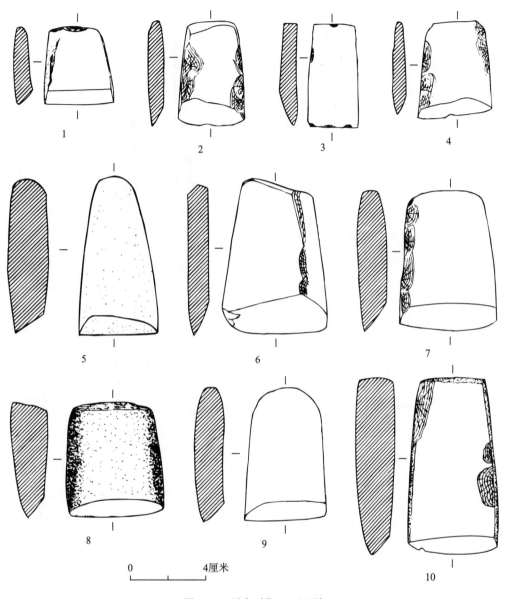

0　　　　　　4厘米

图五六　夏商时期 A 型石锛

1~10. H27：51、H36①：99、T12④：4、T38④C：98、T11④D：6、T48④D：115、T48④D：116、
T49④I：71、T69④D：121、T108④A：91

2.4、厚0.8厘米（图五七，5）。标本 T76④C：87，长方形，平顶，平刃，长4.6、宽
3.6、厚0.6厘米（图五七，6）。标本 T42④B：104，长条形，弧顶，弧刃，长6.7、刃宽
2.8、厚1厘米（图五七，7）。标本 T102④C：67，长条形，弧顶弧刃，厚重，长9.1、刃
宽4.7、厚2.7厘米（图五七，8）。

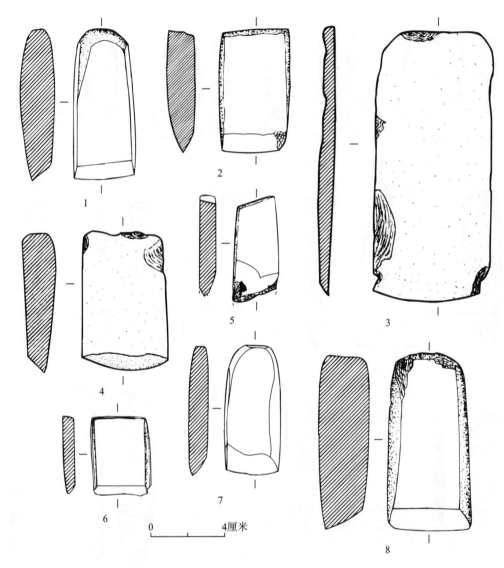

图五七 夏商时期 B 型石锛

1 ~ 8. H36②：221、H62：98、T12④：3、T45④B：13、T23④C：87、T76④C：87、
T42④B：104、T102④C：67

钺 标本 T109④A：71，下端残，"风"字形，扁薄，上端对钻一孔，残长9.8、顶宽13.4、厚1.4厘米（图五八，1）。标本 T60④A：72，宽体，扁薄，顶较平，刃残，偏上端对钻一孔，残长9、宽9、厚1.6厘米（图五八，2）。

杵 标本 T94④B：71，圆柱形，一端近平，另一端圆弧形，断面近似钝三角形，长9.4、最大径4.4厘米（图五八，3）。标本 T105④C：57，扁圆柱形，一侧留有切割面痕迹，两端弧形，长12.8、宽4.8、厚3.4厘米（图五八，4）。标本 H130：37，圆柱形，

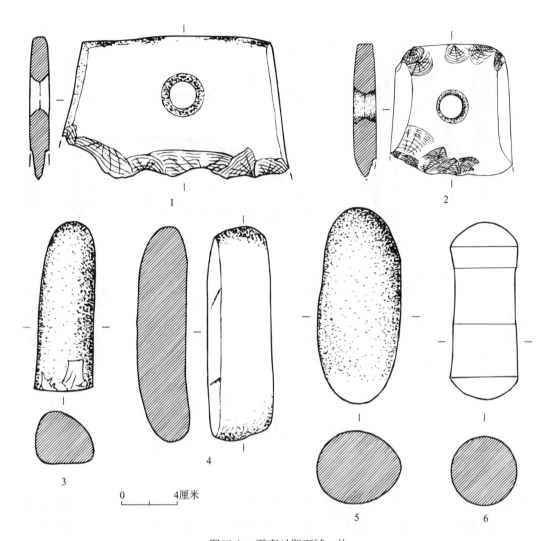

图五八　夏商时期石钺、杵

1、2. 钺（T109④A：71、T60④A：72）3~6. 杵（T94④B：71、T105④C：57、H130：37、H196：60）

两端稍细，断面近似椭圆形，长13.6、最大径6厘米（图五八，5）。标本H196：60，细圆柱形，两端为半圆形，腰略向内凹，器形规整，表面光洁。长12.4、端部直径4.8厘米（图五八，6；图版四，3）。

锄　标本T13④C：91，以大卵石打下的石片制作而成，一面保留天然石皮，另一面保留打击痕迹，未经磨光。柄部喇叭形，带双肩，圆弧刃，长23、最宽13.2、厚3.2厘米（图五九，1；图版四，4）。

镰　标本T97④C：102，体较长，略弧曲，尖较锐，长15.5、最宽4.6、背厚0.9厘米（图五九，4，图版四，5）。标本T101④I：24，体较窄长，背较弧曲，尖较钝，刃部

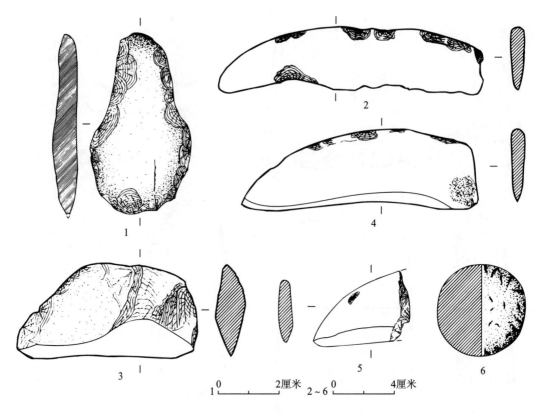

图五九　夏商时期石锄、镰、球

1. 锄（T13④C：91）　　2～5. 镰（T101④Ⅰ：24、T83②B：17、T97④C：102、T116④C：88）

6. 球（H131：54）

有残损，长17.3、最宽4、背厚0.9厘米（图五九，2；图版四，6）。标本T116④C：88，仅存尖端，弧背，刃较平，残长7、残宽4、厚0.9厘米（图五九，5）。标本T83②B：17，出于东周地层，应为商代遗物。体宽短，背、刃较平，钝尖，长12、宽6、最厚1.8厘米（图五九，3；图版五，1）。

球　发现3件，标本H131：54，表面经过琢磨，直径5.8厘米（图五九，6）。

凿　以长方柱形较多见，其主要特点是棱线分明。标本H7：20，扁薄长条形，上端略窄，长8.6、最宽2.2、厚约0.7厘米（图六〇，1）。标本H156：31，长方柱形，长9、宽2.8、厚2.4厘米（图六〇，7）。标本T18④D：24，厚长条形，中间略宽，长7.2、最宽4、厚3.6厘米（图六〇，2）。标本T28④A：71，长方条形，体厚，双面刃，长6.7、刃宽1.5、厚1.5厘米（图六〇，3）。标本T76④B：67，长方柱形，长13、刃宽2.7、厚1.4厘米（图六〇，5）。标本T100④：72，长方柱形，长12.6、宽3.1、厚2.9厘米（图六〇，6）。标本T102④：69，长方柱形，长6.7、宽2、厚1.7厘米（图六〇，4）。标本

T108④B：97，长方梯形，长14.7、刃宽4.4、厚3.6厘米（图六〇，9）。

　　凿形器　标本T93④C：91，长方柱形，一端有榫，另一端残，长23.6、宽3.4、厚2.6厘米（图六〇，8）。

　　楔　T67④C：105，厚长条形，顶部有损，全身有琢痕，刃部磨光，长27.8、刃宽5.4、厚5.4厘米（图六〇，10；图版五，2）。

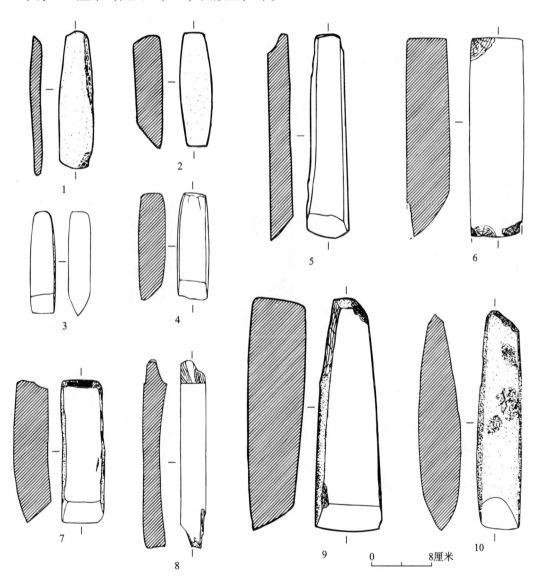

图六〇　夏商时期石凿、凿形器、楔

1~7、9. 凿（H7：20、T18④D：24、T28④A：71、T102④：69、T76④B：67、T100④：72、H156：31、T108④B：97）　　8. 凿形器（T93④C：91）　　10. 楔（T67④C：105）

锤　标本 H35∶11，宽面为长方形，锤面有砸击痕迹，长 12.8、宽 5.8、最厚 3.8 厘米（图六一，1）。

研磨盘　标本 T59④A∶88，以长扁形卵石制作，面上有凹槽，长 18、宽 9.8、最厚 3.2 厘米（图六一，2）。

网坠　分二型。

A 型　扁平椭圆形，两端有凹口。标本 H114∶76，最大径 10、最小径 8.8、厚 1.6 厘米（图六一，3）。标本 H215∶67，最大径 10.8、最小径 8、厚 1.8 厘米（图六一，6）。

B 型　亚腰形，腰部琢凹槽，以便系绳。标本 T50④D∶11，用褐色砾石制成，长约 7 厘米（图六一，4）。

圆饼形器　标本 H225∶74，以石片打制而成，边缘的侧面磨光。直径 7.6、厚 0.9 厘米（图六一，5）。

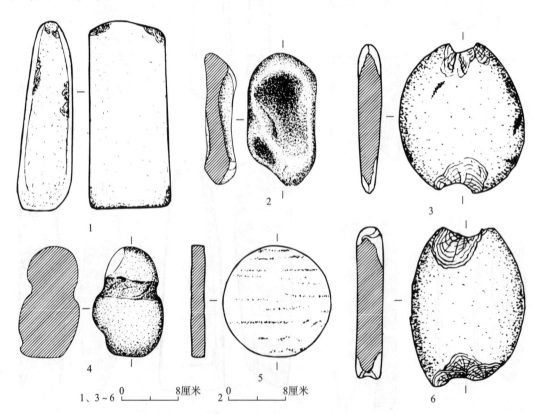

图六一　夏商时期石锤、研磨盘、网坠、圆饼形器

1. 锤（H35∶11）　2. 研磨盘（T59④A∶88）　3、4、6. 网坠（H114∶76、T50④D∶11、H215∶67）

5. 圆饼形器（H225∶74）

镞　标本 H41：71，断面呈四棱形，宽翼，钝尖，扁锥状铤，长8.2、宽2.2厘米（图六二，1；图版五，3）。标本 H41：83，柳叶形，断面呈四棱形，圆柱形铤残，长7.8、最宽1.4厘米（图六二，2）。标本 T33④C：72，长三角形，断面呈四棱形，残长6.8、翼宽3.8厘米（图六二，3）。标本 T36④A：1，镞体为圆柱形，锋为三棱形，铤残，残长4.8厘米（图六二，5）。标本 T66④B：1，镞体及锋为扁六棱形，铤稍厚，亦为六棱形，长7.4、最宽1.4厘米（图六二，4）。标本 T74④C：102，体为柳叶形，断面方形，铤为圆锥形，长5.8厘米（图六二，6；图版五，4）

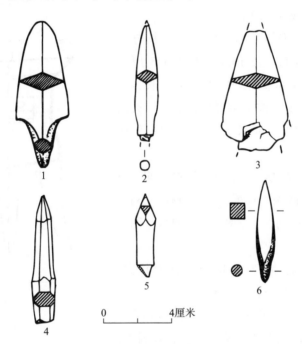

图六二　夏商时期石镞

1~6. H141：71、H41：83、T33④C：72、T66④B：1、
T36④A：1、T74④C：102

（二）铜器

有斝、戈、钺、刀、锛、镞、铜片饰、鱼钩。

斝　一件，标本 M26：1，敞口，长颈内束，浅腹，平底略下坠，菱形空足略向外撇，口上有三个棱柱，柱俯视近似三角形，柱顶面平，弧形錾，颈下端饰一周共十个圆圈纹，器身薄，口径14.6、高23厘米（图六三；彩版三）。

戈　一件，标本 M26：2，长援中宽，援后端有一圆形泡钉，钝尖，双阑，长方形直内上有三道凹槽，长28.4、阑间宽7.2厘米（图六四，1；彩版四，3）。

钺　一件。标本 M26：3，直体，呈荷包形，椭圆形深直錾，椭圆形刃，长10、錾最大径 5.6 厘米（图六四，5；彩版四，4）。

刀　三件。标本 M26：6，曲背，弧刃，尖较平，斜柄较长，长 15.1、刃部最宽 1.8 厘米（图六四，6；彩版四，5）。标本 F34②：3，曲背，弧刃，尖上挑，斜柄较长，长 15.7、刃部最宽 2.3 厘米（图六四，7；图版五，7）。标本 T77④B：21，直背，尖微上挑，短直柄，长 18.8、刃部最宽 2.3 厘米（图六四，8；图版五，8）。

锛　二件。标本 H40：41，体狭长，长方形銎，圆弧刃，刃角外翘，长 13.7、刃宽 3.8 厘米（图六四，2）。标本 T68④C：20，体狭长，长方形銎，銎边外侧有箍，上端饰十字形纹，弧刃，刃角略外翘，长 14.3、刃宽 3 厘米（图六四，3；彩版四，2）。

铜片饰　标本 T109④C：1，残，用途不明。以铜片透雕而成，上端两侧为双翼形，中间有一小孔。下端似为二只鼓起的眼睛，上下高约 4.3 厘米（图六四，4）。

镞　发现较多。标本 T88①B：6，前锋较尖，翼较宽，后锋较短，脊呈棱形，柱形铤较长，长 6.5、翼尖间距 1.6 厘米（图六五，1）。标本 H57：21，前锋较钝，宽翼，无后锋，脊呈棱形，长圆铤，

图六三　夏商时期铜斝
（M26：1）

长 6.7、翼尖间距 2.3 厘米（图六五，2）。标本 H176：20，前锋较钝，宽翼，脊厚平，后锋较短，铤残，残长 4.5、翼尖复原间距 2.6 厘米（图六五，3）。标本 H196：17，前锋钝弧，宽翼，后锋尖长，脊呈棱形，细铤残，残长 7.3、后锋间距 3.2 厘米（图六五，4）。标本 T10④B：4，前锋较钝，双翼较窄，圆弧形脊，后锋短钝，短铤，长 4.6、翼尖间距 3.2 厘为（图六五，5）。标本 T106④B：31，前锋较钝，宽翼，后锋尖长，近脊处镂空，短铤残，残长 7.1、后锋间距 3.3 厘米（图六五，6）。

鱼钩　发现较多。标本 M85：21，出于汉墓填土，应为商器，钩柱弯曲，断面为圆形，弓背最大距 4.4、柱直径 0.3 厘米（图六六，1）。标本 H75：30，钩柱较直，略残，断面为菱形，弓背最大距 4.1、柱径 0.4 厘米（图六六，3）。标本 H216：1，钩柱弯曲，略残，弓背最大距 5、柱径 6 厘米（图六六，2）。标本 T32④A：16，钩柱较直，柱端有一周凹沟，柱断面为多边形，弓背最大距 5.3、柱最厚 0.4 厘米（图六六，4）。标本 T33

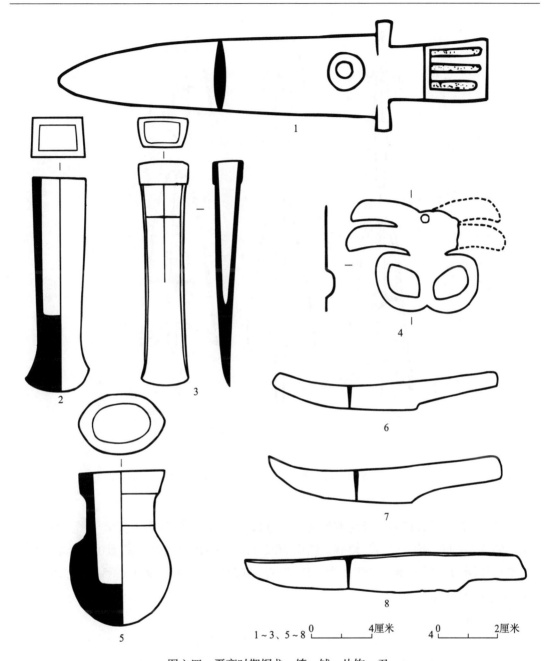

图六四　夏商时期铜戈、锛、钺、片饰、刀

1. 戈（M26：2）　　2、3. 锛（H40：41、T68④C：20）　　4. 片饰（T109④C：1）

5. 钺（M26：3）　　6~8. 刀（M26：6、F34②：3、T77④B：21）

④C：12，钩柱长直，断面为四棱形，弓背最大距5.5、柱径0.5厘米（图六六，5）。标本T58④：19，钩柱长直，断面为圆形，弓背最大距6、柱径0.6厘米（图六六，6）。标

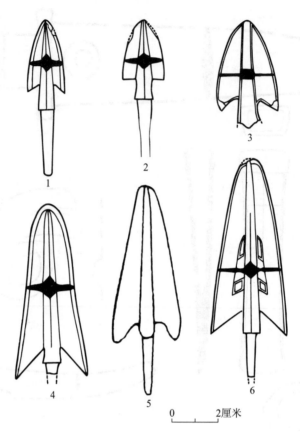

图六五　夏商时期铜镞

1～6. T88①B：6、H57：21、H176：20、H196：17、
T10④B：4、T106④B：31

本 T78④C：15，钩柱略弯，柱尾有凹沟，弓背最大径 2.8、柱径 0.3 厘米（图六六，8）。标本 T97④A：11，钩柱较直，略残，断面为圆形，弓背最大径 2.8、断面 0.3 厘米（图六六，9）。标本 T101④：8，钩柱微弯，柱端有二道凹沟，断面呈圆形，弓背最大径 5.4、柱径 5 厘米（图六六，7）。

（三）陶器

陶质分夹砂和泥质两大陶系。夹砂陶占绝大多数，根据对 T11 中出土 1518 块陶片的统计（表一），夹砂陶约占 70.8%，泥质陶约占 29.2%。夹砂类陶器大体可分为两大类，一类主要包括鬲、釜、鼎、甗、夹砂罐等，其胎质所含的砂粒比较细，另一类主要是缸，所含的砂粒比较粗大。陶色以灰陶为主，占陶片总数的一半以上。其次是红陶，占 48.9%，其中尤以夹砂红陶居多，占 40.3%。但需要说明的是，这些夹砂红陶绝大部分都是缸，因为缸形体硕大，破碎后残片极多，所以夹砂红陶陶片代表的陶器个体，较之同数

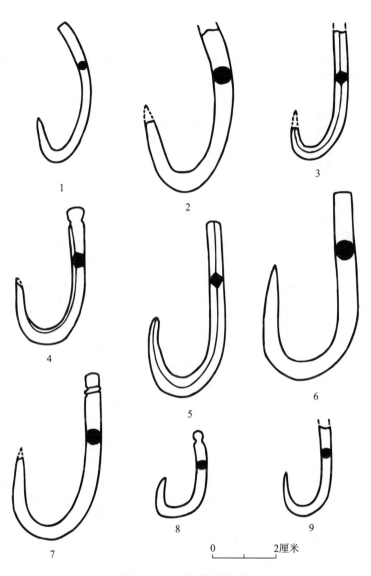

图六六　夏商时期铜鱼钩

1~9. M85：21、H216：1、H75：30、T32④A：16、T33④C：12、T58④：19、
T101④：8、T78④C：15、T97④A：11

量的夹砂灰陶陶片要少得多。黑陶数量较少，陶质绝大多数为泥胎黑皮陶，因火候较低，黑皮极易脱落。褐陶大多与红陶或灰陶并存于一器，如有些炊器上部灰色，下部褐色。

有少量硬陶和原始青瓷，后者数量极少。

表一 T11 商代陶片陶质陶色统计表

陶系		统计 单位	④A层	④B层	H17	④C层	④D层	总计	%
夹砂陶系	灰陶	数量	72	105	107	43	8	335	22.1
		%	43.6	13.8	68	21.9	2.9		
	黑陶	数量			2	2	5	9	0.6
		%			3.8	1	1.8		
	褐陶	数量		96	6	4	12	118	7.8
		%		12.6	1.2	2	4.4		
	红陶	数量	74	276	32	83	147	612	40.3
		%	44.8	36.3	20	42.3	54.4		
	小计	数量	146	477	147	132	172	1 074	70.8
		%	88.5	62.8	93.6	67.3	71.7		
泥质陶系	灰陶	数量	7	93	10	24	23	157	10.3
		%	4.2	12	6.3	12.2	8.5		
	黑陶	数量	12	64	27	29	29	132	8.7
		%	7.2	8.4		13.7	10.7		
	褐陶	数量		9		3	12	24	1.6
		%		1.1		1.6	4.4		
	红陶	数量		117		10	4	131	8.6
		%		15.4		5.1	1.5		
	小计	数量	19	283	10	64	68	444	29.2
		%	11.5	37.2	6.3	32.7	25.2		
总计			165	760	157	196	240	1 518	100

绝大多数陶器都有纹饰，主要是绳纹，其次是米粒纹、方格纹，还有曲折纹、弦纹、云雷纹、篮纹、附加堆纹、叶脉纹、网格纹、圆圈纹、乳钉纹、贝纹、菱纹、镂孔等。绳纹包括粗、中、细绳纹，占33％以上，其中以中绳纹最多。米粒纹是本遗址中富于特色的纹饰，这种纹饰主要流行于长江三峡地区，但在荆南寺遗址也相当多，如H10中，是数量最多的一种纹饰（表二；图一三五、一三六）。

表二 夏商时期部分单位陶片纹饰百分比统计表

纹饰\单位	素面	绳纹	方格纹	篮纹	云雷纹	凹弦纹	凸弦纹	刻划纹	米粒纹	附加堆纹
H70③~⑤	1	29.9	17.5	2.1	–	4.1	9.3	12.4	23.7	–
H70①~②	4.4	39.1	14.7	1.4	–	0.7	10.3	4.4	18.5	5.9
H17	4	48.6	20	2.3	–	–	–	–	4	10.9
H15	22.5	41.1	12.6	1.2	0.5	7.5	4.2	2.7	4	4.6
H62	3.4	40.9	19.3	1.1	–	5.7	2.3	14.8	1 2.5	–
H14	9.5	55	15	1.6	–	11.8	2.4	0.8	–	3.2
H12	18.2	18.2	9.1	–	–	9.1	–	–	45.2	–
H10	27.9	25.3	7.9	–	2.6	3.9	1.3	0.7	28.6	1.9

陶器器类有鬲、鼎、釜、缸、大口尊、深腹罐、豆、凸肩罐、凸肩杯、盆、簋、斝、爵、瓮、罍、甗、甑、灯形器座、壶、尊、垂腹罐、器盖等。叙述如下：

鬲 主要炊器之一，多为夹细砂灰陶或黑陶，也有部分夹砂红褐陶。皆饰绳纹，有些在颈部加饰附加堆纹。分二型。

A型 联裆高锥足鬲，仅见于较早的地层。卷沿或折沿，束颈，实足根流行包芯制法，饰细绳纹。绝大多数为夹砂红褐陶。

AＩ式：标本H36②：17，卷沿，尖圆唇，短颈较直，腹及足尖残，夹砂红褐陶，腹及足表饰细绳纹，口径18厘米（图六七，1）。

AⅡ式：标本H17：13，窄折沿，沿内侧向上凸起呈棱状，棱外有细凹槽，尖唇。束颈，腹微鼓，联裆稍残，高锥形足，夹砂红褐陶，腹部饰细绳纹，颈和足部素面。口径23.4、高31.6厘米（图六七，2；彩版五，1）。标本H17：3，沿平折，尖圆唇，沿内侧有一周凹沟，短直颈，稍向外卷，腹微鼓，联裆较平，高尖锥足稍向外撇，器身夹砂灰陶，足红色，颈以下及腹底饰密而整齐的细绳纹。口径18、高21厘米（图六七，4）。标本H13：25，残，平折沿，圆唇，沿内侧有一周凹痕。夹砂灰陶，饰较细的绳纹，口径18厘米（图六七，3）。

AⅢ式：宽折沿，沿面内凹，短束颈，裆底稍下凸。标本H70②：1，斜折沿，沿面微凹，尖圆唇，颈短直内束，腹最大径在下部，联裆，底部稍向下鼓，高尖锥足略向外撇，夹砂红褐陶，饰较乱的细绳纹。口径17.2、高23.4厘米（图六七，5；图版六，1）。标本H32：1，口沿略残，沿面微凹，沿内侧凸起呈棱状，短颈内束，下腹微鼓，联裆及锥足尖残，夹砂灰褐陶，饰细绳纹。残口径17、高19.2厘米（图六七，6）。标本T11④D：113，平折沿，尖圆唇，沿内侧有凸起，束颈，腹较鼓，最大腹径稍偏下，裆和足尖残，夹砂褐陶，饰细绳纹，口径20、残高22厘米（图六七，7）。标本T48④D：2，斜折

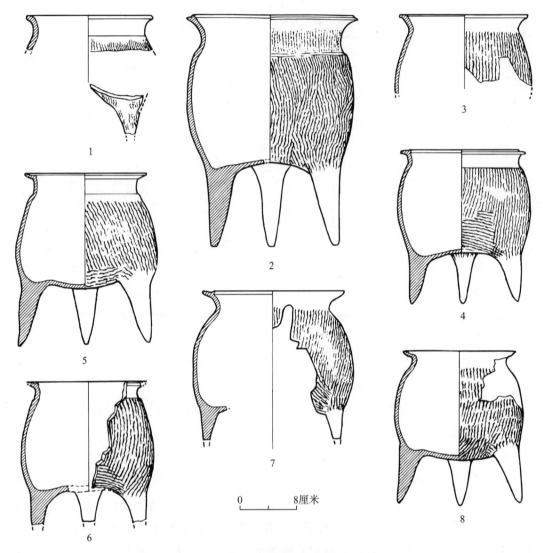

图六七　夏商时期 A 型陶鬲

1. A Ⅰ式（H36②：17）　　2～4. A Ⅱ式（H17：13、H13：25、H13：3）

5～8. A Ⅲ式（H70②：1、H32：1、T11④D：113、T48④D：2）

沿，沿面略向内凹，尖唇，短束颈，腹部微下垂，联裆，裆底稍向下鼓，高锥足细长，稍向外撇，夹砂灰褐陶，饰整齐的细绳纹，口径 16、高 20.8 厘米（图六七，8；图版六，2）。

此外还有一些 A 型鬲残片，式别不明。标本 H51：11，斜折沿，尖唇，上腹较鼓，下腹残。夹砂灰褐陶，饰整齐的细绳纹，口径 12、残高 8 厘米（图六八，1）。标本 H70①：37，折沿，尖唇，腹较鼓，夹砂灰褐陶，饰细绳纹，口径 18.4 厘米（图六八，2）。标本 H70②：43，细锥形，包芯，夹砂褐陶，残长 8.8 厘米（图六八，5）。标本 H70②：51，仅存足根部分，包芯，夹砂褐陶，残高 6 厘米（图六八，6）。标本 H70②：62，足尖残，里面露出泥芯。夹砂褐陶，根部饰绳纹，残高6.8厘米（图六八，7）。标本T46④C：33，尖锥足高而细，包芯，灰褐色，长12厘米（图六八，3）。标本T46④C：34，锥足细长，包芯，夹砂褐陶，残长8厘米（图六八，4）。

B型　分档鬲，以夹砂灰陶为主，夹砂黑陶较少，也有夹砂褐陶。饰绳纹，袋足尖直接接实足根，没有包芯。据口部和档部变化，可分四式。

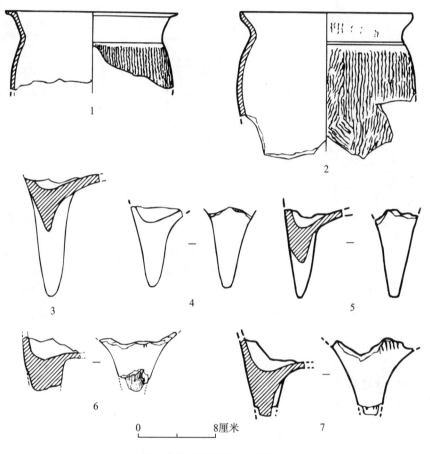

图六八　夏商时期A型陶鬲

1～7. H51：11、H70①：37、T46④C：33、T46④C：34、H70②：43、H70②：51、H70②：62

BⅠ式：发现很少，未见完整器。标本H17：6，折沿，沿面有一周三角棱凸，沿上端外翻下垂，尖唇，深弧腹，夹砂褐陶，饰较细的绳纹，口径18、残高18厘米（图六九，1）。标本T7④B：7，残，折沿，沿面内侧向上凸起，尖圆唇，夹砂灰陶，肩部有凹弦纹一周，腹饰绳纹，口径16厘米（图六九，2）。T17④C：91，残，折沿，尖圆唇，沿内面向上凸起，深腹略鼓，夹砂灰陶，饰绳纹，口径18厘米（图六九，3）。

BⅡ式：数量多，绝大多数为折沿，沿面大多有凹槽，尖唇或圆唇，深腹，高锥足外撇。

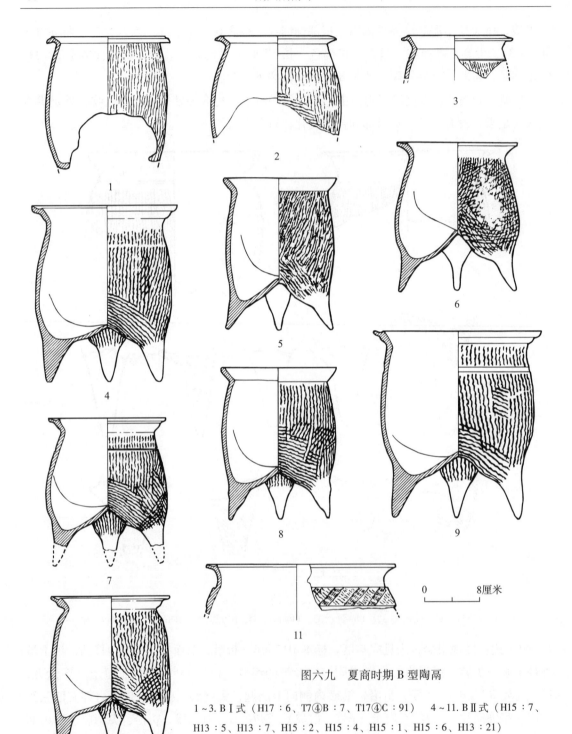

图六九　夏商时期 B 型陶鬲

1~3. B I 式（H17：6、T7④B：7、T17④C：91）　　4~11. B II 式（H15：7、
H13：5、H13：7、H15：2、H15：4、H15：1、H15：6、H13：21）

标本H13：7，折沿，沿面上有凹槽，尖唇，深腹，下腹较鼓，高锥足尖外撇较甚。夹砂灰陶，饰交错绳纹，口径17.6、高20.4厘米（图六九，6）。标本 H13：5，斜折沿，尖圆唇，深弧腹较直，细锥足外撇。夹砂灰陶，饰绳纹，口径16.4、高21.2厘米（图六九，5）。标本 H13：21，残，折沿，沿面上有凹槽，凹槽内侧凸起，束颈。夹砂褐陶，肩部贴附加堆纹，口径28厘米（图六九，11）。标本 H15：1，折沿，尖圆唇，沿内侧有凸棱，凸棱和唇之间有凹槽，深弧腹，锥足细长，稍外撇。夹砂灰陶，饰中绳纹，颈部有一道凹弦纹，口径24.6、高26.4厘米（图六九，9；图版六，3）。标本 H15：2，沿平折，沿面上有凹槽，尖圆唇，深腹微鼓，最大径偏下，锥足稍外撇，足尖略残。夹砂陶，黄褐色，饰中绳纹，口径17.4、复原高约20.2厘米（图六九，7）。标本 H15：4，折沿，尖圆唇，深弧腹较直，锥足细长。夹砂灰陶，饰中绳纹，口径16.8、高21.6厘米（图六九，8；图版六，4）。标本 H15：6，折沿，沿内侧有凸棱，凸棱外有凹槽，圆唇，深弧腹较直，锥足细长直立。夹砂褐陶，饰中绳纹，口径20.4、高25.2厘米（图六九，10；图版六，5）。标本 H15：7，斜折沿，沿面内凹成沟槽，尖唇，短颈内束，深弧腹，锥足细长，近乎直立。夹砂灰褐陶，饰中绳纹，口径21.6、高25厘米（图六九，4；图版六，6）。标本 H15：16，折沿，圆唇，深腹，下腹微鼓，足尖细长。夹砂灰陶，饰中绳纹，颈部贴附加堆纹，口径19、高26.6厘米（图七〇，4；图版七，1）。标本 H15：29，卷沿，沿面内凹成沟槽，尖唇，束颈，腹较鼓，下腹残。夹砂灰陶，肩部饰附加堆纹，腹部饰绳纹，口径25.6厘米（图七〇，3）。标本 H15：30，折沿，沿面内凹成沟槽，颈较直，深腹微鼓，下腹残。夹砂灰陶，沿及腹部饰绳纹，沿部绳纹被抹平，颈部饰附加堆纹，口径28.8、残高16厘米（图七〇，1）。标本 H15：31，平折沿，沿面略凹，沿内侧向上凸起，尖圆唇，束颈，上腹微鼓，下腹残。夹砂灰陶，颈部饰附加堆纹，沿和腹部饰绳纹，颈部绳纹被抹平，口径25.6、残高12厘米（图七〇，2）。标本 H15：38，斜折沿，沿内侧凸起形成凸棱，凸棱外有凹痕，尖圆唇，颈较直，深弧腹，锥足残。夹砂灰陶，饰中绳纹，颈部压附加堆纹，口径25.4、复原高33.6厘米（图七〇，5；图版七，2）。标本 H21：1，折沿，沿内侧有一周凸棱，沿面内凹，尖圆唇，深弧腹，足残。夹砂灰陶，饰中绳纹，口径25.6、复原高32.8厘米（图七〇，6；图版七，3）。标本 H35：1，折沿，厚圆唇，腹较深，下腹略鼓，锥足尖残。夹砂灰陶，锥足呈红色，饰中绳纹，口径18、高21.2厘米（图七一，1）。标本 H35：2，折沿，唇残，沿面向上凸起，腹微鼓，锥足残。夹砂灰陶，饰粗绳纹，口径20.8、残高16.8厘米（图七一，2）。标本 H35：13，残，折沿圆唇，沿面向上凸起，有浅凹槽。夹砂灰陶，颈部饰二道凹弦纹，腹饰绳纹，口径18厘米（图七一，5）。标本 H35：14，残，折沿，沿面上有凹槽，圆唇。夹砂灰陶，饰绳纹，口径26厘米（图七一，4）。标本 H35：17，残，折沿，厚圆唇，夹砂黑皮红胎陶，颈部贴附加堆纹，腹饰粗绳纹，口径28、残高14.8厘米（图七一，3）。标本 H70②：24，残，

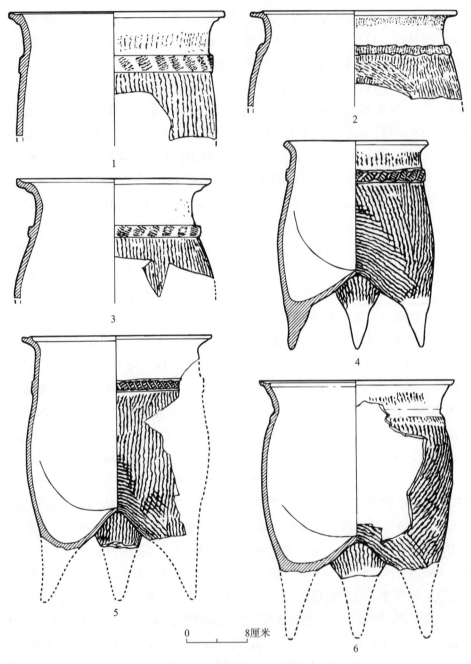

图七〇　夏商时期 BⅡ式陶鬲

1~6. H15：30、H15：31、H15：29、H15：16、H15：38、H21：1

斜折沿，尖唇，沿面有凹槽，夹砂灰陶，口径 13.2 厘米（图七一，6）。标本 H70①：38，残，折沿，尖圆唇，沿面稍凹，夹砂灰陶，饰绳纹，口径约 22.8 厘米（图七一，8）。标本 H70⑤：67，残，斜折沿，尖唇，夹砂灰陶，沿面内有一道凸弦纹，腹饰绳纹，口径约

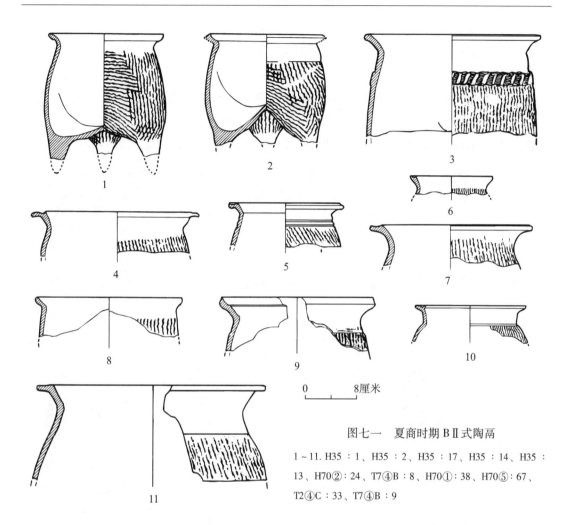

图七一 夏商时期 BⅡ式陶鬲

1~11. H35：1、H35：2、H35：17、H35：14、H35：
13、H70②：24、T7④B：8、H70①：38、H70⑤：67、
T2④C：33、T7④B：9

24 厘米（图七一，9）。标本 T2④C：33，残，斜折沿，尖圆唇，沿内面有凹槽，短束颈，夹砂灰陶，饰绳纹，口径 17.6 厘米（图七一，10）。标本 T7④B：8，残，平折沿，圆唇，沿面上有凹槽，夹砂灰陶，饰绳纹，口径 27 厘米（图七一，7）。标本 T7④B：9，残，折沿，圆唇，沿内侧面向上凸起。夹砂灰陶，饰绳纹，口径 36 厘米（图七一，11）。标本 T8④B：1，折沿，圆唇，沿面上有凹槽，深腹，下腹微鼓，长尖锥足略外撇。夹砂灰陶，颈部有二道凹弦纹，腹饰绳纹，口径 15、高 20.4 厘米（图七二，9）。标本 T8④B：2，折沿，厚圆唇，沿内侧面有凹槽，深腹，袋足残，夹砂灰陶，颈、腹饰绳纹，颈部绳纹被抹平，颈下侧贴附加堆纹，口径 28、残高 24.5 厘米（图七二，5）。T2④C：33，折沿，尖唇，沿面有凹槽，短颈较直，腹残。夹砂灰陶，饰绳纹，口径 17.6 厘米（图七二，1）。标本 T13④A：1，斜折沿，尖圆唇，深弧腹，裆及足残。夹砂灰陶，饰绳纹，颈部有一道凹弦纹，口径 21.4、残高 19.2 厘米（图七二，6）。标本 T13④D：41，残，折沿，尖圆

唇，沿面内侧略凹。夹砂灰陶，颈、腹饰凹弦纹和绳纹，口径20.8、残高14厘米（图七二，7）。标本T17④D：72，残，折沿，圆唇，唇面有凹沟，沟内侧凸起。夹砂灰陶，饰绳纹，口径20厘米（图七二，2）。标本T44④D：8，残，折沿，尖圆唇，沿面有凹沟，夹砂灰陶，饰中绳纹，口径16.8厘米（图七二，3）。标本T46④C：32，残，折沿，尖圆唇，沿面有凹沟，夹砂灰陶，饰中绳纹，口径20.4厘米（图七二，4）。标本T21④C：1，折沿，唇外翻，唇内缘凸起，深腹微鼓，长锥足稍向外撇。夹砂灰陶，饰粗绳纹，颈部贴

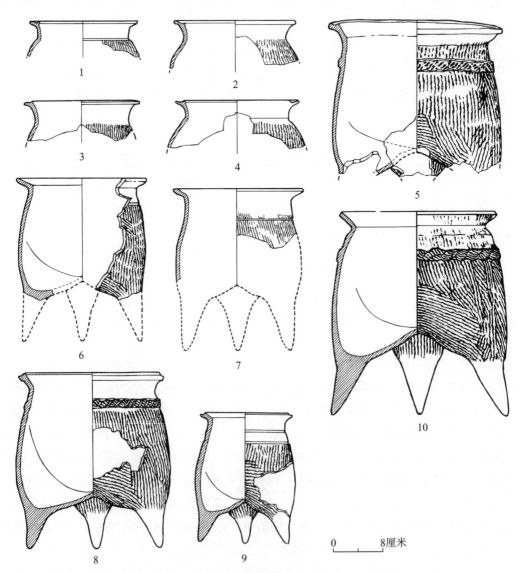

图七二　夏商时期BⅡ式陶鬲

1~10. T2④C：33、T17④D：72、T44④D：8、T46④C：32、T8④B：2、T13④A：1、T13④D：41、T21④C：1、T8④B：1、T48④D：3

附加堆纹，口径24.4、高27.8厘米（图七二，8，图版七，4）。标本T48④D：3，折沿，薄唇介于圆方之间，弧腹较深，最大径偏下，长锥足外撇。夹砂灰陶，沿外及腹饰绳纹，沿外、颈部绳纹被抹平，肩部加贴附加堆纹，口径25.6、高31.8厘米（图七二，10；图版七，5）。

B Ⅲ 式：折沿，方唇，唇下角大多向内勾，大多数为深弧腹，锥足中长。标本H14：1，折沿，侧方唇，唇下角向内勾，深弧腹，下腹及袋足稍向内收拢。夹砂灰陶，饰中绳纹，口径23.8、高28.5厘米（图七三，4，图版七，6）。标本H14：2，折沿，侧方唇，唇面上有凹沟，深腹，下腹较鼓。足尖中长，略外撇。夹砂陶，器身灰色，足尖褐红色，饰中绳纹，口沿内侧及颈外各有一周凹弦纹，口径16.2、高21.6厘米（图七三，1，图版八，1）。标本H14：3，折沿，侧方唇，唇面内凹，深腹微鼓，锥足尖残。夹砂灰

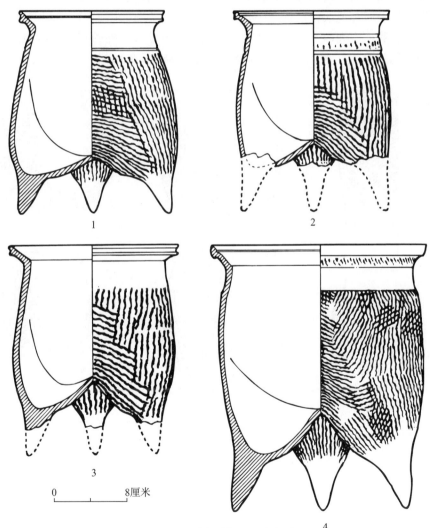

0　　　　　　8厘米

图七三　夏商时期 B Ⅲ 式陶鬲

1～4. H14：2、H14：7、H14：3、H14：1

陶，饰粗绳纹，口径18.4、复原高度约22厘米（图七三，3；图版八，2）。标本H14：7，折沿，侧方唇，唇面有浅凹槽，唇下角向内勾，深弧腹，足尖残。夹砂灰陶，沿内饰一周凹弦纹，颈下饰二周凹弦纹，腹部饰粗绳纹，口径17.4、残高14厘米（图七三，2；图版八，3）。标本H57：1，折沿，侧方唇，唇下角向内勾，足尖残。夹砂灰陶，饰中绳纹，沿内侧有一周凹痕，肩部有二周凹弦纹，口径17.2、高20.8厘米（图七四，1；图版八，4）。标本H62：9，残，折沿，侧方唇，夹砂褐陶，颈部贴附加堆纹，腹饰绳纹，口径21.4、残高6.8厘米（图七四，7）。标本H93：6，折沿，宽侧方唇，唇面内凹，深腹微鼓，锥足中长，微外撇。夹砂灰陶，袋足及足尖为红褐色，饰粗绳纹，沿面及肩部饰凹弦纹，口径14.4、高17.2厘米（图七四，6；图版八，5）。标本H105：1，宽折沿，侧方唇，唇面有凹沟，唇下角内勾，腹较深，下腹及袋足向内收敛，足尖残。夹砂褐陶，颈部饰一周凹弦纹，腹饰绳纹，口径20.4、残高18厘米（图七四，2）。标本H218：1，卷沿，宽侧方唇，唇面中间内凹，稍向外鼓，腹稍浅，锥足残。夹砂灰陶，沿面内有一周凹槽，肩部饰一周按窝纹，腹饰绳纹，口径16.2、残高16.8厘米（图七四，3；图版八，

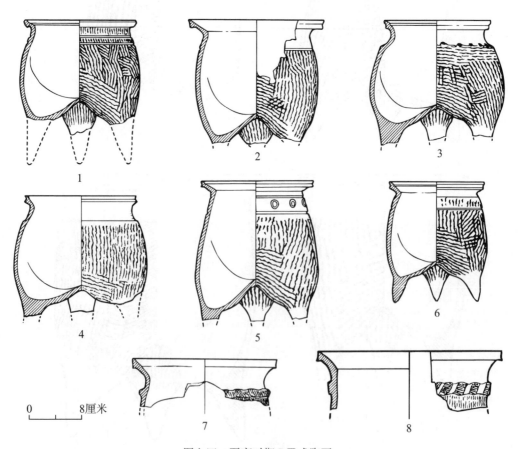

图七四　夏商时期 BⅢ式陶鬲

1~8. H57：1、H105：1、H218：1、H221：1、H233：1、H93：6、H62：9、T6③：17

6）。标本 H221：1，折沿，侧方唇，唇面中间有凹沟，束颈，腹稍鼓，足尖残。夹砂红陶，腹饰绳纹，口径 17.2、残高 16.8 厘米（图七四，4）。标本 H233：1，折沿，侧方唇，唇面中间内凹，深腹，下腹微向外鼓，足尖残。夹砂灰陶，颈部饰凹弦纹和圆圈纹，口沿内有一周凹槽，腹饰绳纹，口径 17、残高 20 厘米（图七四，5）。标本 T6③：17，折沿，侧方唇，唇下角内勾，夹砂黑灰陶，颈部有一周附加堆纹，腹饰绳纹，口径 27.6 厘米（图七四，8）。标本 T9④B：8，折沿，侧方唇，唇面有凹槽，唇下角向内勾，沿面上有浅凹沟，腹较浅。足尖残。夹砂灰陶，饰粗绳纹，口径 15.6、残高 14.8 厘米（图七五，1）。标本 T11④B：1，折沿，侧方唇，唇面中间内凹，唇下角向内勾。腹稍鼓，锥足残。夹砂灰陶，腹及袋足饰粗绳纹，沿面内侧有一周凹弦纹，口径 16.2、残高 15.6 厘米（图七五，2）。标本 T11④B：49，残，折沿，宽侧方唇，唇面中间内凹。夹砂灰陶，腹饰绳纹，

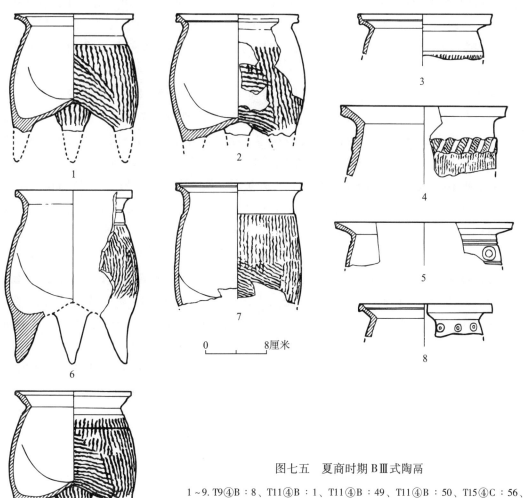

图七五　夏商时期 BⅢ式陶鬲

1～9. T9④B：8、T11④B：1、T11④B：49、T11④B：50、T15④C：56、T17④A：141、T17④B：121、T18④B：206、T22④B：1

口径 18 厘米（图七五，3）。标本 T11④B：50，残，宽侧方唇，唇面中间略向内凹。夹砂灰陶，颈部饰附加堆纹，腹饰绳纹（图七五，4）。标本 T15④C：56，残，折沿，侧方唇，夹砂灰陶，颈部饰凹弦纹和双圆圈纹，口径约 24 厘米（图七五，5）。标本 T17④A：141，折沿，侧方唇，深腹，下腹较鼓，长锥足稍外撇，夹砂灰陶，颈部划二周凹弦纹，腹饰绳纹，口径 15.4、高 22 厘米（图七五，6；图版九，1）。T17④B：121，残，折沿，侧方唇，唇面稍内凹，深腹微鼓，夹砂灰陶，沿内有一周凹弦纹，表面饰绳纹，口径 16、残高 15.2 厘米（图七五，7）。标本 T18④B：206，残，折沿方唇，唇下角向内勾，夹砂灰陶，沿面有一道凹弦纹，颈部压印双圆圈纹，口径 18 厘米（图七五，8）。标本 T22④B：1，折沿，侧方唇，沿面上有凸起，腹较浅，锥足残。夹砂褐陶，颈部有一道凹弦纹，腹饰粗绳纹，口径 15.4、残高 14.6 厘米（图七五，9）。标本 T24④A：16，残，折沿，宽侧方唇，唇下角向内勾，深弧腹，夹砂灰陶，腹部饰绳纹，颈部饰二道凹弦纹，口径 15.6、残高 9.2 厘米（图七六，1）。标本 T24④B：11，残，折沿，侧方唇，唇下角内勾。夹砂灰陶，沿内侧有一道凹弦纹，颈外贴附加堆纹，腹饰绳纹，口径 24.4 厘米（图七六，2）。标本 T25④C：16，折沿，斜方唇，唇下角内勾，深弧腹，下腹及袋足略向内收拢，足尖残。夹砂灰陶，饰较粗的绳纹，口径 17.2、残高 19.2 厘米（图七六，4）。标本 T44④B：9，残，折沿，侧方唇，唇下角向内勾。夹砂红褐陶，颈部饰一周凸弦纹，并等距离地饰一周圆圈纹，口沿内侧有一周凹弦纹，口径 16 厘米（图七六，3）。标本 T45④B：12，残，折沿，侧方唇，唇下角向内勾，夹砂灰陶，颈部饰凹弦纹和一周双圆圈纹，沿内侧有一周凹弦纹，口径 17.2、残高 10 厘米（图七六，5）。标本 T45④B：15，残，折沿，宽侧方唇，唇面向内凹，唇下角略向内勾。夹砂灰陶，沿内侧有一道凹弦纹，腹饰绳纹，口径 20、残高 7.2 厘米（图七六，6）。标本 T48④C：11，折沿，侧方唇，沿面上有凹槽，腹部最大径在下部，袋足较深，足尖残。夹砂灰陶，颈下侧饰二周凹弦纹，颈及腹饰粗绳纹，口径 13.2、残高 14.8 厘米（图七六，7）。标本 T52④A：1，残，折沿，侧方唇，腹较浅，锥足尖残。夹砂深灰陶，饰绳纹，肩部有一周凹弦纹，口径 16、高 16.8 厘米（图七六，8；图版九，2）。标本 T54④A：1，折沿，宽侧方唇，唇面向内凹成沟槽，唇下角向内勾，深腹，最大腹径偏下，锥足尖残。夹砂灰陶，裆底及袋足下部为红褐色，沿内侧及颈部饰凹弦纹，肩以下饰绳纹，口径 11.6、残高 14 厘米（图七六，9）。标本 T57④C：1，折沿，侧方唇，弧腹较深，锥足较长，略向内收。夹砂深灰陶，足红褐色，饰中绳纹，沿面上有一道凹弦纹，口径 16.8、高 17.2 厘米（图七六，10；图版九，3）。

BⅣ式：腹较深，整体呈长方形，下腹和袋足向内收敛，锥足尖短。标本 T5④A：1，折沿，斜方唇，腹较深，下腹微鼓，袋足内敛，锥足尖短。夹砂灰陶，饰绳纹，口径 13.2、高 17 厘米（图七七，1；图版九，4）。标本 T5④A：2，折沿，侧方唇，深腹微鼓，袋足内敛，锥足尖短。夹砂灰褐陶，颈部有一道凹弦纹，腹饰绳纹，口径 14.4、高 21 厘

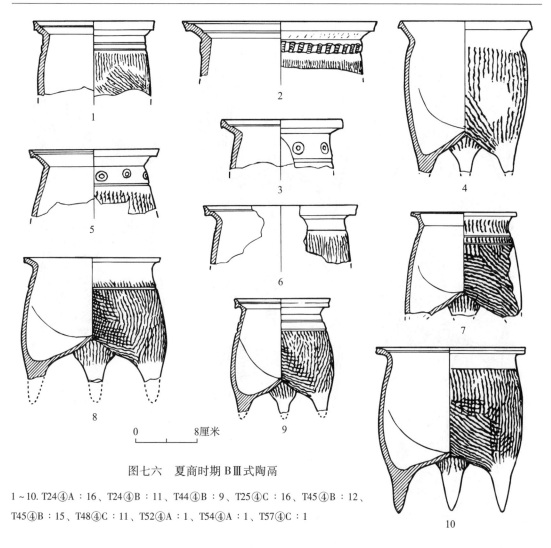

图七六　夏商时期 BⅢ式陶鬲

1～10. T24④A：16、T24④B：11、T44④B：9、T25④C：16、T45④B：12、
T45④B：15、T48④C：11、T52④A：1、T54④A：1、T57④C：1

米（图七七，2；图版九，5）。标本 T6③：1，折沿，斜方唇，深腹，下腹微鼓，袋足内
敛，足尖残。夹砂灰陶，颈部饰一周凹弦纹，腹饰粗绳纹，颈部绳纹被抹平，口径14、高
17 厘米（图七七，3）。标本 T8④A：1，折沿，侧方唇，唇面内侧有凹沟，唇下角向内勾。
袋足直立，足尖短。夹砂灰陶，沿面饰凹弦纹，颈、腹部饰绳纹，颈部绳纹被抹平，颈部饰
二道凹弦纹，口径12.8、高14 厘米（图七七，4，图版九，6）。标本 T21④A：1，折沿，宽
侧方唇，唇面中间内凹，唇下角向内勾，深腹略残，袋足略向内收。夹砂灰陶，口沿内及颈
下饰凹弦纹，腹饰绳纹，口径12.8、复原高度约16 厘米（图七七，5；图版一〇，1）。

　　BV式：数量很少，特点是折沿，整体呈方形，足尖短小。标本 H10：1，折沿，侧方
唇，唇面略向内凹，唇下角不向内勾，高与腹径基本相等，腹稍鼓，足尖粗短。夹砂褐陶，
饰较整齐的中绳纹，肩部饰三道凹弦纹和点纹，口径13.2、高14 厘米（图七七，6；图版一

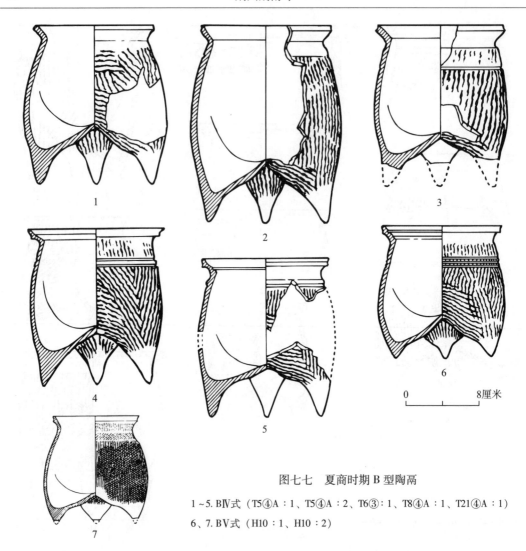

图七七　夏商时期 B 型陶鬲

1~5. BⅣ式（T5④A：1、T5④A：2、T6③：1、T8④A：1、T21④A：1）

6、7. BⅤ式（H10：1、H10：2）

〇，5）。标本 H10：2，折沿，侧方唇，唇面略向内凹，高与腹径基本相等，腹稍鼓，足尖粗短。夹砂黄褐陶，饰交错中绳纹，口径10.2、残高8.8厘米（图七七，7；图版一〇，3）。

　　甗　数量少，分二型。

　　A Ⅰ式：标本 T11④D：122，折沿，尖唇，沿面上有一周凹槽，凹槽内侧凸起，束颈，上下腹均较鼓，分裆较矮，锥足细长，足尖稍外撇。夹砂灰陶，饰直绳纹，口径26.4、高38.2厘米（图七八，4；图版一〇，6）。标本 T11④D：3，折沿，尖唇，沿面上有一周凹槽，槽内侧起凸棱，短束颈，上腹及肩部较鼓，往下渐向内收，下腹残。夹砂灰陶，饰直绳纹，口径24.4、残高18厘米（图七八，1）。

　　A Ⅱ式：标本 T17④A：6，斜折沿，侧方唇，唇面稍内凹，上腹深弧渐瘦，下腹残。夹砂灰陶，沿内肩外饰凹弦纹，颈部和腹部饰斜绳纹，口径25.8、残高25厘米（图七八，

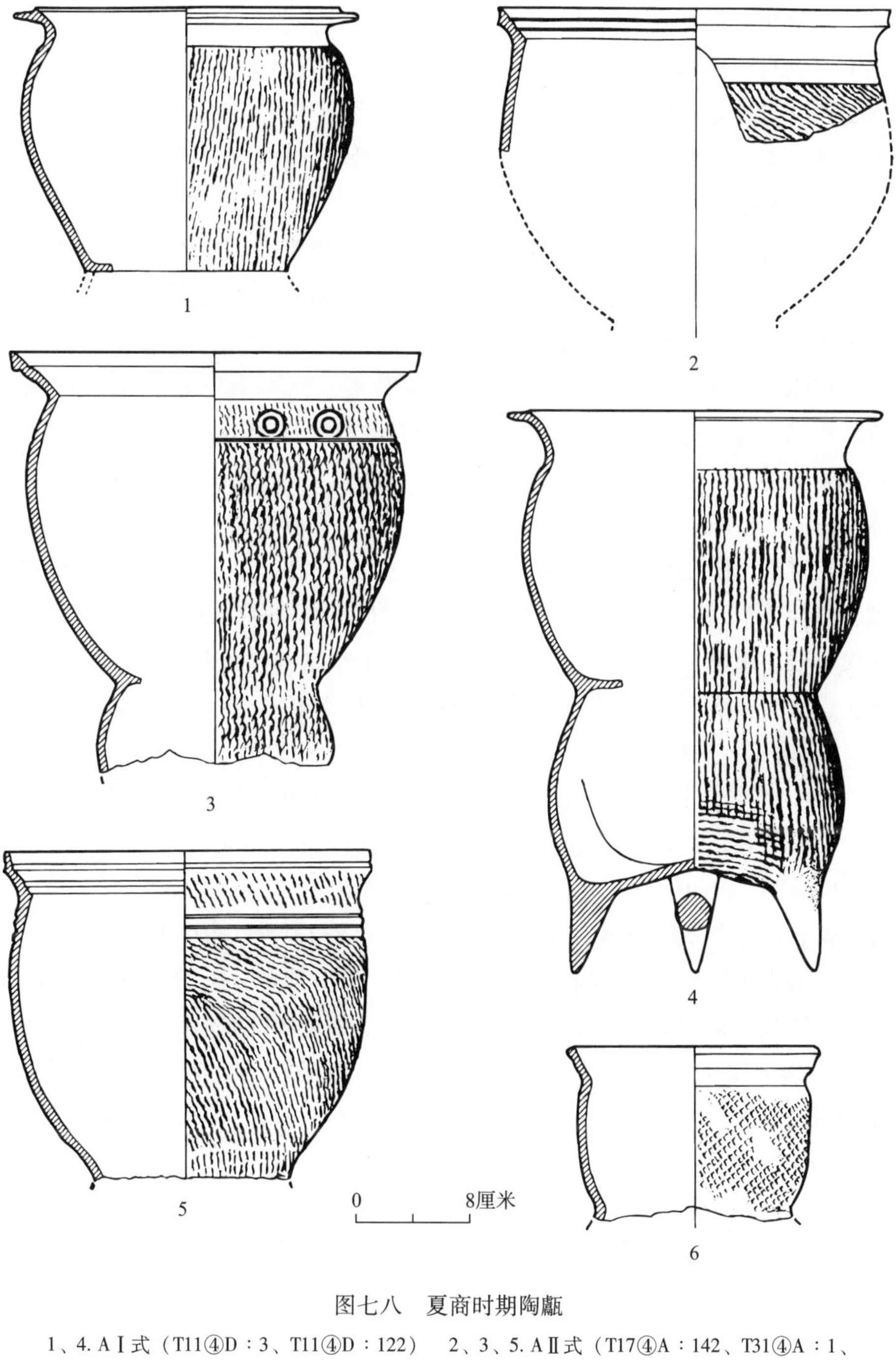

图七八　夏商时期陶甗

1、4. AⅠ式（T11④D：3、T11④D：122）　2、3、5. AⅡ式（T17④A：142、T31④A：1、T17④A：6）　6. B型（H70①：32）

5）。标本 T31④A：1，折沿，侧方唇，上腹深弧，细腰，下腹瘦，残。夹砂灰陶，口沿内侧有凹弦纹，颈部饰绳纹和一周双圆圈纹，腹部饰较整齐的竖绳纹，口径29、残高28.4厘米（图七八，3）。标本 T17④A：142，残，折沿，侧方唇，唇面凹。夹砂红胎黑皮陶，外沿内饰凹弦纹，腹部饰斜绳纹，口径27.6厘米（图七八，2）。

B 型　仅一件，标本 H70①：32，残，折沿，圆唇，腹较直较浅，下腹残。硬陶，饰斜方格纹，口径18厘米（图七八，6）。

釜　是主要炊器之一，绝大多数为卷沿，极少数为折沿，口径小于腹径，圜底。夹砂陶，大多数为灰色，少数为黑色，个别为褐色。纹饰有绳纹、米粒纹、方格纹、附贴的贝形泥凸等。依口沿和颈、腹部的变化，分为五式。

Ⅰ式：整体如深腹盆或圜底罐形，小沿微向外卷。标本 H36②：19，小卷沿，深弧腹，近似圜底深腹盆，底略残。夹细砂褐陶，饰米粒纹，口径18、残高12.6厘米（图七九，1）。标本 H70③：54，小沿微卷，深弧腹，小圜底。夹砂灰陶，饰米粒纹，口径9.2、高12厘米（图七九，2）。标本 H70⑤：1，小沿微卷，深腹略鼓，灰色，饰米粒纹，口径9.2、高11.8厘米（图七九，3；图版一〇，2）。标本 T3④B：1，口沿近直，深弧腹，饰细斜绳纹，口径7.4、高11.5厘米（图七九，4；图版一〇，4）。标本 T34④B：27，小沿微卷，深腹较鼓，灰色，饰横绳纹，口径7.4、高11.6厘米（图七九，5）。

Ⅱ式：口沿大多略卷，深鼓腹，最大径偏中下。标本 H42：1，沿微卷，溜肩，腹较深较鼓，最大径偏下，夹砂褐胎黑皮陶，饰稀疏米粒纹，口径9.6、高10厘米（图七九，6）。标本 H62：4，沿略卷，束颈，深鼓腹，最大径在中腹。夹砂褐胎黑皮陶，饰米粒纹，口径9.4、高11.2厘米（图七九，7）。标本 T44④B：1，沿略卷，深腹，下腹圆鼓。夹砂褐陶，饰米粒纹，口径10、高10厘米（图七九，9）。标本 H70①：1，口沿略卷，束颈溜肩，深鼓腹，最大径偏下。夹砂褐胎黑皮陶，饰稀疏细绳纹，口径13、高14.6厘米（图七九，8）。

Ⅲ式：口沿大多较卷，腹较扁。标本 H12：2，卷沿较弯，束颈，腹部扁凸，最大径在中腹，圜底略残。夹砂褐陶，饰斜绳纹，口径16、残高14.5厘米（图七九，13；图版一一，1）。标本 H12：3，沿较卷，束颈，扁鼓腹。夹砂灰陶，饰米粒纹，口径12、高11.8厘米（图七九，11；图版一一，2）。标本 H12：6，小口，沿较卷，束颈，溜肩，扁鼓腹。夹砂灰陶，饰米粒纹，口径8、高10.4厘米（图七九，12）。标本 H12：18，口径较大，卷沿较弯，束颈，扁腹，最大径略偏上。夹砂褐胎黑皮陶，上腹等距离贴贝形泥凸，饰米粒纹，口径14.4、高11厘米（图七九，10）。标本 H13：1，口沿稍卷，束颈，溜肩，扁鼓腹，最大径居中，大圜底。夹砂黑陶，饰绳纹，口径13.6、高14.4厘米（图七九，14；图版一一，3）。标本 H13：2，残，卷沿较甚，扁鼓腹，夹砂褐陶，饰米粒纹，口径12.2、残高11.6厘米（图七九，15）。标本 H21：2，口沿较卷，束颈，溜肩，扁鼓腹，大圜底，最大径在中腹。肩、腹交界处等距离地饰六个贝形堆纹，夹砂黑陶，口径

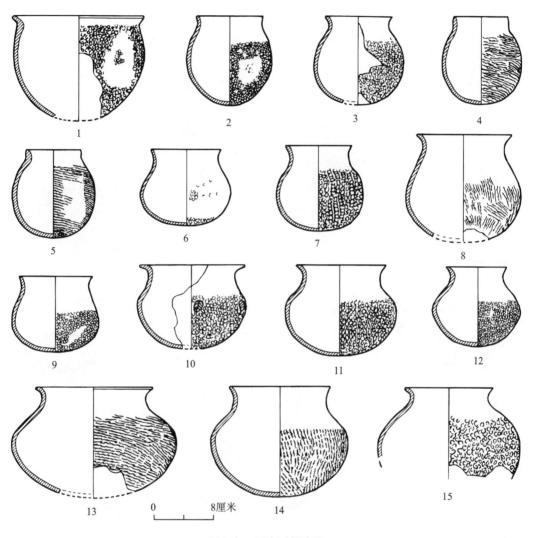

图七九　夏商时期陶釜

1～5. Ⅰ式（H36②：19、H70③：54、H70⑤：1、T3④B：1、T34④B：27）　6～9. Ⅱ式（H42：1、H62：4、H70①：1、T44④B：1）　10～15. Ⅲ式（H12：18、H12：3、H12：6、H12：2、H13：1、H13：2）

9.6、高 10.6 厘米（图八〇，1）。标本 H32：5，沿较卷，鼓腹较扁。最大径在中腹，夹砂灰陶，饰米粒纹，口径 8.6、高 9.8 厘米（图八〇，2）。标本 H40：7，沿较卷，颈较长，内束，扁鼓腹。夹砂黑陶，饰细绳纹，口径 9.4、高 11 厘米（图八〇，3；图版一一，4）。标本 H42：12，口沿较卷，扁腹，下腹残，夹砂灰陶，饰较细的绳纹，口径 18.8、残高 12 厘米（图八〇，5）。标本 H57：13，卷沿束颈，扁凸腹，尖圆底，夹砂灰陶，饰米粒纹，口径 19.2、高 18.8 厘米（图八〇，6）。标本 H62：2，小口，沿较卷。束颈。斜溜肩，扁腹，大圜底，夹砂褐胎黑皮陶，饰米粒纹，口径 8.6、高 10.6 厘米（图八〇，

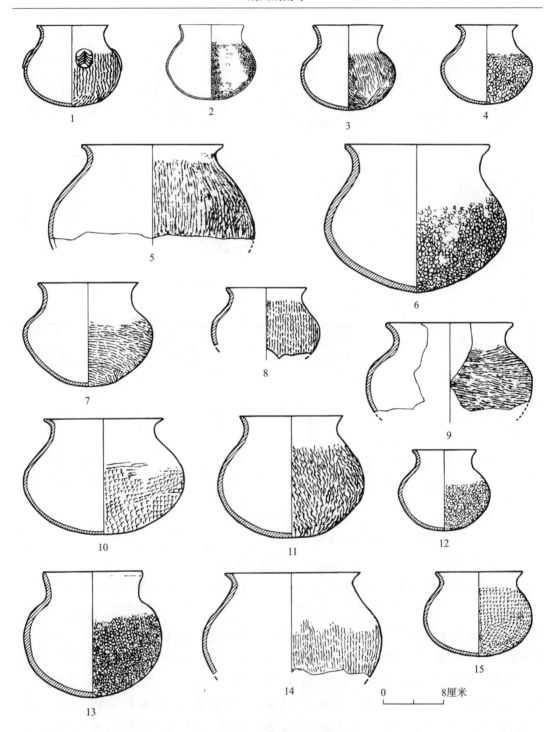

图八〇　夏商时期Ⅲ式陶釜

1～15. H21：2、H32：5、H40：7、H62：2、H42：12、H57：13、H62：3、H70①：2、H70①：29、
H70②：3、H70②：4、H70③：1、H70③：55、H169：1、H196：1

4）。标本 H62：3，沿较卷，束颈，腹特扁。夹砂褐胎黑皮陶，饰横细绳纹，口径 13.8、高 13.5 厘米（图八〇，7）。标本 H70①：2，口沿较卷，束颈，溜肩，扁鼓腹残。夹砂褐陶，饰较细的绳纹，口径 10.6、残高 9.6 厘米（图八〇，8）。H70①：29，卷沿，束颈，扁鼓腹，下腹残。夹砂黑陶，饰横绳纹，口径 17、残高 11.2 厘米（图八〇，9）。标本 H70②：3，卷沿较甚，短束颈，扁腹，大圜底，最大径居中。夹砂红胎黑皮陶，拍小方格纹，口径 16、高 14.6 厘米（图八〇，10；图版一一，5）。标本 H70②：4，沿较卷，束颈，扁鼓腹。夹砂褐胎黑皮陶，饰绳纹，口径 13.6、高 15.6 厘米（图八〇，11；图版一一，6）。标本 H70③：1，沿较卷，束颈，腹较扁鼓。夹砂褐胎黑皮陶，饰米粒纹，口径 8.5、高 10.6 厘米（图八〇，12；图版一二，1）。标本 H70③：55，沿略卷，束颈，鼓腹稍扁。夹砂灰陶，饰米粒纹，口径 14.2、高 16 厘米（图八〇，13）。标本 H169：1，卷沿较弯，束颈，扁鼓腹，下腹残。夹砂黑皮陶，饰较细绳纹。口径 18、残高 12 厘米（图八〇，14）。标本 H196：1，口沿稍卷，束颈，溜肩，扁鼓腹，最大径居中，大圜底。夹砂黑陶，拍正方格纹，口径 11.7、高 11 厘米（图八〇，15；图版一二，6）。标本 T17④B：5，沿较卷，束颈，扁鼓腹。夹砂灰陶，饰斜绳纹，口径 18、高 15.6 厘米（图八一，1）。标本 T17④B：1，口沿较卷，束颈，溜肩，扁鼓腹，圜底残。夹砂红胎黑皮陶，饰细绳纹，口径 14、复原高度 14.2 厘米（图八一，2；图版一二，2）。标本 T17④B：2，卷沿束颈，扁鼓腹，夹砂褐胎黑皮陶，饰米粒纹，口径 12.2、高 13.2 厘米（图八一，3）。标本 T18④C：1，卷沿，束颈，腹较深，扁鼓腹，圜底略残。夹砂褐胎黑皮陶，饰米粒纹，口径 12.1、复原高 13.8 厘米（图八一，4；图版一二，3）。标本 T18④C：2，沿较卷，扁鼓腹。夹砂黑陶，饰较细的绳纹，口径 16、高 19.6 厘米（图八一，5；图版一二，4）。标本 T45④B：1，小口，卷沿，束颈，扁鼓腹。夹砂褐胎黑皮陶，饰方格纹，口径 8、高 10 厘米（图八一，7）。标本 T45④C：2，口沿较卷，束颈，扁鼓腹，下腹残。夹砂褐胎黑皮陶，饰较规则的米粒纹，口径 14.6、残高 12.5 厘米（图八一，6）。标本 T45④C：3，体形大，口沿弯卷，短束颈，扁鼓腹，圜底略残。夹砂褐灰陶，饰米粒纹，口径 24.8、复原高度 24 厘米（图八一，8）。标本 T59④C：1，口沿残，扁鼓腹，夹砂灰陶，饰米粒纹，腹径 11.2、残高 8.4 厘米（图八一，9）。标本 T62④D：1，口沿较卷，束颈，溜肩，扁鼓腹，夹砂褐陶，饰竖绳纹，口径 8.4、高 10.2 厘米（图八一，10；图版一二，5）。

Ⅳ式：绝大多数卷沿，短颈，腹较深，圆鼓，最大径多在上腹。标本 H2：1，卷沿，颈较长，稍内束，腹较深，圆鼓，最大径在中上腹。夹砂褐胎，表面有褐、黑色斑块，饰竖绳纹，口径 16、高 16.8 平方米（图八二，1；图版一三，1）。标本 H4：21，口沿弯卷，深鼓腹，下腹残。夹砂红陶，饰米粒纹，口径 18、残高 11.6 厘米（图八二，2）。标本 H10：4，卷沿，腹较深，圆鼓。夹砂黑陶，夹褐色斑块，饰米粒纹，口径 11.2、高 10.4 厘米（图八二，5；图版一三，2）。标本 H21：7，卷沿，深腹较鼓。夹砂灰陶，饰

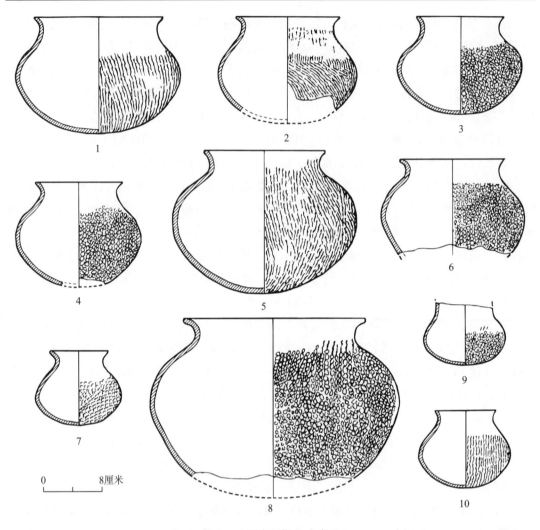

图八一　夏商时期Ⅲ式陶釜

1～10. T17④B：5、T17④B：1、T17④B：2、T18④C：1、T18④C：2、
T45④C：2、T45④B：1、T45④C：3、T59④C：1、T62④D：1

米粒纹，口径 11.6、高 12 厘米（图八二，6；图版二一，4）。标本 H25：1，口沿稍卷，
束颈，腹较深，圆鼓。夹砂褐陶，饰米粒纹，口径 8.8、高 9.8 厘米（图八二，3；图版一
三，3）。标本 H25：9，口沿较卷，腹较深，圆鼓。夹砂灰陶，饰米粒纹，口径 8、高 10
厘米（图八二，4）。标本 H98：1，大口卷沿，束颈，圆鼓腹，最大径在上腹。夹砂褐陶，
饰米粒纹，口径 12.8、高 11.6 厘米（图八二，7；图版一三，4）。标本 H176：1，卷沿，
短颈内束，微显有肩，圆鼓腹。夹砂黑陶，拍方格纹，口径 10.6、高 11.2 厘米（图八二，
8；图版一三，5）。标本 T9④C：1，折沿，深鼓腹。夹砂褐陶，饰米粒纹，口径 11.6、高
12.2 厘米（图八二，9）。标本 T10④A：1，卷沿较弯，深鼓腹，最大径偏上。夹砂灰陶，

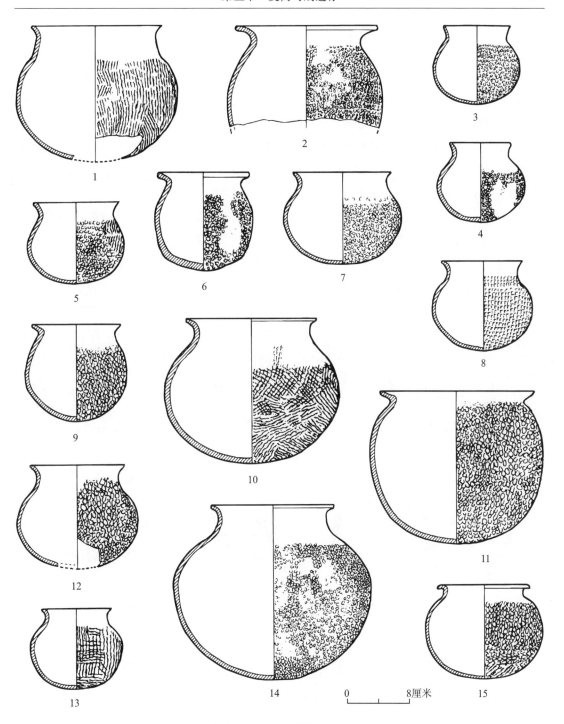

图八二　夏商时期Ⅳ式陶釜

1~15. H2：1、H4：21、H25：1、H25：9、H10：4、H21：7、H98：1、H176：1、T9④C：1、
T10④A：1、T13④C：1、T17④A：2、T41④：6、T24④A：1、T17④A：4、

饰交错绳纹，口径16.8、高18厘米（图八二，10）。标本T13④C：1，折沿，大口，深腹较鼓。夹砂黄红陶，饰米粒纹，口径20、高19.2厘米（图八二，11）。标本T17④A：2，卷沿较弯，腹较深，圆鼓，最大腹径偏上，圜底微残。夹砂黑褐色陶，饰米粒纹，口径12.2、复原高度13厘米（图八二，12；图版一三，6）。标本T17④A：4，沿翻卷，短颈鼓腹，最大径在中上腹，大圜底，夹砂黑陶，饰米粒纹，口径12.2、高11.8厘米（图八二，15；图版一四，1）。标本T24④A：1，卷沿较弯，束颈，深鼓腹。夹砂灰陶，饰米粒纹，口径16、高21.6厘米（图八二，14）。标本T41④：6，口沿稍卷，深鼓腹，最大径偏上，夹砂灰陶，饰交错绳纹，口径9.2、高10厘米（图八二，13）。

　　V式：鼓腹较深，最大径靠近肩部，有的略带台面。标本H10：3，卷沿，束颈，肩部略带台面，深鼓腹，最大径靠近肩部。圜底略残，灰褐色，口径12.6、高13.4厘米（图八三，7；图版一四，2）。标本H10：5，卷沿，短颈内束，鼓肩，最大腹径在上端近肩处，圜底略残，夹砂黑陶，饰竖行的米粒纹，口径12、高13.6厘米（图八三，8）。标

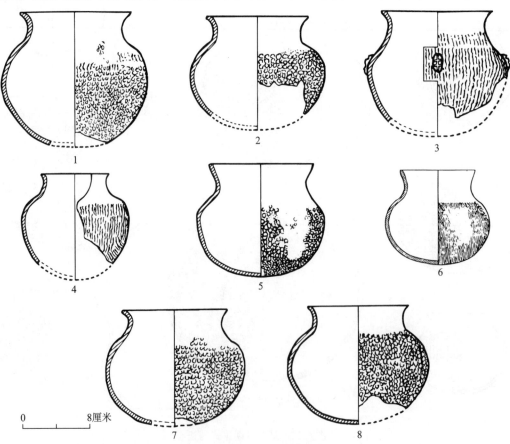

图八三　夏商时期V式陶釜

1～8. H98：2、H221：2、T8④A：2、T9④A：1、T17④A：140、T38④A：7、H10：3、H10：5

本 H98：2，卷沿较弯，束颈，深鼓腹，最大径偏上，肩部略显鼓凸，圜底微残。夹砂褐陶，饰米粒纹，口径 13.4、高 15.8 厘米（图八三，1；图版一四，3）。标本 H221：2，卷沿，束颈，鼓肩，腹较深鼓，最大径接近肩部，圜底残，夹砂褐陶，饰米粒纹，口径 12、复原高度 13 厘米（图八三，2）。标本 T8④A：2，沿较卷，束颈，凸鼓肩，腹较深，最大径在近肩部，圜底残，夹砂黑陶，饰细绳纹，肩部等距离贴六个贝形泥凸，口径 12.8、高 14 厘米（图八三，3）。T9④A：1，口沿略卷，短颈，凸鼓肩略显台面，鼓腹较深，最大腹径靠近肩部，圜底残，夹砂，饰细绳纹，口径 8.4、复原高度 12.2 厘米（图八三，4）。标本 T17④A：140，沿稍卷，束颈，凸鼓肩，最大腹径在肩部，大圜底，夹砂灰陶，饰米粒纹，口径 12、高 12.8 厘米（图八三，5）。标本 T38④A：7，口沿稍卷，束颈，鼓腹，最大径在腹、肩交界处，泥质黑陶，饰细密的绳纹，口径 9、高 8.8 厘米（图八三，6）。

此外还有一些釜的残片，无法辨认式别。标本 H3：5，沿较卷，鼓肩，夹砂黑陶，饰米粒纹，口径 20、残高 10 厘米（图八四，2）。标本 H3：6，沿略卷，束颈，夹砂黑陶，饰米粒纹，口径 10、残高 6 厘米（图八四，1）。标本 H10①：1，卷沿较弯，束颈，肩以下残，夹砂灰陶，饰米粒纹，口径 18、残高 6.8 厘米（图八四，3）。标本 H10②：1，折沿，颈较长，夹砂灰陶，饰米粒纹，口径 22 厘米（图八四，4）。标本 H10②：2，卷沿外翻，斜颈，夹砂灰陶，饰米粒纹，口径 14 厘米（图八四，5）。标本 H12：5，卷沿外翻，颈较长，夹砂灰陶，口径 19 厘米（图八四，6）。标本 H25：10，沿较卷，溜肩，凸鼓腹，夹砂灰胎黑皮陶，饰细绳纹，口径 10、残高 7.4 厘米（图八四，7）。标本 H35：12，卷沿，束颈，夹砂灰陶，饰米粒纹，口径 24 厘米（图八四，8）。标本 H35：18，卷沿较弯，束颈，夹砂灰陶，饰米粒纹，口径 21.2 厘米（图八四，9）。标本 H36①：6，小卷沿，上腹较鼓，夹砂褐陶，饰绳纹，口径 20 厘米（图八四，10）。标本 H36①：7，小卷沿，短束颈，夹砂褐陶，饰绳纹，口径 14 厘米（图八四，11）。标本 H36①：47，小卷沿，鼓腹，夹砂黑褐陶，饰米粒纹，口径 14 厘米（图八四，13）。标本 H36①：41，卷沿较弯，深腹较鼓，夹砂褐陶，饰米粒纹，口径 24、残高 16.4 厘米（图八四，15）。标本 H36①：50，卷沿较弯，溜肩，夹砂红陶，饰米粒纹，口径 20 厘米（图八四，12）。标本 H36②：21，卷沿外翻，深腹稍鼓，夹砂褐陶，饰米粒纹，口径 21.6、残高 10 厘米（图八四，14）。标本 H51：6，折沿，上腹鼓，夹砂灰陶，饰米粒纹，口径 18 厘米（图八四，16）。标本 H57：3，卷沿较弯，深鼓腹，夹砂灰陶，饰米粒纹，口径 17.6、残高 15.2 厘米（图八五，1）。标本 H57：16，卷沿外翻，束颈，鼓腹，夹砂灰陶，饰米粒纹，口径 18.8、残高 9 厘米（图八五，2）。标本 H57：14，沿较卷，束颈，夹砂灰陶，口径 12 厘米（图八五，4）。标本 H62：10，小口，沿较卷，扁鼓腹，夹砂红褐陶，饰米粒纹，口径 10.8、残高 8.8 厘米（图八五，3）。标本 H70①：6，卷沿，束颈，深腹较鼓，夹砂褐胎黑皮陶，

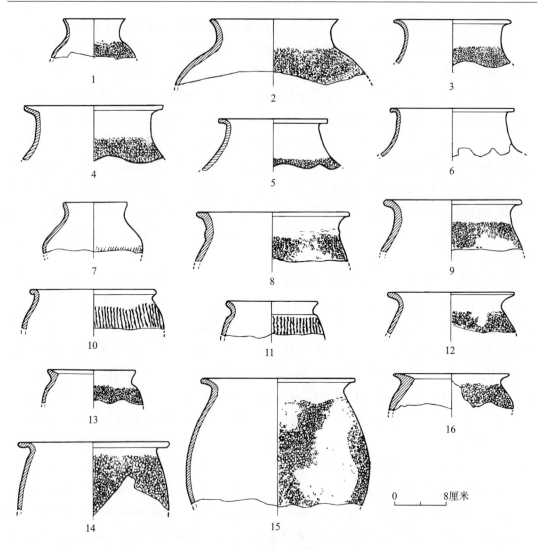

图八四　夏商时期陶釜

1～16. H3：6、H3：5、H10①：1、H10②：1、H10②：2、H12：5、H25：10、H35：12、H35：18、
H36①：6、H36①：7、H36①：50、H36①：47、H36②：21、H36①：41、H51：6

饰交错绳纹，口径17.6、残高14厘米（图八五，5）。标本H70①：27，卷沿，夹砂黑陶，
口径26厘米（图八五，7）。标本H70①：28，沿较卷，沿面内凹，夹砂黑陶，肩部饰一
道凹弦纹，肩腹饰绳纹，口径22厘米（图八五，6）。

标本H70①：30，沿较卷，腹较鼓，夹砂黑陶，饰米粒纹，口径15.2厘米（图八六，
1）。标本H70①：31，沿较卷，深鼓腹，夹砂黑陶，口径8.8厘米（图八六，9）。标本
H70①：32，卷沿较弯，沿面内凹，夹砂灰陶，饰横绳纹，口径15.6厘米（图八六，2）。
标本H70①：33，沿较卷，腹较鼓，夹砂黑陶，饰横绳纹，口径12厘米（图八六，4）。

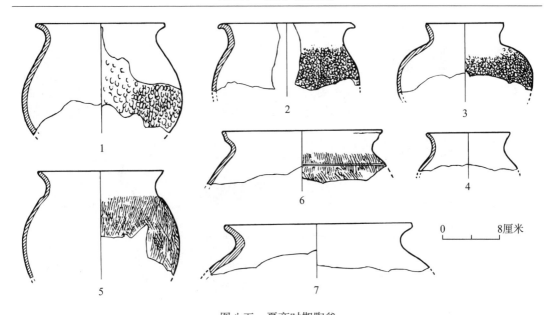

图八五　夏商时期陶釜

1~7. H57：3、H57：16、H62：10、H57：14、H70①：6、H70①：28、H70①：27

标本 H70①：34，卷沿较弯，沿面内凹，夹砂灰陶，饰横绳纹，口径 15.2 厘米（图八六，5）。标本 H70②：44，沿较卷，深鼓腹，夹砂黑陶，饰交错绳纹，口径 18、残高 13.6 厘米（图八六，3）。标本 H70②：42，卷沿，沿面内凹，夹砂黑陶，饰米粒纹，口径 19.8 厘米（图八六，7）。标本 H70②：49，卷沿束颈，鼓肩，夹砂灰陶，饰交错绳纹，口径 17.3 厘米（图八六，8）。标本 H70②：50，卷沿较弯，溜肩，腹较鼓，夹砂灰陶，饰米粒纹，口径 14.8、残高 6 厘米（图八六，6）。标本 H70③：52，大口，卷沿，上腹鼓，夹砂灰陶，饰米粒纹，口径 24 厘米（图八六，11）。标本 H70③：59，折沿，深弧腹，夹砂灰陶，饰竖绳纹，口径 18.4 厘米（图八六，10）。标本 H70⑤：63，卷沿，夹砂褐陶，饰米粒纹，口径 14、残高 10 厘米（图八六，12）。标本 H136：16，小卷沿，圆鼓腹，夹砂褐陶，饰米粒纹，口径 20、残高 14.4 厘米（图八七，1）。标本 H169：1，卷沿较弯，溜肩，扁鼓腹，夹砂褐胎黑皮陶，饰细绳纹，口径 18、残高 13.6 厘米（图八七，2）。标本 T6③：15，口沿界于卷折之间，夹砂黑陶，饰绳纹，口径 20 厘米（图八七，4）。标本 T11④D：165，卷沿较弯，腹较鼓，夹砂褐胎黑皮陶，饰米粒纹，口径 16 厘米（图八七，8）。标本 T13④B：31，卷沿较弯，束颈，夹砂红陶，饰细绳纹，口径 20 厘米（图八七，12）。标本 T17④A：143，卷沿束颈，夹砂黑陶，表面饰绳纹，口径 24 厘米（图八七，5）。标本 T17④A：145，沿较卷，束颈，肩较鼓凸，夹砂褐陶，饰米粒纹，口径 13.6、残高 8 厘米（图八七，9）。标本 T17④A：146，小口，口沿微卷，夹砂黑陶，饰米粒纹，口径 8 厘米（图八七，3）。标本 T17④A：147，卷沿束颈，腹较深较鼓，夹砂黑陶，饰米

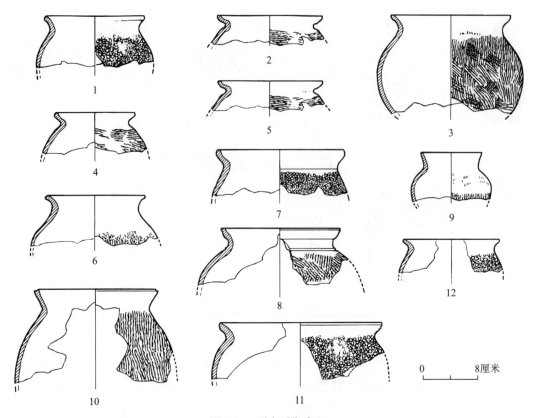

图八六　夏商时期陶釜

1～12. H70①：30、H70①：32、H70②：44、H70①：33、H70①：34、H70②：50、H70②：42、H70②：49、
H70①：31、H70③：59、H70③：52、H70⑤：63

粒纹，口径 13.6、残高 10 厘米（图八七，10）。标本 T17④C：95，沿略卷，束颈，夹砂
黑陶，口径 10 厘米（图八七，6）。标本 T18④B：182，卷沿较弯，束颈，夹砂灰陶，饰
绳纹，口径 14、残高 6.4 厘米（图八七，11）。标本 T24④A：12，卷沿，夹砂黑陶，饰
细绳纹，口径 12、残高 8 厘米（图八七，7）。

鼎　分五型。

A 型　仅发现一件。标本 H23：1，整体呈深腹盆形，小折沿，深弧腹，小平底，侧
装三角形扁足，足尖外撇，夹砂灰陶，颈部饰绞丝状附加堆纹，腹部饰浅绳纹，足外侧饰
鸡冠形纹，口径 32.2、高 30.2 厘米（图八八；彩版五，2）。

B 型　是鼎中数量最多的一种，器身与釜很难区别，不同之处只在于鼎绝大多数为红
色或褐色，而釜绝大多数为灰色或黑色。标本 H4：1，小折沿，圆鼓腹，侧装扁锥形足。
夹砂红陶，足上端有锯齿形扉棱，腹部饰米粒纹，口径 16、高 21.6 厘米（图八九，1；图
版一四，4）。标本 H4：2，宽折沿，腹微鼓，侧装扁锥足略残。夹砂灰陶，腹中部饰一周
小圆圈纹，下腹饰绳纹，足外侧饰鸡冠形扉棱，口径 16.4、高 17.8 厘米（图八九，2；图

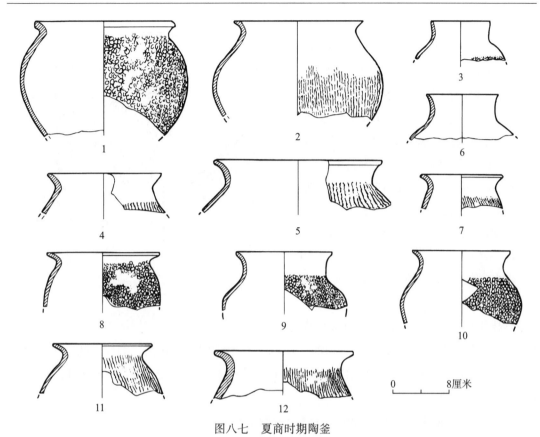

图八七 夏商时期陶釜

1～12. H136：16、H169：1、T17④A：146、T6③：15、T17④A：143、T17④C：95、T24④A：12、
T11④D：165、T17④A：145、T17④A：147、T18④B：182、T13④B：31

版一四，5）。标本 H4：20，小折沿，圆鼓腹，侧装扁锥形足，足尖略向内敛，夹砂红陶，
足外侧有鸡冠形扉棱，腹部饰米粒纹，口径 16、高 21.2 厘米（图八九，4）。标本 H17：
1，卷沿，鼓腹，三锥足略外撇，足根向外凸出。泥质灰陶，腹饰米粒纹，足根戳圆窝纹，
口径 16.8、高 22.4 厘米（图八九，3；图版一四，6）。标本 H34：1，卷沿，圆鼓腹，侧
装扁足残。夹砂褐陶，足根外侧有鸡冠形饰，腹部饰米粒纹，口径 17.2、残高 15.2 厘米
（图八九，6）。标本 T11④D：1，凹折沿，鼓腹，侧装扁锥足外撇，足上端外侧有鸡冠形
扉棱，足尖略残。夹砂黄陶，饰米粒纹，口径 15.2、复原高度约 21.6 厘米（图八九，
5）。标本 H13：26，残沿，夹砂红陶，饰绳纹，口径 16.4 厘米（图八九，7）。标本 H15
：34，残，卷沿，鼓腹，夹砂黄陶，饰米粒纹，口径 22 厘米（图八九，9）。标本
H15：40，残，小口，宽折沿，斜弧腹，夹砂红陶，饰绳纹，口径 18.8 厘米（图八九，
10）。标本 H55：7，残，卷沿，夹砂红陶，器表饰戳刺纹，口径 21.6 厘米（图八九，11）
标本 H36①：30，残，侧装扁圆锥形足，足外侧饰鸡冠形花边，夹砂红陶，残长 12 厘米
（图八九，8）。

C 型　仅二件，器腹近似盆形。标本 H35：16，折沿，深圜底盆形，足残。夹砂红胎黑皮陶，腹饰稀疏的粗绳纹，中腹有一划纹图案，口径 16、残高 9.4 厘米（图九〇，1）。标本 H105：1，宽折沿，沿面内凹，浅圜底盆形，长圆锥足略外撇，夹砂黑陶，上腹饰凹弦纹，下腹及腹底饰绳纹，口径 17.6、高 16 厘米（图九〇，2；图版一五，1）。

D 型　深腹盆形。标本 T22④B：3，折沿，深直腹，圜底。圆锥足较长而尖细，聚于器底，足尖稍向外撇。夹细砂红褐陶，腹部饰两组凹弦纹夹一周等距离的双圆圈纹，口径 16.2、高 16.2 厘米

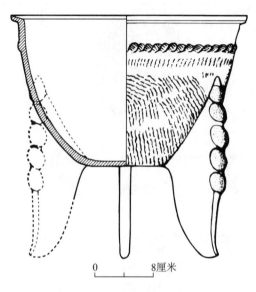

图八八　夏商时期 A 型陶鼎（H23：1）

（图九〇，3；图版一五，2）。标本 T24④B：1，卷沿尖唇，深弧腹，圜底。圆锥足长而尖细，向外侧伸。夹砂褐陶，沿面内有一周凹槽，靠颈部饰一周凸棱，口径 15.4、高 15.8 厘米（图九〇，8；图版一五，3）。

E 型　数量很少，器身如釜形，足根外侧拍平。标本 T2④A：5，小口卷沿，束颈，鼓腹，最大径在下腹，长锥足外撇，足尖残，足外侧拍平。夹砂红褐陶，腹及足外侧拍大方格纹，口径 13、残高 16.4 厘米（图九〇，6；图版一五，4）。标本 T5④：1，凹折沿，垂腹，大圜底，扁锥足外撇，足根外侧拍平，腹及足外侧拍大方格纹。夹砂红陶，口径 19.2、残高 22.5 厘米（图九〇，7；图版一五，5）。标本 T18④B：19，残足外撇，足根外侧较平，足尖向外勾，夹砂红陶，长 14 厘米（图九〇，4）。标本 T18④B：78，足外撇，断面呈圆柱状，外侧较平，足尖向外勾，夹砂红陶，高 11.1 厘米（图九〇，5）。

F 型　凹折沿，罐形，圆锥足。标本 T45④C：18，凹折沿近似盘口，鼓腹，圜底略残，高圆锥足。夹砂灰陶，饰斜细绳纹，口径 15.2、高 20.8 厘米（图九一，1；图版一五，6）。标本 H216：7，凹折沿，腹较扁鼓，圆锥足残。夹砂灰陶，饰横细绳纹，口径 18.6、残高 16.2 厘米（图九一，2）

G 型　折沿，罐形，棱足。标本 T23④B：1，折沿外翻，下腹稍鼓，圜底，足断面为方菱形，夹砂灰陶，腹部饰二道凹弦纹，口径 18、高 15.2 厘米（图九一，3；图版一六，1）。标本 T23④B：32，折沿外翻，腹较直，圜底，足断面为菱形，夹砂灰陶，腹饰二道弦纹，口径 16、残高 12.8 厘米（图九一，4）。

还有一些残鼎足，不能准确分型，选录如下：

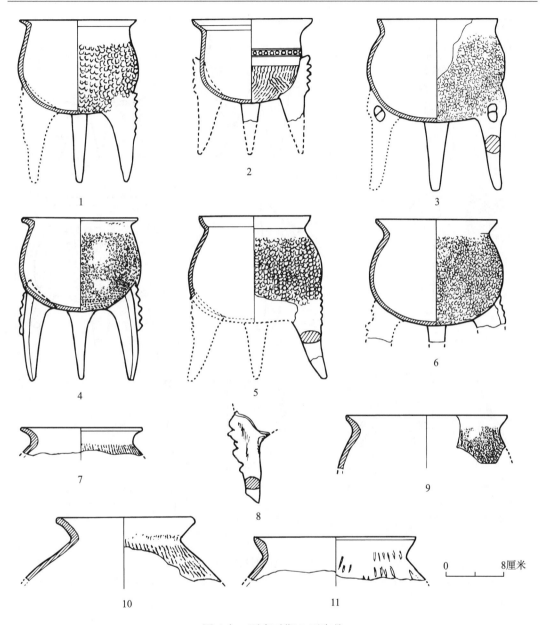

图八九　夏商时期 B 型陶鼎

1～11. H4：1、H4：2、H17：1、H4：20、T11④D：1、H34：1、H13：26、H36①：30、
H15：34、H15：40、H55：7

　　标本 H13：10，侧装长扁形，外侧上端有三个凹窝，夹砂红陶，残长 8.8 厘米（图九二，1）。标本 H13：16，圆锥形，足根外侧有凸槽，夹砂红陶，残高 6.8 厘米（图九二，2）。标本 H13：18，圆锥形，夹砂红陶，残高 7.2 厘米（图九二，3）。标本 H36①：34，长圆锥形，夹砂褐陶，残高 6.4 厘米（图九二，4）。标本 H36②：25，长圆锥形，夹砂红

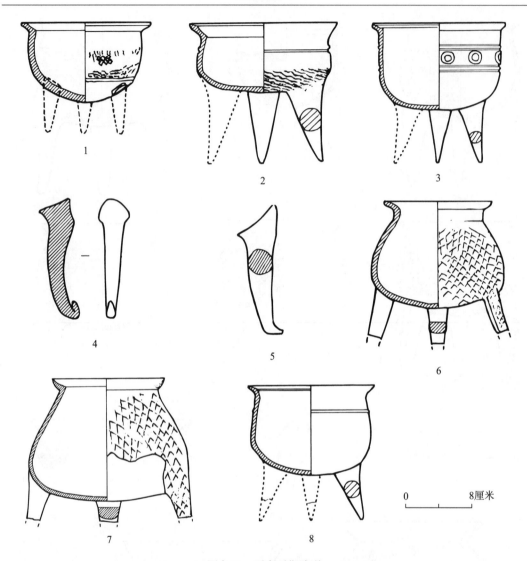

图九〇　夏商时期陶鼎

1、2. C 型（H35：16、H105：1）　　3、8. D 型（T22④B：3、T24④B：1）　　4～7. E 型（T18④B：19、
T18④B：78、T2④A：5、T5④：1）

陶，残高 6 厘米（图九二，5）。标本 H36①：43，长圆锥形，夹砂红陶，残高 8 厘米（图
九二，6）。标本 H207：6，尖锥形，略向外撇，足根按两个指窝，夹砂红陶，残高 11.2
厘米（图九二，7）。标本 T2④A：23，圆锥形，外撇，外侧有一条鸡冠形附加堆饰，夹砂
红陶，残高 7.6 厘米（图九二，8）。标本 T8④C：82，长圆锥形，外侧上端饰鸡冠形附加
堆纹，夹砂褐陶，高 7 厘米（图九二，9）。标本 T8④：40，圆锥形，外侧有一条带窝坑的
附加堆饰，夹砂红陶，残高 8 厘米（图九二，10）。标本 T11④B：67，近似柱形，足根两
侧各有一个窝坑，夹砂红陶，残高 8 厘米（图九二，11）。标本 T17④C：93，圆锥形，外

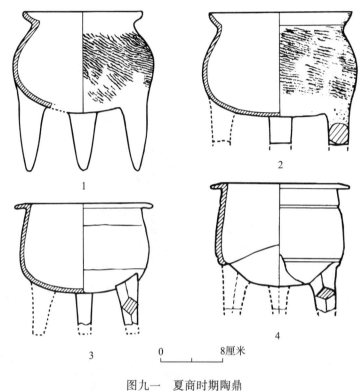

图九一　夏商时期陶鼎

1、2. F 型（T45④C∶18、H216∶7）

3、4. G 型（T23④B∶1、T23④B∶32）

侧有鸡冠形扉棱，夹砂红陶，残长 8 厘米（图九二，12）。标本 T44④D∶6，圆锥形，近根处略凸出，并压三个小窝，夹砂褐陶，残高 11.6 厘米（图九二，13）。标本 T48④D∶31，长椭圆形，夹砂灰陶，长 10 厘米（图九二，14）。标本 T24④A∶14，长锥形，外侧有链条形附加堆纹，夹砂红褐色，长 10.8 厘米（图九二，15）。

甑　复原一件，标本 T17④D∶1，平折沿，方唇，深弧腹，箅中间有一较小的椭圆形孔，周围有三个较大的椭圆形孔。夹砂灰陶，饰间断绳纹，口径 24.8、高 16.8 厘米（图九三；图版一六，3）。

深腹夹砂罐　数量不多，依口沿和腹部变化分三式。

Ⅰ式：标本 T13④C∶41，卷沿，圆唇，深直腹，底残。夹砂灰陶，饰竖绳纹，口径 21.8、高 28.8 厘米（图九四，1；图版一六，2）。标本 H17∶19，卷沿，尖唇，束颈，深桶形腹，中腹微鼓，底残，夹砂红陶，饰竖绳纹，口径 21.3、残高 24.6 厘米（图九四，2；图版一六，4）。标本 H17∶29，卷沿，尖唇，体肥，深直腹，凹底，夹砂灰陶，口径 24、高 28 厘米（图九四，3；图版一七，1）。

Ⅱ式：标本 H15∶18，折沿，斜方唇，深弧腹，整体较Ⅰ式瘦，底略残。夹砂褐陶，

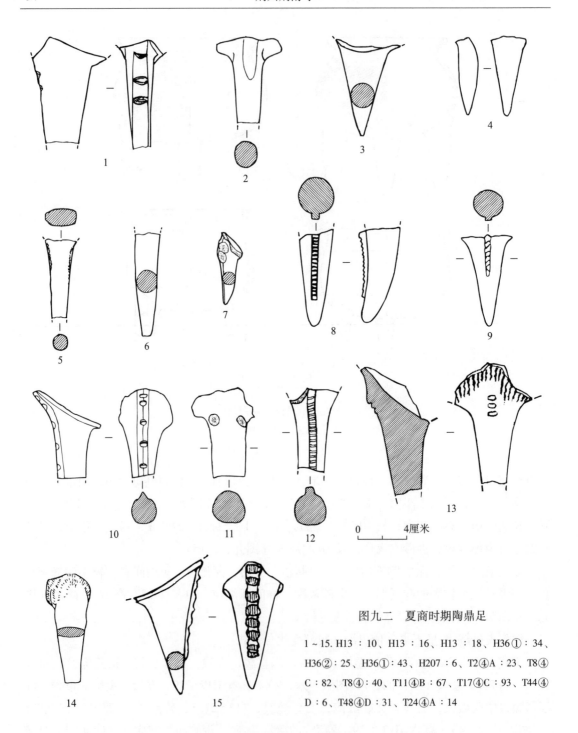

图九二　夏商时期陶鼎足

1~15. H13：10、H13：16、H13：18、H36①：34、
H36②：25、H36①：43、H207：6、T2④A：23、T8④
C：82、T8④：40、T11④B：67、T17④C：93、T44④
D：6、T48④D：31、T24④A：14

0　　　4厘米

饰竖绳纹，局部压斜绳纹，口径19、复原高度27.8厘米（图九四，4；图版一七，2）。

　　Ⅲ式：标本T11④A：45，折沿，侧方唇，唇面内凹，束颈，深腹略鼓，整体较Ⅱ式

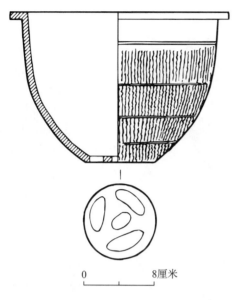

图九三　夏商时期陶甑（T17④D：1）

瘦长，似橄榄形，小底残。夹砂褐灰陶，饰竖横交错的绳纹，口径15.2、高25.2厘米（图九四，5；图版一七，3）。标本T4④A：35，凹折沿，深腹略鼓，小平底。夹砂灰陶，饰斜绳纹，口径18.5、高33厘米（图九四，6）。

凸肩罐　数量较多。基本特点是器形较小，凸肩或鼓肩，平底。分二式。

Ⅰ式：凸肩明显。标本H36①：16，沿略卷，肩扁折，斜弧腹，下腹残，夹细砂灰陶，口径14.8、残高8.4厘米（图九五，1）。标本H36①：18，小卷沿，肩鼓凸，弧腹，小平底。夹细砂灰陶，口径13.6、高10厘米（图九五，2）。标本H36②：1，沿略卷，肩鼓凸，斜弧腹残，夹细砂灰陶，口径13.2、残高8厘米（图九五，3）。标本H36①：17，大口，卷沿，肩鼓凸，弧腹，小平底，夹细砂浅褐色陶，肩部饰三道凹弦纹，口径21.6、高12厘米（图九五，4）。标本H37：2，沿略卷，肩鼓凸，斜腹，小平底。夹细砂灰陶，口径15.2、高10厘米（图九五，5）。标本H37：5，口部变形，沿略卷，肩折凸，斜弧腹，小平底，夹细砂灰陶，口径14.8、高14厘米（图九五，6）。标本H70①：1，口沿残，肩鼓凸，深斜腹，小平底，夹细砂灰陶，底径4、残高12厘米（图九五，7）。标本H211：1，沿略卷，肩鼓凸，弧腹，小平底。夹细砂灰陶，口径14、高10.4厘米（图九五，8）。标本H211：2，沿略外卷，肩折凸，斜弧腹，小平底。夹细砂灰陶，口径14.8、高10.6厘米（图九五，9；图版一七，4）。标本211：3，沿微卷，肩折凸，斜弧腹，小平底。夹细砂灰陶，口径14.8、高9.8厘米（图九五，10；图版一七，5）。标本H211：4，沿微卷，肩折凸，弧腹，小平底。夹细砂灰陶，口径14.4、高10.2厘米（图九五，11）。标本T112④F：1，沿微卷，肩鼓凸，弧腹，小平底。夹细砂灰胎黑皮陶，口径14.8、高9.4厘米（图九五，12；图版一八，1）。标本T21④C：14，残，沿稍卷，肩折凸，夹细砂灰陶，口径16厘米（图九五，13）。标本T24④B：15，残，卷沿，肩折凸，夹细砂灰陶，口径13.6厘米（图九五，14）。标本T44④D：1，卷沿，肩鼓凸，斜弧腹，小平底。夹细砂灰陶，口径13.2、高10.2厘米（图九五，15）。标本T48④D：40，沿略卷，肩折凸，斜弧肩，底残，夹细砂灰陶，口径16厘米（图九五，16）。

Ⅱ式：肩鼓凸不明显。标本H36①：12，大口，沿略卷，肩较鼓，弧腹残，夹细砂，

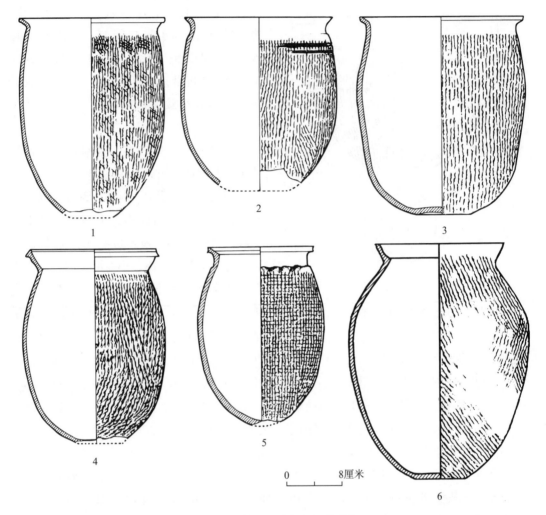

图九四　夏商时期陶深腹夹砂罐

1~3. Ⅰ式（T13④C：41、H17：19、H17：29）　4. Ⅱ式（H15：18）

5、6. Ⅲ式（T11④A：45、T11④A：35）

灰褐色，肩部饰弦纹，口径 19.8、残高 9.2 厘米（图九六，1）。标本 H36①：19，小卷沿，肩较鼓，弧腹，小平底。夹细砂灰陶，口径 13.2、高 14.8 厘米（图九六，2）。标本 H36①：24，小沿略卷，肩较鼓，深弧腹，小平底。夹细砂灰陶，口径 12、高 11.2 厘米（图九六，3）。标本 H70⑤：2，卷沿，圆鼓肩，弧腹，小平底。夹细砂和炭末，褐黄色，口径 12、高 8.4 厘米（图九六，5）。标本 T19④：21，器形歪斜，沿略卷，肩较鼓，斜弧腹，小平底，夹细砂灰陶，口径 13.2、高 11.2 厘米（图九六，4）。标本 T19④：32，大口，鼓凸肩，弧腹，小平底。夹细砂灰陶，口径 20.8、高 12.4 厘米（图九六，10；图版一八，2）。标本 T21④C：2，窄沿微卷，肩较鼓，弧腹，小平底，夹细砂灰陶，口径

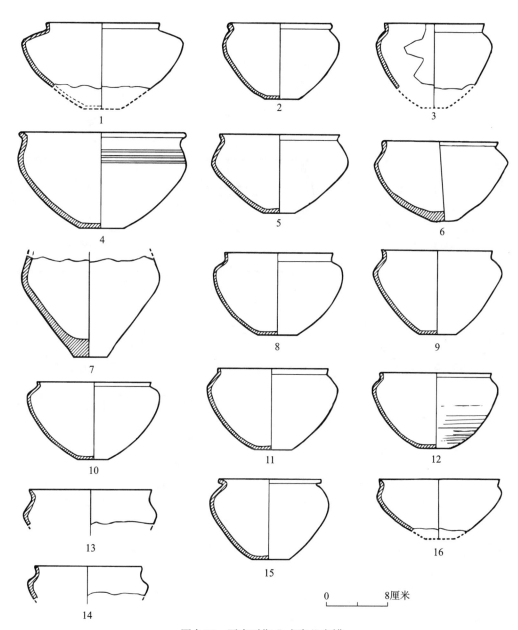

图九五　夏商时期Ⅰ式陶凸肩罐

1~16. H36①：16、H36①：18、H36②：1、H36①：17、H37：2、H37：5、H70①：1、H211：1、H211：2、H211：3、H211：4、T112④F：1、T21④C：14、T24④B：15、T44④D：1、T48④D：40

14.2、高 10 厘米（图九六，6）。标本 T42④：1，卷沿，鼓肩，斜弧腹，小平底，夹细砂黑陶，口径 8.6、高 3.2 厘米（图九六，8）。标本 T44④D：14，大口，沿微卷，鼓肩不明显，弧腹较浅，平底。夹细砂褐陶，口径 16、高 10 厘米（图九六，7）。标本 T103④

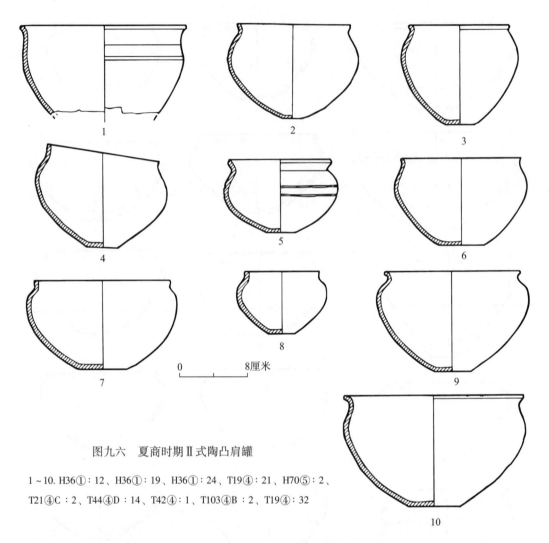

图九六　夏商时期Ⅱ式陶凸肩罐

1～10. H36①：12、H36①：19、H36①：24、T19④：21、H70⑤：2、
T21④C：2、T44④D：14、T42④：1、T103④B：2、T19④：32

B：2，卷沿，肩较鼓凸，深斜弧腹，小平底。夹细砂灰陶，口径 16、高 11.4 厘米（图九六，9；图版一八，3）。

其他一些罐，因复原很少，或残破过甚，未分型式，叙述如下。标本 H23：2，沿稍卷，短颈内束，深腹较鼓，底残，夹砂褐陶，口沿外压花边纹，腹饰竖绳纹，口径 16.4、残高 17.2 厘米（图九七，1；彩版五，4）。标本 T5④C：1，卷沿，束颈，鼓腹，凹底，夹砂灰陶，饰交错绳纹，口径 12.8、高 18 厘米（图九七，2）。标本 T36④B：1，卷沿尖唇，沿两侧各有一个对称的小錾，短颈内束，腹稍鼓，凹底，夹砂灰陶，饰交错绳纹，口径 17、高 18 厘米（图九七，3；图版一八，4）。标本 T17④A：3，高领，口微侈，鼓肩带台坎，腹较鼓，凹底，泥质灰陶，饰交错绳纹，口径 13.2、高 22.4 厘米（图九七，4；图版一八，5）。标本 T17④C：1，口沿稍侈，直颈，深斜腹，最大腹径在近底处，腹底部

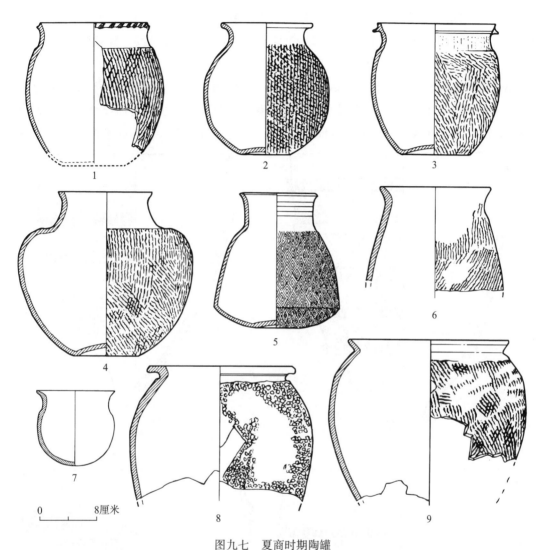

图九七 夏商时期陶罐

1~9. H23：2、T5④C：1、T36④B：1、T17④A：3、T17④C：1、H36①：11、
H40：8、H36①：9、T48④D：7

内折，凹底。泥质灰陶，颈饰瓦楞形纹，腹部饰菱回形云雷纹，口径11.2、高18.4厘米（图九七，5；图版一八，6）。标本 H40：8，卷沿，束颈，腹较鼓，圜底，泥质灰陶，口径7.7、高7.1厘米（图九七，7）。标本 H36①：11，沿稍卷，深弧腹，夹细砂和谷壳，多气孔，口径16、残高14厘米（图九七，6）。标本 H36①：9，折沿外翻，短颈内束，鼓腹，泥质灰陶，饰米粒纹，口径21.5、残高20.5厘米（图九七，8）。标本 T48④D：7，折沿，肩与上腹较鼓，夹砂褐陶，饰较模糊的绳纹，口径22.8、残高22厘米（图九七，9）。

　　缸　盛储器，数量较多，陶质皆夹粗砂，绝大多数为红色、褐色，也有灰色。纹饰以方格纹、绳纹为主，有少量篮纹。从口沿到腹部有一到数道附加堆纹。分三型。

　　A型　数量多，大口，深腹，分四式。

　　AⅠ式：深弧腹，小平底。标本H17∶21，直沿方唇，深弧腹由上到下渐收成小平底。夹砂红陶，饰斜方格纹，从口沿到下腹，贴五道压有变形树叶纹的附加堆纹。口径52.8、高67.2厘米（图九八，1）。标本T11④C∶1，直沿，口径较大，深腹渐内收成小平底，

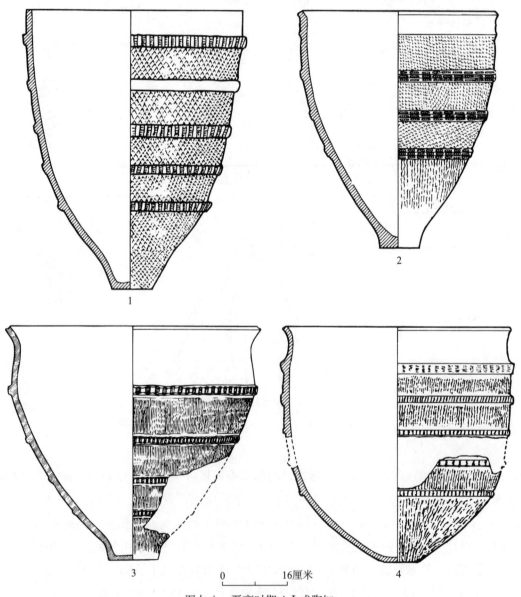

图九八　夏商时期AⅠ式陶缸

1~4. H17∶21、T11④C∶1、T1④B∶1、H13∶18

底较厚。夹砂红陶，上、中腹饰小方格纹，下腹饰竖绳纹，腹部贴三道压有豆荚形纹的附加堆纹，口径 50、高 57 厘米（图九八，2；图版一九，1）。标本 H13：18，沿稍外撇，颈较束，深腹残，下腹急收成小平底，夹砂红陶，饰五道附加堆纹和间断绳纹，口径 55.2、复原高度约 56 厘米（图九八，4）。标本 T1④B：1，大口敞腹，束颈，深斜弧腹，小平底。夹砂红陶，腹部饰绳纹，再贴四周附加堆纹，口径 64、高 56 厘米（图九八，3）。

AⅡ式：腹部与 AⅠ式相似，小饼状底。标本 H36①：27，大口，口略外撇，束颈，深斜腹，厚饼状小底。夹砂褐陶，颈部锥刺云纹，颈下饰附加堆纹，腹部饰细绳纹，口径 40、高 46.4 厘米（图九九，2）。标本 T5④B：1，口沿略残，稍向外撇，束颈，颈部有两个对称的横条形小錾，上腹微向外鼓，中下腹渐收成小饼状底。夹砂红陶，饰方格纹，贴四道压有变形树叶纹的附加堆纹，口径约 40、复原高度 52 厘米（图九九，4）。标本 T10④C：1，大口敞腹，口略外撇，束颈，斜弧腹，厚饼状小底。夹砂红陶，口部饰一周附加堆纹，全身饰浅绳纹，口径 47、高 47 厘米（图九九，3；图版一九，2）。标本 T21④C：3，口稍撇，束颈，深弧腹，小底残。夹砂红陶，肩部饰一周附加堆纹，堆纹上再安二个对称的鸡冠形小錾，腹部饰细绳纹，口径 44、残高 44.8 厘米（图九九，1）。

AⅢ式：桶形腹，小凸底或饼状底。标本 H2：6，口稍外撇，深直腹，饼状底，夹砂红陶，口沿下饰附加堆纹，全身饰方格纹，口径 40、高 44 厘米（图一〇〇，1；图版一九，3）。标本 H2：2，口微撇，深弧腹，饼状小平底。夹砂红陶，沿下有一周附加堆纹，在两侧附加堆纹上再各贴一个三角形的小錾，沿以下饰方格纹，口径 39.2、高 42.8 厘米（图一〇〇，5；彩版六）。标本 H25：2，口稍外撇，颈部微束，腹部近直，下腹急弧收成饼状小底。夹砂红陶，口沿贴一周附加堆纹，全身方格纹，口径 37.6、高 46 厘米（图一〇〇，2；图版一九，4）。标本 H35：3，口稍外撇，深桶形腹略向内斜，凸饼状小底，夹砂红陶，沿下饰压有贝形纹的附加堆纹，全身饰方格纹，口径 38、高 50 厘米（图一〇〇，7；图版二〇，1）。标本 H165：2，口略向外撇，深弧腹，饼状小底，口沿下饰一周压有叶脉纹及方格纹的附加堆纹，口径 40、高 46.8 厘米（图一〇〇，3；图版二〇，3）。标本 T48④D：6，口微外撇，微束颈，深弧腹，底残。夹砂红陶，颈部饰压有贝形纹的附加堆纹，全身饰方格纹，口径 25.4、残高 32 厘米（图一〇〇，8）。标本 T52④D：1，深桶形腹稍向内斜，底残。夹砂红陶，口下饰压有贝形纹和方格纹的附加堆纹，全身饰方格纹，口径 39、残高 43.4 厘米（图一〇〇，9）。标本 H210：1，口微向外撇，深桶形腹略向内斜，凸饼状小底。夹砂灰陶，沿下饰附加堆纹，全身饰方格纹，口径 40、高 52.8 厘米（图一〇〇，4；图版二〇，2）。标本 T21④C：3，口稍外撇，深直腹，饼状小底残。夹砂红陶，颈部贴一周附加堆纹，全身饰方格纹，口径 40、高 42.4 厘米（图一〇〇，6）。

AⅣ式：标本 H12：7，口微外撇，上腹近直，下腹内弧曲收成漏斗状，整体如将军

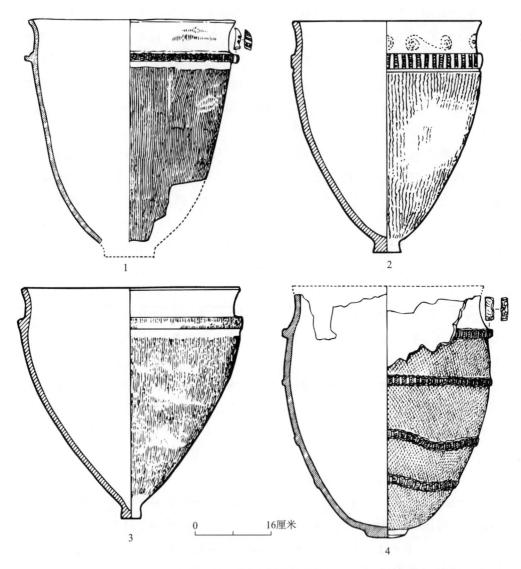

图九九　夏商时期 A Ⅱ 式陶缸

1～4. T21④C：3、H36①：27、T10④C：1、T5④B：1

盍，底部微损。夹砂红陶，口沿下饰二周凹弦纹，全身饰方格纹，口径 40、高约 44 厘米（图一〇一，1；图版二〇，4）。

　　B 型　深筒腹，饼状小平底。标本 T37④C：2，口外撇，直腹特深，饼状小平底。夹砂红陶，器身满饰方格纹，从口沿到中腹共贴八周附加堆纹，底外饰六个向心三角形卷云纹，口径 55.2、高 105 厘米（图一〇一，3）。标本 H232：1，上腹残，中下腹呈深筒形，饼状小平底。夹砂红陶，腹部饰方格纹和附加堆纹，底外压印贝纹，残高 43.6 厘米（图

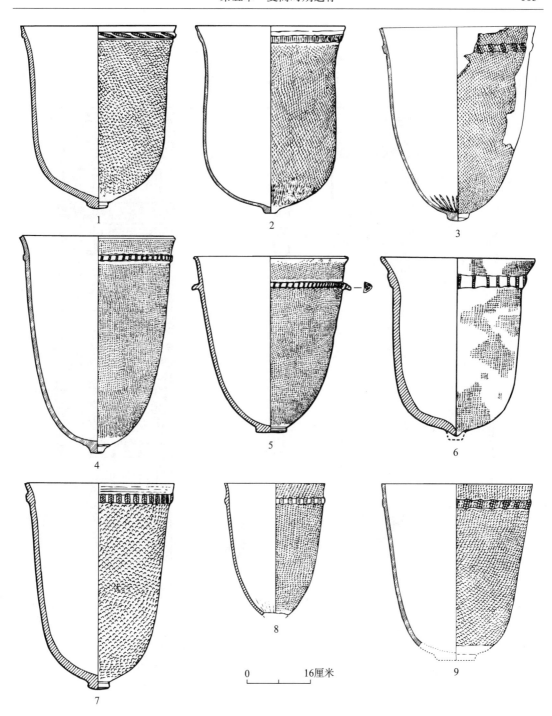

图一〇〇　夏商时期 A 型陶缸

1~9. H2：6、H25：2、H165：2、H210：1、H2：2、T21④C：3、H35：3、

T48④D：6、T52④D：1

一〇一，2）。

　　C型　大口，尖底或圜底。标本 H90：15，大口，深斜腹，圜底。夹砂红陶，颈部饰压有叶脉纹的附加堆纹，腹部拍少量稀疏的方格纹，口径 28、高 28 厘米（图一〇二，1；

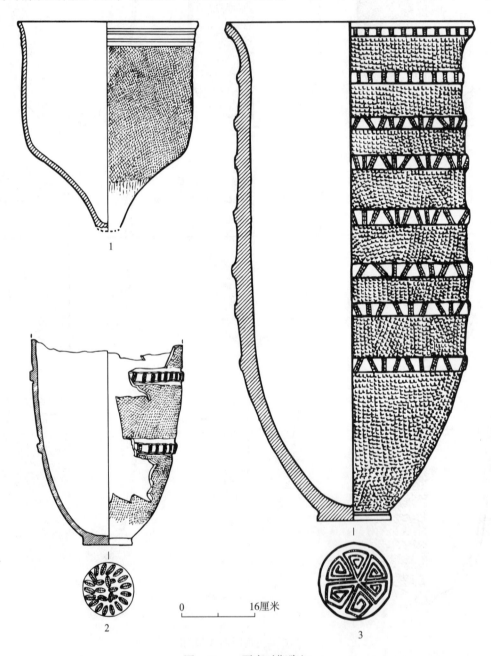

0 ————— 16厘米

图一〇一　夏商时期陶缸

1. AⅣ式（H12：7）　　2、3. B型（H232：1、T37④C：2）

图版二一，1）。标本 H30：2，大口，深斜腹，尖底。夹砂红陶，饰正方格纹，颈部贴压有叶脉纹的附加堆纹，口径 28、高 27 厘米（图一〇二，2）。标本 T8④C：1，大口，深弧腹，尖底，夹砂红陶，颈部饰拍有方格纹的附加堆纹，全身饰方格纹，口径 21.8、高 22.8 厘米（图一〇二，3）。标本 T51④A：1，大口，斜腹，小圜底。夹砂红陶，胎特厚，口沿饰压有叶脉纹的附加堆纹，口径 23.2、高 21 厘米（图一〇二，4）。

有些缸因数量太少，或过于残破，未分型式。叙述如下：标本 T17④B：128，卷沿，深斜腹，平底。夹砂褐陶，饰绳纹，口径 14.8、高 14.4 厘米（图一〇三，9）。标本 F37：11，深弧腹，平底，夹砂红陶，饰间断绳纹，残高 16、底径 10 厘米（图一〇三，

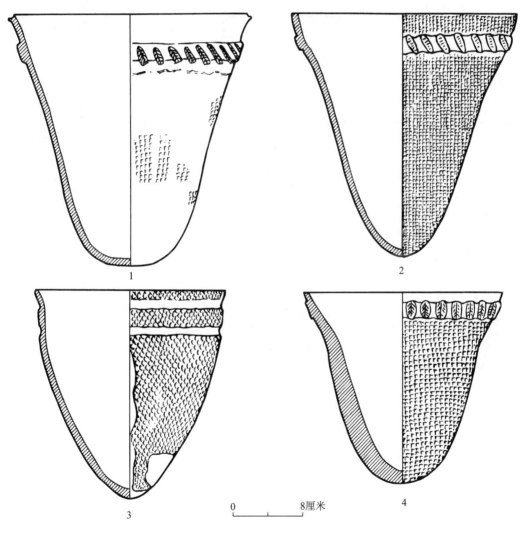

图一〇二　夏商时期 C 型陶缸

1~4. H90：15、H30：2、T8④C：1、T51④A：1

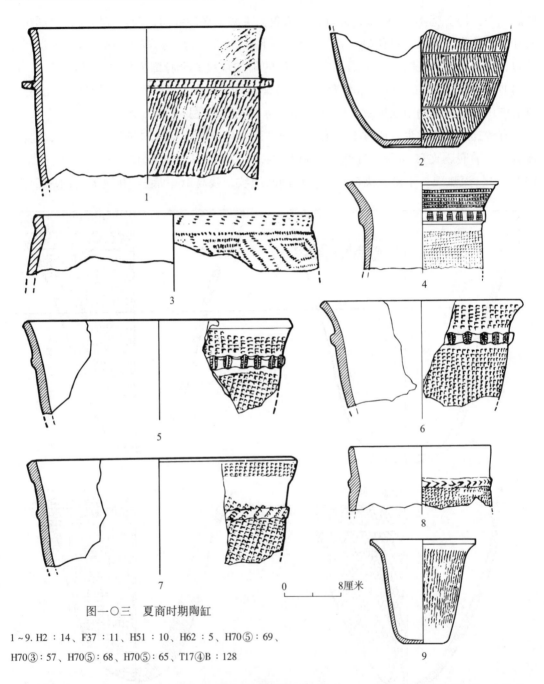

图一○三　夏商时期陶缸

1～9. H2：14、F37：11、H51：10、H62：5、H70⑤：69、
H70③：57、H70⑤：68、H70⑤：65、T17④B：128

2）。标本 H2：14，深直腹，夹砂红陶，颈部饰附加堆纹，颈部两侧在附加堆纹上再贴二
个小錾，沿及腹部饰绳纹，口径 33、残高 13.2 厘米（图一○三，1）。标本 H51：10，口
沿微侈，夹砂红陶，沿上划竖行点子纹，颈部划菱形点子纹，口径 40 厘米（图一○三，
3）。标本 H62：5，卷沿，深直腹，夹砂红陶，胎特厚，沿部饰横直线夹点子纹，颈部饰

压有贝形纹的附加堆纹，腹部饰方格纹，口径 21.6、残高 12 厘米（图一〇三，4）。标本 H70③：57，敞口，斜弧腹，夹砂红陶，颈部饰压有贝形纹的附加堆纹，沿及腹部饰方格纹，口径 28.8、残高 14 厘米（图一〇三，6）。标本 H70⑤：65，直口，夹砂红陶，腹饰方格纹，颈部饰划有横人字形的附加堆纹，口径 19.6、残高 8 厘米（图一〇三，8）。标本 H70⑤：68，口稍敞，腹较弧斜，夹砂红陶，口沿以下饰方格纹，颈部饰附加堆纹，口径 38、残高 14.4 厘米（图一〇三，7）。标本 H70⑤：69，口略敞，斜弧腹，夹砂红陶，口沿以下饰方格纹，颈部饰压有叶脉纹的附加堆纹，口径 38、残高 12.8 厘米（图一〇三，5）。标本 H4：41，口稍外撇，束颈，深弧腹。夹砂红陶，腹部饰绳纹，颈部以下到下腹，饰多道附加堆纹，其中颈下的附加堆纹上压有贝形纹，口径 54.8、残高 39.8 厘米（图一〇四，1）。标本 H4：15，直口，颈微束，腹略鼓，夹砂红陶，颈部饰附加堆纹，腹部饰绳纹，口径 68、残高 20.8 厘米（图一〇四，2）。标本 H4：17，口稍外撇，深腹略向内斜，夹砂红陶，颈部饰附加堆纹，腹部饰方格纹，口径 38、残高 19.2 厘米（图一〇四，3）。标本 H8：6，口沿稍外撇，深腹略向内弧，夹砂红陶，颈部饰附加堆纹，沿及腹部饰方格纹，口径 44、残高 12 厘米（图一〇四，4）。标本 H223：1，口稍敞，深斜腹，夹砂红陶，颈、腹满饰方格纹，贴多道压有横人字形及短竖线的附加堆纹，口径 49.6、残高 39.6 厘米（图一〇四，5）。标本 T5④C：36，直口鼓肩，弧腹，夹砂红陶，肩部饰附加堆纹，腹饰绳纹，口径 40、残高 12 厘米（图一〇四，7）。标本 T6③：2，口沿外撇，深斜腹，口沿以下饰竖绳纹，颈部饰压有叶脉纹的附加堆纹，夹砂红陶，口径 23.2、残高 22.4 厘米（图一〇四，6）。标本 T17④A：156，口沿稍向外撇，直腹，夹砂红陶，颈部饰压有叶脉纹的附加堆纹，颈以下饰方格纹，口径 39.2 厘米（图一〇四，8）。标本 T17④C：105，束颈，上腹微鼓，夹砂红陶，颈、腹部饰压有横人字形和点纹、贝形纹的附加堆纹，腹部饰方格纹，口径 52 厘米（图一〇四，10）。标本 T17④C：107，口微向外撇，深弧腹，夹砂红陶，颈部饰一周附加堆纹，颈两面附加堆纹上再各加贴一个小鋬，口沿以下饰方格纹，口径 43.2、残高 22 厘米（图一〇四，9）。标本 T17④C：112，饼状小平底，夹砂红陶，腹部饰方格纹，底外饰点纹，底径 7.2 厘米（图一〇五，1）。标本 T21④B：10，直口，颈部两侧有对称的鋬，夹砂红陶，颈部饰方格纹和附加堆纹，腹部饰细绳纹，口径 30、残高 8 厘米（图一〇五，2）。标本 T46④B：22，直口微向外撇，夹砂红陶，饰方格纹，口径约 38 厘米（图一〇五，3）。标本 T45④A：7，底呈厚饼状，夹砂红陶，底外拍放射状叶脉纹，底径 4.8 厘米（图一〇五，4）。

　　缸形器　H212：1，口微敞，深斜腹，底残。夹砂灰陶，中腹饰附加堆纹，下腹饰绳纹，口径 18.6、残高 20.8 厘米（图一〇五，5）。标本 T17④B：2，敞口卷沿，深弧腹，圜底，夹细砂褐陶，饰细绳纹，口径 15.6、高 15.2 厘米（图一〇五，6）。标本 T18④C：1，口残，深直腹，凹底。夹细砂灰陶，颈部饰附加堆纹，腹部饰弦纹和绳纹，底径

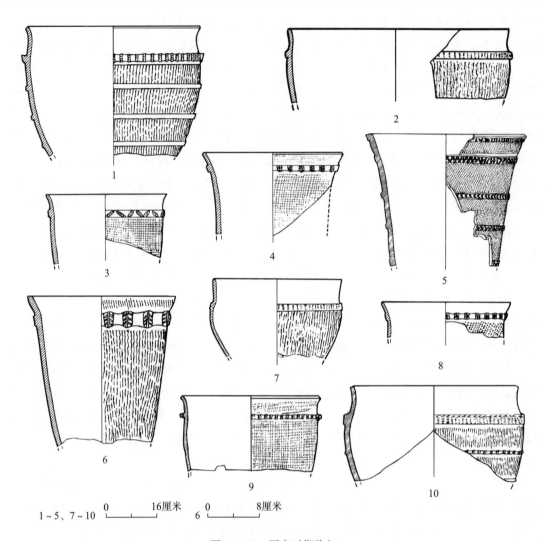

图一〇四　夏商时期陶缸

1~10. H4：41、H4：15、H4：17、H8：6、H223：1、T6③：2、T5④C：36、

T17④A：156、T17④C：107、T17④C：105

9.5、残高28.8厘米（图一〇五，7）。

　　瓮　数量较少，泥质，深腹，凹底或平底。未分型式。标本 H21：7，小口平折沿，短直颈，斜折肩，深弧腹，凹底，灰黄色硬陶，含少量极细的砂，颈、肩部饰凹弦纹，腹部饰绳纹，口径16、高31.6厘米（图一〇六，1；图版二一，4）。标本 T1④C：1，平折沿，直颈略向外斜，斜广肩急折，深筒形腹，凹底。泥质，灰黄色，颈部饰凸弦纹，肩部饰内含米字纹的菱纹带，中腹饰二周卷云纹带，下腹饰绳纹，口径15.4、高31厘米（图一〇六，2；彩版五，3）。标本 H214：1，残，口微侈，直颈，斜折肩，泥质灰陶，颈部

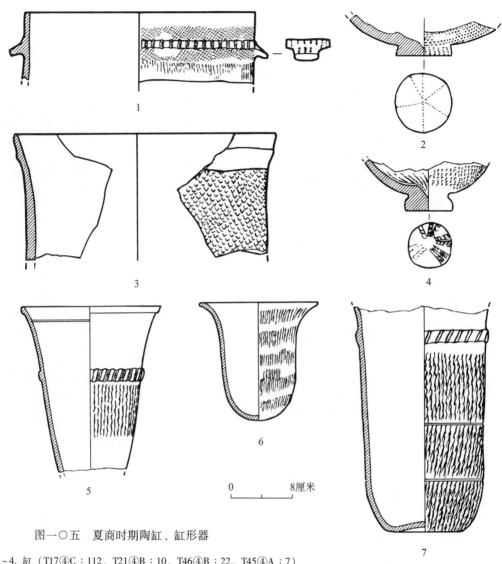

图一〇五　夏商时期陶缸、缸形器

1~4. 缸（T17④C∶112、T21④B∶10、T46④B∶22、T45④A∶7）

5~7. 缸形器（H212∶1、T17④B∶2、T18④C∶1）

及上腹饰凸弦纹，肩部饰内填米字形纹的菱纹条带，口径21.1、残高21.8厘米（图一〇六，3）。标本T6③B∶1，平折沿，短直颈，斜折肩，深弧腹，最大径在肩部，凹底，硬陶，灰黄色，颈部和中下腹饰凹弦纹和间断绳纹，肩和上腹饰凹弦纹，口径14.8、高23.5厘米（图一〇六，4；图版二二，1）。标本H174∶1，直口，短颈，颈两侧安鼻形耳。斜折肩，深弧腹，凹底。泥质黑陶，颈、腹部饰绳纹，口径8.6、高19.2厘米（图一〇六，5）。标本H29∶13，敛口，斜折肩，肩两侧各附加一小泥凸作錾，泥质夹少量细砂，

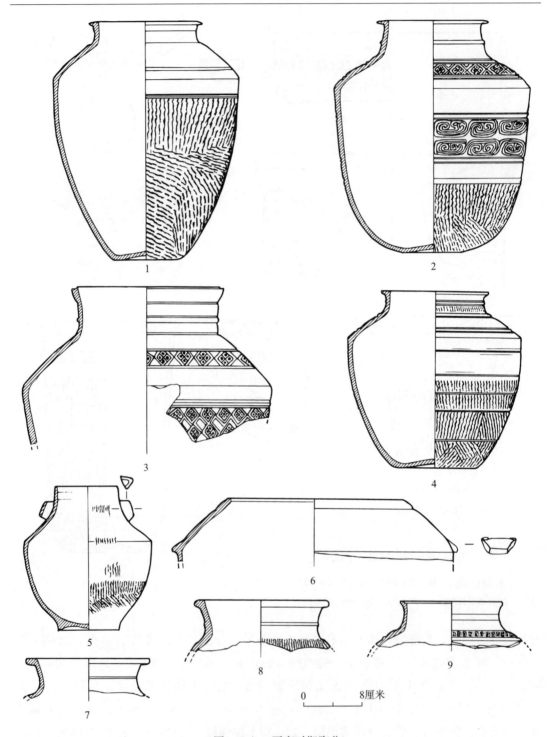

图一〇六　夏商时期陶瓮

1~9. H21：7、T1④C：1、H214：1、T6③B：1、H174：1、H29：13、H8：7、H52：7、H57：27

灰色，口径 24 厘米（图一〇六，6）。标本 H8：7，残，平折沿，短颈稍内束，泥质灰陶，颈部有一道凹弦纹，口颈 17.2 厘米（图一〇六，7）。标本 H52：7，小折沿，短颈，泥质灰陶，颈部饰凸弦纹，肩以下饰绳纹，口径 18.4 厘米（图一〇六，8）。标本 H57：27，残，小折沿，短直颈，泥质灰陶，肩部饰云雷纹，口径 14 厘米（图一〇六，9）。标本 H52：1，残，沿稍外撇，短束颈，肩略鼓折，深弧腹，泥质，灰黄色，肩上饰凹弦纹和二对对称的小泥饼，下腹饰绳纹，口径 11.8、残高 15 厘米（图一〇七，1；图版二九，2）。标本 H70①：26，残，小折沿，短直颈，泥质灰陶，口径约 15.2 厘米（图一〇七，2）。标本 T21④B：1，口残，斜折肩，泥质黑陶，饰绳纹，颈残损处直径 15.6 厘米（图一〇七，3）。T1④B：23，残，卷沿，短颈内束，泥质灰陶，口径 14 厘米（图一〇七，4）。标本 T2④C：32，残，小卷沿，直颈较长，泥质黑陶，颈上饰三道凹弦纹，口径 16 厘米（图一〇七，5）。标本 T24④B：19，残，小卷沿，短颈内束，溜肩，深弧腹。泥质灰陶，颈、肩、腹饰凹弦纹，下腹饰绳纹，口径 12、残高 18.8 厘米（图一〇七，7）。标本 T17④B：133，残，折沿，短颈，泥质灰陶，颈部饰凹弦纹，口径约 18.8 厘米（图一

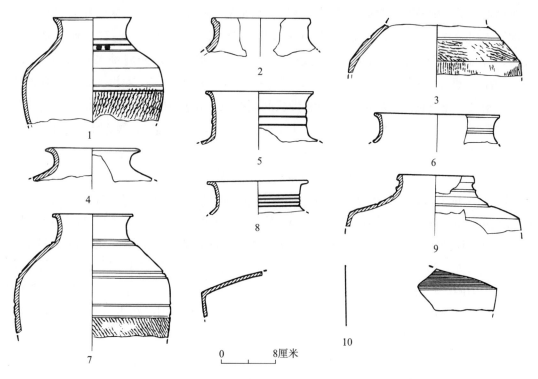

图一〇七　夏商时期陶瓮

1～10. H52：1、H70①：26、T21④B：1、T1④B：23、T2④C：32、T17④B：133、T24④B：19、T17④A：153、T17④C：104、T3④B：30

〇七，6）。标本 T17④A：153，残，平折沿，直颈，泥质灰陶，颈部饰四周凹弦纹，口径 15.2 厘米（图一〇七，8）。标本 T17④C：104，小口，外贴唇，短颈，折肩，泥质灰陶，颈间饰凹弦纹，口径 11.2 厘米（图一〇七，9）。标本 T3④B：30，残片，折肩，原始青瓷，肩上有密集的平行弦纹（图一〇七，10）。

壶　数量较少。未分型。

标本 H70③：2，小卷沿，长直颈，广凸肩，斜弧腹，小平底。泥质灰胎黑皮陶，颈部饰二道凸弦纹，肩上划两周、每周两行横人字纹，口径 10.8、高 23.2 厘米（图一〇八，3；图版二二，2）。T11④D：133，颈以上残，小口广肩，腹凸鼓，平底。泥质灰胎黑皮陶，腹部饰二周平行的横人字纹，底径 8.2、残高 18.4 厘米（图一〇八，4）。标本 T2④C：31，口沿略向外撇，长颈稍内束，鼓肩，深弧腹，下腹残。泥质灰陶，颈部饰弦纹，肩部饰短绳纹和横人字纹，口径 15.6、残高 26.4 厘米（图一〇八，1）。标本 T4④B：31，口稍向外撇，长颈内束，溜肩，深鼓腹，底残。泥质灰陶，颈部饰二周弦纹，腹部饰二周弦纹和短绳纹，口径 14.8、复原高度约 32 厘米（图一〇八，2）。标本 H4：4，口外撇，长颈内束，上腹圆鼓，下腹向内弧曲，平底。肩部有三个等距离的牛鼻形耳。泥质灰陶，肩部饰二周绳纹，口径 16.8、高 29.6 厘米（图一〇八，5；图版二二，3）。标本 H4：5，卷沿，沿面有凹槽，颈稍内束，上腹鼓凸，深斜腹，平底，颈和肩部饰凹弦纹，口径 19.4、高 37 厘米（图一〇八，6；图版二二，4）。标本 T9④B：2，卷沿，直颈，肩较鼓，深腹，平底。泥质灰陶，肩部饰一周斜带状间断绳纹，口径 16、高 28 厘米（图一〇九，1；图版二二，5）。标本 T106④C：1，口略外撇，短颈内束，鼓肩，腹较浅，平底。泥质黑陶，颈部饰弦纹，口径 16、高 22.8 厘米（图一〇九，4；图版二二，6）。

还有一些残器。H4：18，卷沿，短颈，鼓肩，泥质红胎黑皮陶，肩部饰刻划纹，口径 14.8、残高 9 厘米（图一〇九，3）。标本 H52④B：5，口较敞，束颈，广肩，泥质红胎黑皮陶，颈及肩下侧划弦纹，口径 15.6、残高 13 厘米（图一〇九，5）。标本 T6③B：24，卷沿，长颈内束，广肩，泥质灰陶，颈部饰弦纹，肩部饰一周圆圈纹，口径 11.2 厘米（图一〇九，2）。标本 T17④B：134，卷沿，长颈，广肩，泥质红胎黑皮陶，颈、肩间饰二周小圆圈纹，肩部饰弦纹，口径 10.2 厘米（图一〇九，6）。标本 17④D：81，卷沿，长颈内束，泥质灰陶，颈部饰三周凸弦纹，口径 13.6 厘米（图一〇九，8）。标本 T17④D：89，小折沿，短颈，溜肩，泥质灰陶，颈部划弦纹，口径 16.8 厘米（图一〇九，7）。标本 T18④D：1，折沿，长颈内束，泥质红胎黑皮陶，颈部饰凹弦纹，口径 15.2 厘米（图一〇九，9）。标本 T21④A：51，小折沿，短颈，溜肩，泥质灰陶，颈以下饰多道凸弦纹，口径 15.6 厘米（图一〇九，10）。标本 T24④A：13，双唇，长颈内束，泥质灰胎黑皮陶，颈部饰凹弦纹，口径 11.6 厘米（图一〇九，11）。

大口尊　数量少，陶质多泥质灰、黑陶，有少量泥质橙色陶，个别为夹砂灰黑陶。喇

图一〇八　夏商时期陶壶

1～6. T2④C：31、T4④B：31、H70③：2、T11④D：133、H4：4、H4：5

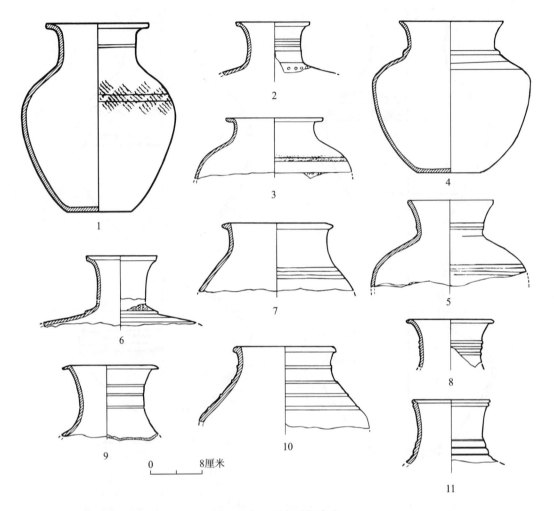

图一〇九　夏商时期陶壶

1～11. T9④B：2、T6③B：24、H4：18、T106④C：1、H52④B：5、T17④B：134、T17④D：89、
T17④D：81、T18④D：1、T21④A：51、T24④A：13

叭口，深斜腹，多饰附加堆纹、弦纹、绳纹。据口沿和肩、腹部变化，可分六式。

Ⅰ式：标本 T48④E：13，口较敞，短颈内束，折肩明显，口径略大于肩径，深斜弧腹，腹略显粗肥，平底。泥质黑陶，肩部压锯齿形附加堆纹，腹部饰间断绳纹，口径28.8、高30厘米（图一一〇，1；图版二一，2）。T13④C：42，大口，短束颈，折肩不显，深弧腹，底残。泥质灰陶，肩部饰绞丝状附加堆纹，上腹有稀疏的绳纹，口径33、残高20厘米（图一一〇，3）。

Ⅱ式：标本 T48④D：19，沿略卷，颈加长内束，凸肩明显，口径大于肩径，腹部稍向内弧收，腹径较Ⅰ式细，下腹残。泥质灰陶，肩部贴绞丝状附加堆纹，腹部以凹弦纹分

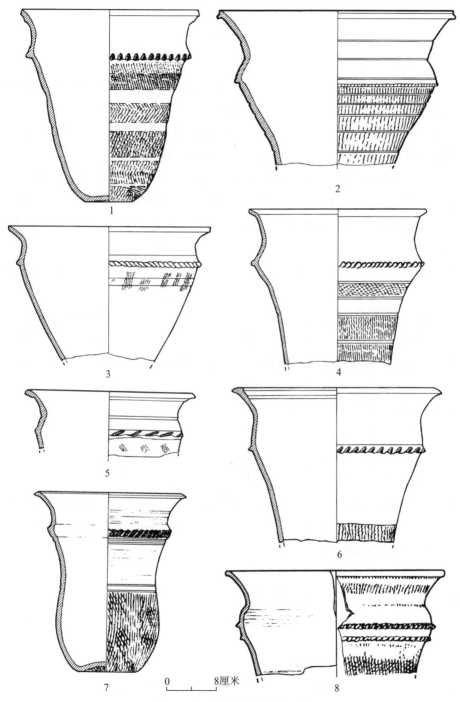

图一一〇　夏商时期陶大口尊

1、3. Ⅰ式（T48④E：13、T13④C：42）　　2、4、5. Ⅱ式（T18④D：18、T48④D：19、
H36②：15）　　6～8. Ⅲ式（T22④B：2、H167：11、T45④C：5）

割成若干条带，上腹条带内饰方格纹，中腹以下条带内饰竖绳纹，口径29、残高24.2厘米（图一一〇，4；图版二三，1）。标本T18④D：18，大口，唇外翻，唇面上有一道凹槽，颈较斜长，收束。凸肩明显。上腹斜弧，略膨胀。下腹较瘦长，趋直。泥质灰陶，颈部饰二道凹弦纹，肩部饰绞丝状附加堆纹，腹部以多道弦纹分隔成条带，带内饰绳纹，口径36.7、残高25.5厘米（图一一〇，2）。标本H36②：15，颈较短，内束，口径大于肩径，肩部外折明显，肩以下残。泥质灰陶，颈部饰弦纹，肩部饰压有豆荚形的附加堆纹，腹部间隔性地饰小块绳纹，口径27.6、残高7.6厘米（图一一〇，5）。

Ⅲ式：标本T45④C：5，大口，颈较长斜，内束。肩较鼓凸，腹残。泥质灰陶，肩部饰二道绞丝状附加堆纹，颈及腹部饰绳纹，口径36、残高16厘米（图一一〇，8）。标本T22④B：2，颈较长，内束，肩较凸出，腹向内缓收。红色，胎含少量细砂，肩部饰锯齿状附加堆纹，下腹饰绳纹，口径34.2、残高24.4厘米（图一一〇，6）。标本H167：11，颈较斜长，肩较鼓凸，亚腰形深腹。灰黄色，肩部饰附加堆纹，下腹饰绳纹，肩腹饰凹弦纹，口径24.4、高28厘米（图一一〇，7；图版二一，3）。

Ⅳ式：标本T24④B：12，长颈，小凸肩，泥质灰陶，肩部饰绞丝状附加堆纹，口径34、残高12厘米（图一一一，6）。标本H29：12，大口长颈，小凸肩，泥质灰陶，肩部饰绞丝状附加堆纹，腹部饰绳纹，口径40、残高12.8厘米（图一一一，3）。标本T44④B：11，斜长颈，小凸肩，泥质灰陶，颈部饰凸弦纹，肩部饰二道绞丝状附加堆纹，口径47.6、残高16厘米（图一一一，5）。

Ⅴ式：标本T18④A：185，敞口，小折沿，颈斜长内束，小凸肩，腹部较细，内弧收。泥质灰陶，颈部饰二道凹弦纹，肩部饰绞丝状附加堆纹，腹部以凹弦纹分隔成多道条带，带内饰绳纹，口径36、残高25.8厘米（图一一一，1；图版二三，2）。

Ⅵ式：标本H10：7，小卷沿，大敞口，斜长颈，泥质灰陶，颈外饰弦纹，口径42.4厘米（图一一一，4）。标本T2④A：21，大敞口，方唇，长颈内弧，泥质灰黑陶，颈部饰二周附加堆纹，口径约47.2厘米（图一一一，2）。

尊　数量很少，分四型。

A型　标本M26：4，平折沿，长颈内束，广肩内折，深弧腹，喇叭形圈足带台座。泥质黑陶，颈部饰三道凸弦纹，肩上饰印有米字纹的菱形纹，腹部饰三周云雷纹，腹底部饰绳纹，口径24.8、高34厘米（图一一二，1；彩版七，1）。

B型　口、颈、肩部仿大口尊。标本H15：3，大口，斜长颈，肩鼓凸，深弧腹，凹底。泥质灰陶，颈、肩、上腹饰凹弦纹，下腹及底外饰绳纹，口径30、高23厘米（图一一二，2；图版二三，3）。标本H37：1，大口束颈，肩略鼓凸，深弧腹，平底。泥质灰陶，肩部饰绞丝状附加堆纹，上腹饰二周断续的篮纹，口径30、高23.5厘米（图一一二，3；图版二三，4）

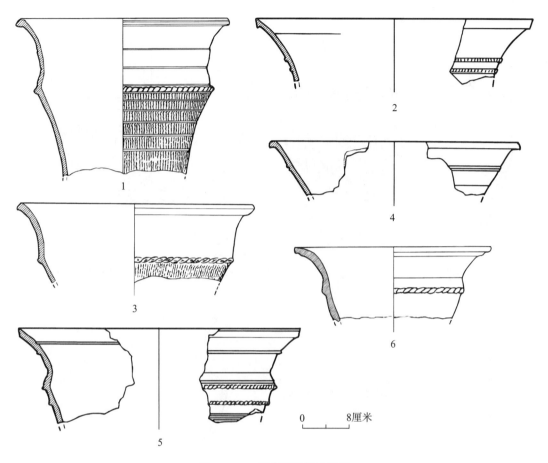

图一一一 夏商时期陶大口尊

1. Ⅴ式（T18④A：185） 2、4. Ⅵ式（T2④A：21、H10：7）

3、5、6. Ⅳ式（H29：12、T44④B：11、T24④B：12）

C 型 硬陶和原始瓷。标本 T12④B：1，大口，长颈内束，折肩，深弧腹，小凹底，泥质夹少量细砂，浅黄色，硬陶，肩及腹部拍少量稀疏的小方格纹，口径 16.4、高 19.2 厘米（图一一二，6；图版二三，5）。标本 H15：50，残片，斜折沿，圆唇，原始瓷，表面为灰褐色，口径 18.8 厘米（图一一二，5）。标本 T2④A：23，残，敞口，外折沿，颈外有一周饰凹点的附加堆纹，颈内有密集的平行弦纹，原始瓷，灰褐色，口径约 30 厘米（图一一二，4）。

D 型 发现一件。标本 H3：3，口沿残，束颈，深腹较鼓，矮圈足。夹砂灰陶，饰乱绳纹，圈足径 10、残高 12.4 厘米（图一一二，7）。

瓿 数量很少。标本 H2：13，口残，广折肩，斜弧腹，圜底，矮圈足。泥质灰陶，肩部饰云雷纹和横人字纹，圈足径 13.8、残高 17.2 厘米（图一一三，1）标本 H165：1，

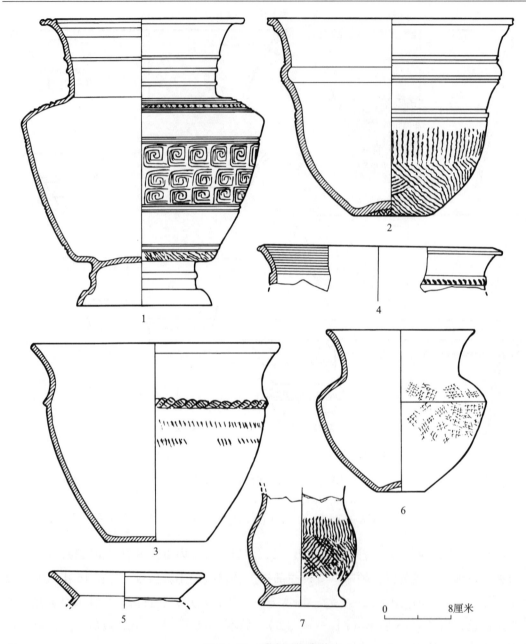

图一一二　夏商时期陶尊

1. A 型（M26∶4）　　2、3. B 型（H15∶3、H37∶1）　　4~6. C 型（T2④A∶23、H15∶50、
T12④B∶1）　　7. D 型（H3∶3）

直沿，折鼓肩，斜弧腹，圜底，圈足残。泥质红胎黑皮陶，肩部饰三道凸弦纹，其上间饰
横三角形戳印纹，口径 12.4、残高 12 厘米（图一一三，2）。标本 T93④C∶1，小口，广
凸肩，斜腹，矮圈足，口肩间有九道附加堆纹，口下有两个鼻形耳，肩部有四个等距离的

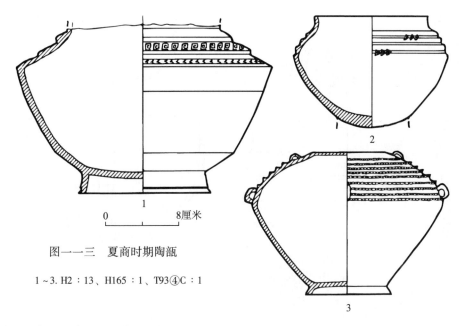

图一一三　夏商时期陶瓿

1～3. H2：13、H165：1、T93④C：1

鼻形耳，口径8、高15厘米（图一一三，3）。

盆　常用器，复原很少，分四型。

A型　折沿或卷沿，弧腹或鼓腹。标本H15：10，折沿，深鼓腹，小凹底，泥质灰陶，上、中腹饰凸弦纹，下腹及底部饰绳纹，口径24.6、高23.1厘米（图一一四，3；图版二三，6）。标本H57：2，折沿，浅鼓腹，平底，泥质黑陶，口径18、高8厘米（图一一四，2；图版二四，1）。标本T17④D：80，折沿外翻，深腹微带折痕，凹底。泥质灰陶，下腹饰绳纹，口径24、高14.8厘米（图一一四，4）。标本T6④A：2，卷沿，颈微缩，浅鼓腹，底残，泥质灰陶，饰竖绳纹，口径22.4、残高9厘米（图一一四，1）。

B型　敞口，标本H21：5，敞口，深弧腹，凹底。泥质灰陶，腹部饰凹弦纹夹绳纹，口径34、高24厘米（图一一五，1；图版二四，2）。标本H29：14，残，小折沿，敞口，斜弧腹，泥质灰陶，饰绳纹，口径21.6厘米（图一一五，3）。标本H15：43，残，折沿，斜弧腹，泥质灰陶，腹饰绳纹，口径约24.8厘米（图一一五，7）。标本H15：44，折沿，泥质红胎褐皮陶，口径约34厘米（图一一五，2）。标本H57：15，敞口，沿稍卷，深斜弧腹，底残。泥质灰陶，表面饰竖绳纹，颈部饰附加堆纹，口径28.4、残高14.8厘米（图一一五，8）。标本H57：22，敞口，小折沿，深弧腹，底残，泥质灰陶，饰间断绳纹，口径25.6、残高10厘米（图一一五，5）。标本T21④A：52，敞口，沿稍卷，颈略束，深弧腹，下腹残，泥质灰陶，颈部饰凹弦纹，腹部饰绳纹，口径23.6、残高8.4厘米（图一一五，6）。标本T21④B：12，敞口卷沿，弧腹，泥质黑陶，颈部饰凹弦纹，腹部饰粗绳纹，口径22.4、残高8.8厘米（图一一五，4）。

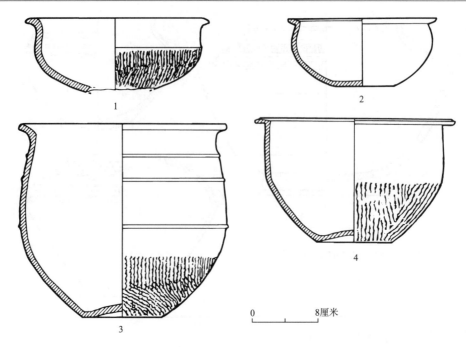

图一一四　夏商时期 A 型陶盆

1～4. T6④A：2、H57：2、H15：10、T17④D：80

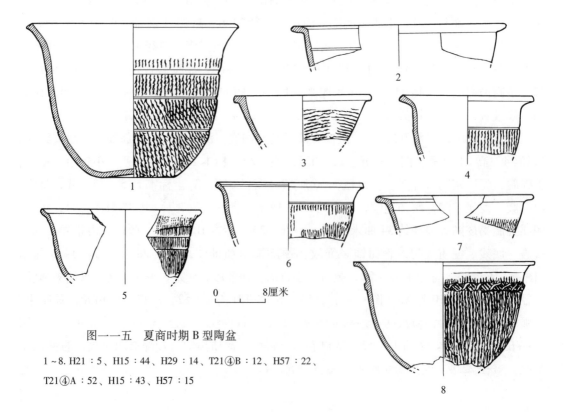

图一一五　夏商时期 B 型陶盆

1～8. H21：5、H15：44、H29：14、T21④B：12、H57：22、

T21④A：52、H15：43、H57：15

C 型　大口，浅弧腹。标本 H21：4，敞腹，折沿，浅弧腹，凹底。泥质灰陶，颈部饰弦纹，腹部饰间断绳纹，口径 40.6、高 12.8 厘米（图一一六，1；图版二四，3）。标本 H36②：14，残，平折沿，斜弧腹，泥质灰陶，口径 34 厘米（图一一六，3）。标本 H70③：58，残，卷沿，斜弧腹，泥质灰陶，沿内饰二周凹弦纹，表面饰绳纹，口径 40.8 厘米（图一一六，4）。标本 T18④B：170，残，宽折沿，斜弧腹，口径 24 厘米（图一一六，2）。标本 T15④B：14，残，宽平折沿，斜弧腹，泥质灰胎黑皮陶，沿面上饰二周凹弦纹，腹饰横绳纹，口径约 36 厘米（图一一六，6）。标本 T44④B：15，残，折沿外翻，斜弧腹，泥质灰陶，颈部饰凹弦纹，腹部饰绳纹，口径 34.2、残高 9.2 厘米（图一一六，5）。标本 T109④D：1，卷沿，斜弧腹，小平底。泥质灰陶，腹及底部饰绳纹，口径 31.8、高 11.5 厘米（图一一六，8；图版二四，4）。

D 型　折腹。标本 T5④C：35，残，口较大，折沿，上腹外折，泥质灰胎黑皮陶，腹饰绳纹，口径约 30 厘米（图一一六，7）。

簋　数量少，依口沿和腹部特点，分为四型。

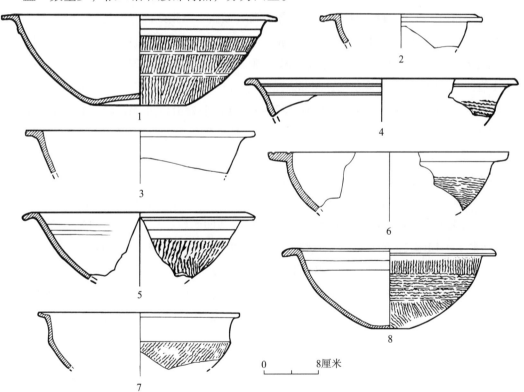

图一一六　夏商时期 C、D 型陶盆

1~6、8. C 型（H21：4、T18④B：170、H36②：14、H70③：58、T44④B：15、
T15④B：14、T109④D：1）　7. D 型（T5④C：35）

A 型　卷沿，弧腹，圈足。标本 T44④A：1，卷沿，束颈，深弧腹，矮圈足带台座。泥质灰陶，颈部饰凹弦纹，下腹饰绳纹，口径 21.6、高 20 厘米（图一一七，1；图版二四，5）。标本 T45④C：2，卷沿，束颈，深腹较鼓，圈足残。泥质灰陶，饰斜绳纹，口径 18.8、残高 16 厘米（图一一七，2）。标本 G2：12，卷沿外翻，束颈，鼓腹，矮圈足略残。肩及腹部饰凹弦纹，中腹等距离地贴六个圆形小泥饼。泥质灰陶，口径 26.4、残高 16.4 厘米（图一一七，3；图版二四，6）。

B 型　折沿，直腹较深。标本 H21：6，折沿外翻，上腹直，下腹内弧收，圈足残。泥质灰陶，上腹饰凹弦纹，下腹饰交错绳纹，口径 24、残高 12 厘米（图一一七，5）。标本 T24④B：16，残，折沿，直腹，泥质黑陶，腹部饰凸弦纹，口径 25.4 厘米（图一一七，4）。标本 T109④D：2，折沿，直腹，圈足残，泥质灰陶，上腹饰凸弦纹，下腹及底部饰横绳纹，口径 26.6、残高 12.4 厘米（图一一七，7）。标本 T96④B：1，平折沿，上腹直，下腹向内弧收，平底，圈足残。泥质灰陶，腹部饰凹弦纹，口径 21.2、残高 14.2 厘米（图一一七，6；图版二五，1）。

C 型　折沿，鼓腹。标本 H35：15，折沿外翻，鼓腹，下腹残，泥质灰陶，沿面和腹部饰凹弦纹，口径 25.4 厘米（图一一七，8）。标本 H93：1，平折沿，短直径，上腹凸鼓，圈足较高。泥质灰胎黑皮陶，口径 21.8、高 14 厘米（图一一七，9）。标本 T24④A：11，残，平折沿，沿面上有凹槽，腹较鼓，泥质灰陶，腹部饰凹弦纹，口径 16 厘米（图一一七，11）。

D 型　大口，折沿，浅直腹。标本 T22④A：1，平折沿，方唇，浅直腹，圜底近平，矮圈足，口沿与腹间有对称的双耳。泥质灰陶，耳外侧饰二道竖条带，上腹饰二道凸棱，口径 30、高 13.6 厘米（图一一七，12）。标本 H15：2，斜折沿，侧方唇，浅直腹，底残，夹少量细砂，腹灰色，近底褐色，口沿下有浅绳纹，上腹饰三道凹弦纹，口径 18.6、残高 7.6 厘米（图一一七，13）。标本 T5④C：51，平折沿，上腹直，口沿与腹间有对称的双耳，下腹残。泥质黑陶，耳外侧饰乳钉和凹竖线，腹部饰凹弦纹，口径 35.2 厘米（图一一七，10）。标本 T24④B：2，斜折沿，浅直腹，口沿与腹间有对称的双耳，圜底，大圈足。泥质灰陶，耳外划四条竖线，下腹及底部饰绳纹，口径 31.2、残高 9.6 厘米（图一一七，14）。

另有二件残器，不辨型。标本 H36①：53，矮圈足，泥质灰胎黑皮陶，圈足径 13.3 厘米（图一一七，15）。标本 T6③B：23，腹似较深，矮圈足，泥质灰陶，饰凸弦纹，圈足径 12 厘米（图一一七，16）。

研磨盆　数量很少。标本 H13：24，口微侈，深直腹，圜底。夹砂红陶，外饰绳纹，内划斜凹槽，口径 20.4、高 15.4 厘米（图一一八，2；图版二五，2）。标本 H33：1，直口，沿外加厚，深直腹，圜底。夹砂灰陶，上腹饰直绳纹，下腹饰斜绳纹，内划竖凹槽，口径 20.8、高 16.8 厘米（图一一八，1）。标本 T24④A：10，残，直口直腹，夹细砂红胎灰皮陶，外饰粗绳纹，内划竖凹槽，口径 16、残高 7.2 厘米（图一一八，3）。

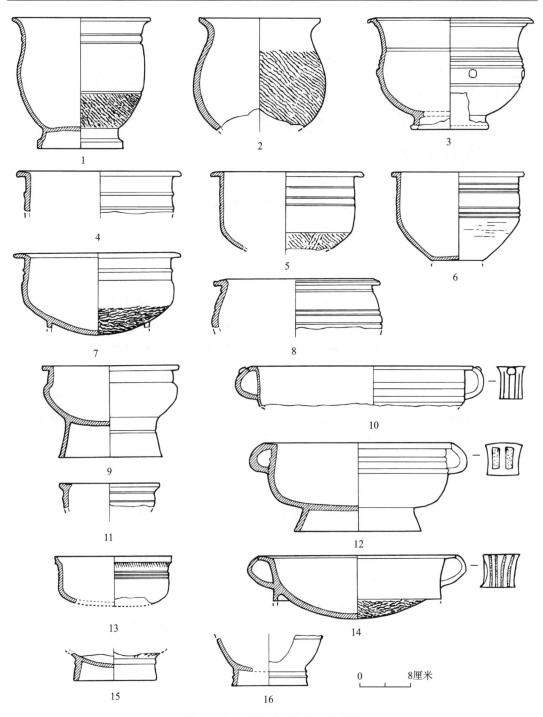

图一一七　夏商时期陶簋、簋形器

1～3. A 型（T44④A：1、T45④C：2、G2：12）　4～7. B 型（T24④B：16、H21：6、T96④B：1、
T109④D：2）　8、9、11. C 型（H35：15、H93：1、T24④A：11）　10、12～14. D 型（T5④C：51、
T22④A：1、H15：2、T24④B：2）　15、16. 簋形器（H36①：53、T6③B：23）

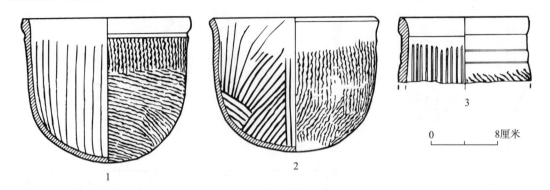

图一一八　夏商时期陶研磨盆

1～3. H33：1、H13：24、T24④A：10

斝　数量少，分二式。

Ⅰ式：敞口。标本T12④C：1，敞口卷沿，口沿上有两个菌形立柱，长颈斜内收，浅鼓腹，平底，长锥形袋足，颈腹间安弧形带状鋬。夹细砂灰陶，鋬上饰点状戳印纹和绳纹，腹部饰绳纹和凹弦纹，袋足上饰绳纹，口径17.8、高28厘米（图一一九，1；图版二六，1）。标本T④C：27，敞口，长颈内束，安弧形带状鋬，夹细砂红陶，口径约17.6厘米（图一一九，2）。

Ⅱ式：敛口，分裆。标本T80④B：1，敛口再向上折成小窄沿，长颈内束，深袋足略鼓，分裆，锥形实足，颈部安一弧形带式鋬。夹细砂深灰陶，足尖红褐色，颈部鋬下侧饰凹弦纹，袋足饰绳纹，口径12.8、高21.8厘米（图一一九，5；图版二六，3）。标本T48④C：1，敛口，长颈内束，深袋足微鼓，锥足尖及带状鋬残，夹细砂黄褐陶，颈部饰一周凸棱，袋足上饰粗绳纹，口径13.8、残高19厘米（图一一九，6；图版二六，2）。标本H57：17，残，敛口，颈内束，夹砂灰陶，口部以下饰凹弦纹，口径12.8、残高3.6厘米（图一一九，7）。标本T15④B：52，残，敛口，颈急向内弧收，颈部有鋬脱落的痕迹，夹细砂灰陶，口径14厘米（图一一九，3）。标本T18④B：179，残，敛口，夹细砂灰陶，颈部饰凹弦纹，口径15.2厘米（图一一九，8）。标本T18④C：18，敛口，束颈，夹细砂褐陶，沿及颈部饰凹弦纹，口径13.2厘米（图一一九，4）。

鬶　数量极少。标本H4：3，捏流，敞口，瘦袋足，带状弧形鋬残，泥质红陶，口径15.8、高21.2厘米（图一二〇，1；彩版七，2）。标本T44④C：4，残足，细锥形，实足尖较平。泥质红陶，残长6.7厘米（图一二〇，2）。

爵　数量极少，无完整器。分二型。

A型　长颈，扁鼓腹。标本H89：1，口沿残，长颈内斜，浅鼓腹，底较平，锥足尖残，颈腹间有弧形带状鋬，夹砂褐陶，饰凹弦纹，残高11.2厘米（图一二〇，3）。标本M26：7，圆口，流残，口沿内折，长颈斜内收，腹较鼓，底较平，长锥足外撇，沿、腹

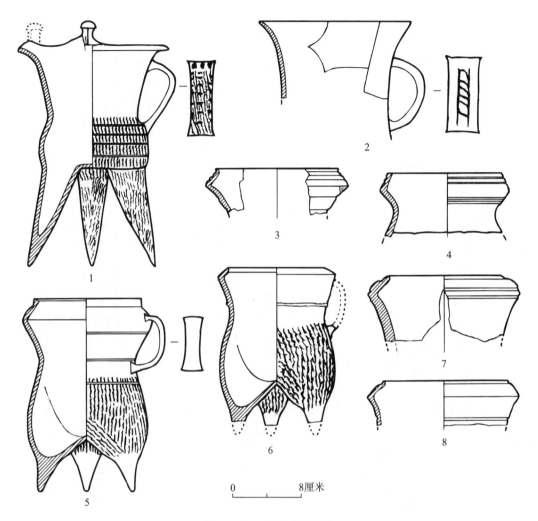

图一一九　夏商时期陶斝

1、2. Ⅰ式（T12④C：1、T4④C：27）　3～8. Ⅱ式（T15④B：52、T18④C：18、T80④B：1、

T48④C：1、H57：17、T18④B：179）

间有弧形带状鋬。粗泥灰陶，颈部饰三组凹弦纹，口径 12.4、高 13.3 厘米（图一二〇，4；图版二五，4）T48④D：4，流残，直口，长颈，鼓腹，底较平，锥足残，沿下到腹部有弧形鋬。粗泥灰陶，夹少量细砂，口部与颈腹间饰凹弦纹，口径约 11.8、高 12.8 厘米（图一二〇，5）。标本 T45④C：1，圆口内折，长流稍高于口沿，长颈斜内收，腹较扁鼓，底较平，锥足残，颈部安弧形带状鋬，泥质灰陶，含少量细砂。口径 12.4、高 12.8 厘米（图一二〇，6；图版二五，5）。

　　B 型　深斜直腹。标本 H217：1，圆敛口，喇叭形流斜上冲，无颈，腹近似桶状，底较平，足与鋬残，粗泥灰陶，口径 12、残高 8.4 厘米（图一二〇，7；图版二五，6）。标

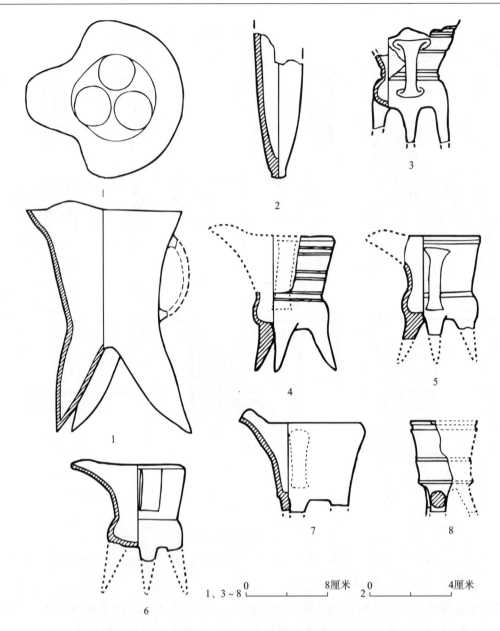

图一二○ 夏商时期陶鬶、爵
1. 鬶（H4：3） 2. 鬶足（T44④C：4） 3～6. A型爵（H89：1、M26：7、
T48④D：4、T45④C：1） 7、8. B型爵（H217：1、T23④B：31）

本T23④B：31，残甚，直口，斜直腹，锥足残，粗泥灰陶，饰凹弦纹，残高10.8厘米
（图一二○，8）。

凸肩杯　有颈，凸肩，尖底或小平底，多为泥质黑陶，其次为泥质灰陶，个别为红
色。根据颈、腹比例的变化，分为三式。

Ⅰ式：短颈，颈和腹部的比例约为一比二。标本 H196：2，直口短颈，折凸肩，斜弧腹，尖底。肩部饰凹弦纹，口径 9.4、高 8 厘米（图一二一，1；图版二六，4）。标本 023，直口，短颈较直，折凸肩，斜弧腹，小平底。泥质黑陶，肩部饰瓦楞形纹，口径 9.4、高 8.2 厘米（图一二一，2）。标本 T42④：11，直口，短颈，鼓凸肩，斜弧腹，小平底。泥质灰陶，口径 8.8、高 7 厘米（图一二一，3）。

Ⅱ式：颈较长，颈和腹部的比例约为一比一。标本 H3：1，口稍撇，颈较长，鼓凸肩，斜弧腹，小平底。泥质灰胎黑皮陶，底外留有在快轮上用线切割的痕迹，颈部饰凹弦纹，口径 10.2、高 11 厘米（图一二一，5；图版二六，5）。标本 H3：17，口微撇，直颈较长，折凸腹，下腹残。泥质黑陶，颈部有一周凹弦纹，口径 10、残高 6 厘米（图一二一，4）。标本 H13：6，口稍撇，颈较长，鼓肩，腹下部向内曲收，小平底。泥质灰陶，颈、腹部饰凹弦纹，口径 10.4、高 11 厘米（图一二一，6）。标本 H70②：53，口稍外撇，颈较长，折凸肩，腹残。泥质灰陶，颈部饰凹弦纹，口径 10、残高 6 厘米（图一二一，12）。标本 H221：1，口稍撇，颈较长，鼓凸肩，弧腹，小平底。泥质灰胎黑皮陶，颈部饰凹弦纹，口径 10、高 9.2 厘米（图一二一，7；图版二七，1）。标本 T13④C：41，口较敞，颈较长，折凸肩，斜弧腹，小平底。泥质黑陶，颈部饰凹弦纹和二周竖线，口径 10.8、高 11 厘米（图一二一，8；图版一六，2）。标本 T15④：1，直口，颈较长，折凸肩，斜腹，小底残。泥质灰胎黑皮陶，颈与肩部饰凹弦纹，口径 10.2、残高 10.5 厘米（图一二一，9；图版二七，2）。标本 T15④A：56，直口，直颈较长，折凸肩，斜腹，底残。泥质灰胎黑皮陶，口径 10、高约 10.8 厘米（图一二一，10）。标本 T17④A：15，口稍撇，颈较长，略向内束，折凸肩，腹残。颈、腹部饰凹弦纹，口径 10、残高 8.4 厘米（图一二一，11）。标本 T59④C：2，口稍撇，颈较长，腹斜内曲收，小平底。泥质灰陶，颈部饰凹弦纹，口径 10、高 10 厘米（图一二一，13；图版二七，3）。标本 T45④C：4，直口，长直径，折凸肩，泥质黑陶，腹外有拉坯时留下的指纹痕迹，口径 9.4、高 12.4 厘米（图一二一，14；图版二七，4）。

Ⅲ式：颈特长，腹萎缩，颈与腹的比例为二比一。标本 T18④B：70，口稍撇，颈特长，折凸肩，浅弧腹，小平底。泥质红陶，颈和腹部饰凹弦纹，口径 11.4、高 12.4 厘米（图一二一，16）。标本 T13④A：2，口沿残，颈特长，折凸肩，斜腹，小平底。泥质黄陶，颈和肩部饰凹弦纹，口径 10.8、残高 12 厘米（图一二一，17；图版二七，5）。标本 H43：1，口略外撇，长颈，凸折肩，斜弧腹，底略残。泥质灰陶，颈部交错地饰四周横人字形戳印纹，口径 9、残高 11 厘米（图一二一，15；图版二七，6）。

另有标本 T26④A：13，颈上部残，式别不清。折凸肩，斜腹，尖底，泥质红褐陶，颈部饰凹弦纹和一周小方块形戳印纹，肩部饰凹弦纹，残高 8 厘米（图一二一，18）。

豆　数量多，分为三型。

A 型　深腹，根据圈足的高低分两个亚型。

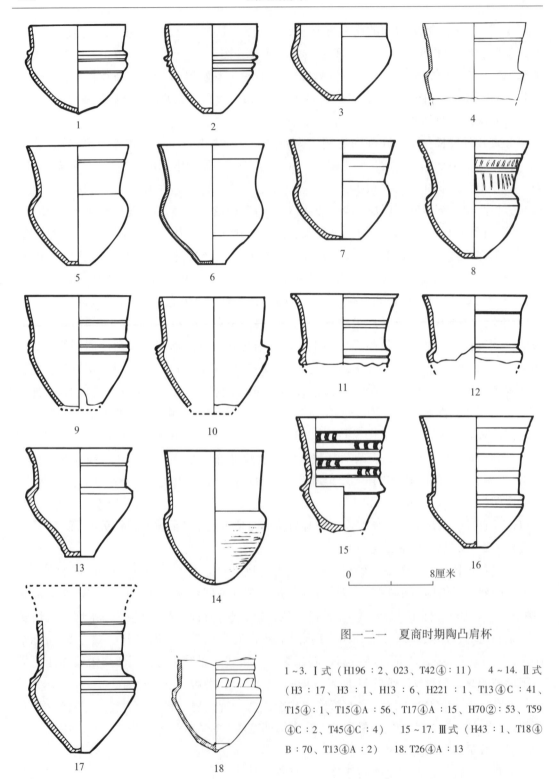

图一二一 夏商时期陶凸肩杯

1~3. I 式（H196：2、023、T42④：11） 4~14. II 式
（H3：17、H3：1、H13：6、H221：1、T13④C：41、
T15④：1、T15④A：56、T17④A：15、H70②：53、T59
④C：2、T45④C：4） 15~17. III 式（H43：1、T18④
B：70、T13④A：2） 18. T26④A：13

Aa 型　矮圈足。标本 H70③：5，斜折沿，上腹浅直，下腹内折弧收，喇叭形矮圈足，下端有台座。泥质灰陶，圈足上饰凸弦纹，口径 22、高 12 厘米（图一二二，1；图版二八，1）。标本 H51：5，折腹，上腹浅直，下腹弧收，底及圈足残。口径 22、残高 6.8 厘米（图一二二，2）。标本 T21④D：1，深弧腹，圈足略残，泥质灰陶，口径 16.5、残高 8.8 厘米（图一二二，4）。标本 H36①：33，深折腹，上腹向内弧曲，下腹向外弧内收，圈足残。泥质灰陶，口径 23.6、残高 10.8 厘米（图一二二，3）。

Ab 型　高圈足。标本 T5④C：1，口较敞，腹略折，圈足细高，上端凸鼓，中段内束，下端呈喇叭形，底端略残。泥质灰胎黑皮陶，圈足上端饰三组麦粒状戳印纹，每组三个点，另饰三组凹弦纹，口径 15、复原高度约 26.6 厘米（图一二二，8；图版二八，2）。

图一二二　夏商时期 A 型陶豆

1~4. Aa 型（H70③：5、H51：5、H36①：33、T21④D：1）　　5~9. Ab 型（T48④D：5、T51④C：2、H36①：37、T5④C：1、H36①：36）　　10~14. A 型（H4：19、H36①：40、H180：1、T11④D：132、T15④：6）

标本 T48④D：5，口稍外撇，深弧腹，细喇叭形高圈足，下端有台座。泥质灰胎黑皮陶，圈足上有凹弦纹，口径 15.2、高 18.4 厘米（图一二二，5；图版二八，4）。标本 T51④C：2，折腹，上腹浅直，下腹斜弧。高圈足，中段凸出如算珠，底部有喇叭形座。泥质灰陶，圈足中段有三个米粒形戳坑，盘与圈足下端饰凹弦纹，口径 19、高 18.2 厘米（图一二二，6；图版二八，3）。标本 H36①：37，盘沿残，深斜弧腹。高圈足，中段凸出如算珠形，下有喇叭形大座。泥质黑陶，圈足上饰凹弦纹和圆形小镂孔（图一二二，7）。标本 H36①：36，口沿残，盘较深，斜弧腹，柱状细高柄，下有座，座底端残。泥质红陶，圈足上饰凹弦纹，残高 14 厘米（图一二二，9）。

还有一些残圈足深腹豆，不辨是哪一亚型。标本 H4：19，盘呈碗状，圈足残，泥质黑陶，盘腹部饰一周凹弦纹，口径 18、残高 6.8 厘米（图一二二，10）。H36①：40，小折沿，折腹，上腹浅直，下腹深斜，底及圈足残。泥质红胎灰皮陶，上腹饰凹弦纹，口径 21.8、残高 6.4 厘米（图一二二，11）。标本 H180：1，翻折沿，碗形盘，圈足残。泥质灰陶，胎较厚，口径 16、残高 8 厘米（图一二二，12）。T11④D：132，直口深弧腹，圈足。泥质红胎黑皮陶，口径 14.8、残高 8 厘米（图一二二，13）。标本 T15④：6，敞口，深斜腹向内弧，圈足残。泥质黑陶，胎较薄，口径 16、残高 8.8 厘米（图一二二，14）。

B 型　浅腹，大多为高圈足。根据盘的形制分三个亚型。

Ba 型　斜腹。标本 H36①：22，敛口，浅斜腹，细高圈足，底座残。圈足上端凸出，饰凹弦纹，口径 16、残高 16 厘米（图一二三，1）。标本 H36②：9，浅斜腹，细圈足残，泥质灰陶，口径 15.6、残高 4.8 厘米（图一二三，2）。标本 T34④B：26，敞口，斜腹，喇叭形圈足较高，泥质灰陶，圈足上饰圆镂孔和凹弦纹，口径 16.8、高 10 厘米（图一二三，3）。标本 T5④B：42，浅腹，细高圈足残，泥质黑陶，口径 16 厘米（图一二三，5）。

Bb 型　弧腹。标本 H36①：26，敛口，浅弧腹，底及圈足残，泥质红胎灰皮陶，盘内侧饰二道凹弦纹，口径 20 厘米（图一二三，6）。标本 H36①：21，小折沿，浅弧腹，下腹及圈足残。泥质灰陶，口径 19 厘米（图一二三，4）。标本 H36①：44，浅弧腹，底及圈足残，泥质黑陶，口径 17.6、残高 6 厘米（图一二三，7）。标本 T17④B：132，上腹及圈足座残，浅弧腹，喇叭形圈足，泥质红胎黑皮陶，残高 6.8 厘米（图一二三，8）。标本 T41④：1，浅弧腹，细直圈足，喇叭形座。泥质灰陶，口径 12、高 10.8 厘米（图一二三，10）。标本 H36①：49，浅弧腹，圈足残，泥质红胎黑皮陶，口径 16、残高 6 厘米（图一二三，9）。标本 T48④E：13，敞口，浅弧腹，底和圈足残，泥质灰陶，饰篦点纹和凹弦纹，口径 24、残高 6.8 厘米（图一二三，11）。

Bc 型　折腹。标本 H3：4，平折沿，上腹较直，近底部内折，圈足残。泥质灰陶，腹部饰云雷纹，口径 20、残高 5.2 厘米（图一二四，1）。标本 H36②：26，小折沿，折腹，下腹及圈足残。泥质灰陶，口径 22 厘米（图一二四，2）。标本 H62：8，盘上部浅

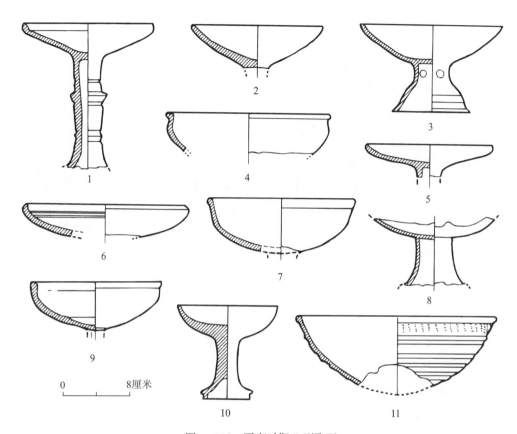

图一二三　夏商时期 B 型陶豆

1～3、5. Ba 型（H36①：22、H36②：9、T34④B：26、T5④B：42）　4、6～11. Bb 型（H36①：21、H36①：26、
H36①：44、T17④B：132、H36①：49、T41④：1、T48④E：13）

直，下部向外扁折，底及圈足残。泥质黑陶，口径 15.2、残高 4.4 厘米（图一二四，4）。
标本 H70②：23，斜折沿，折腹斜收。泥质黑陶，饰弦纹和二周云雷纹，口径 20、残高
5.6 厘米（图一二四，3）。标本 H70②：47，斜折沿，折腹弧收，底及圈足残。泥质灰陶，
表面饰三道云雷纹，口径 22、残高 6 厘米（图一二四，5）。H70③：70，折沿，弧腹底部
内折，底及圈足残。泥质灰陶，颈部饰凸弦纹，腹部饰云雷纹，口径 20.8、残高 5.6 厘米
（图一二四，6）。标本 H70⑤：71，折沿，折腹，腹以下残。泥质灰陶，口径 26.4、残高
4.4 厘米（图一二四，8）标本 T47④C：1，敞口折沿，浅折腹，高圈足内束，带喇叭形
座。泥质灰陶，盘上腹及座各饰一周回字形云雷纹，口径 16.8、高 13.6 厘米（图一二四，
7；图版二八，5）。标本 T110④A：1，平折沿，浅直腹，下腹略加厚，喇叭形圈足，带
座。泥质灰陶，盘和座饰凹弦纹，口径 13.2、高 10.4 厘米（图一二四，10）。标本 T37④
C：1，平折沿，沿面上有一周凹槽，浅折腹，下腹及圈足残。泥质黑陶，上腹饰二周云
雷纹，口径 18.8、残高 6.4 厘米（图一二四，9）。T23④C：3，敞口，浅折腹，圈足残。

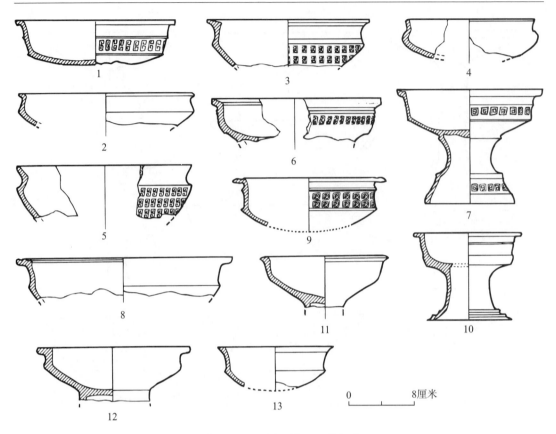

图一二四　夏商时期 Bc 型陶豆

1～13. H3：4、H36②：26、H70②：23、H62：8、H70②：47、H70③：70、T47④C：1、H70⑤：71、
T37④C：1、T110④A：1、T23④C：3、T40④B：1、T42④B：1

泥质红胎灰皮陶，口径16、残高6厘米（图一二四，11）。标本 T40④B：1，浅折腹，圈
足残，口径19.2、残高6.4厘米（图一二四，12）。标本 T42④B：1，浅折腹，圈足残，
泥质灰胎黑皮陶，口径14、残高5.2厘米（图一二四，13）。

　　还有一些豆的残件，无法分清其亚型和式。标本 H4：13，喇叭形，下有台座。泥质
灰陶，饰一道凹弦纹和三个长方形镂孔，圈足径16、残高6厘米（图一二五，2）。标本
H4：14，喇叭形，底部带矮座。泥质灰陶，上端饰二周凸旋，圈足径11.8、残高7厘米
（图一二五，3）。标本 H12：11，细直柄带座，泥质灰陶，表面为螺旋形，底径6.4、残
高10厘米（图一二五，1）。标本 H13：16，高圈足，亚腰，泥质红胎黑皮陶，残高10厘
米（图一二五，6）。标本 15：54，细高柄，中段凸鼓，泥质灰胎黑皮陶，残高8.8厘米
（图一二五，7）。标本 H32：6，细长喇叭圈足，下有矮座，泥质灰陶，饰凹弦纹和戳点
纹，圈足径13.2、残高14厘米（图一二五，5）。标本 H36①：35，圈足上端为细直柄，
下端为钟形大座。泥质灰陶，饰弦纹和镂孔，座底径9.4、残高8厘米（图一二五，4）。

标本 H36①：38，仅存细直柄，泥质红胎黑皮陶，饰凸弦纹一周，残高 7.2 厘米（图一二五，8）。标本 H36①：39，圈足较高，下带座，泥质红胎黑皮陶，圈足径 10、残高 8 厘米（图一二五，12）。H36①：51，仅存圈足底座，喇叭形，泥质灰胎黑皮陶，表面戳小圆孔并划多周点纹，残高 6.8 厘米（图一二五，10）。标本 H36①：52，喇叭形圈足，底端有矮座，泥质灰陶，饰凹弦纹和戳点纹，圈足径 14、残高 5.2 厘米（图一二五，11）。标本 H36②：10，上端为竹节形细直柄，下端为钟形大台座，泥质红胎灰皮陶，座上有凹弦纹，残高 15.2 厘米（图一二五，13）。标本 H70⑤：64，仅存圈足底座，喇叭形，泥质灰陶，圈足径 12、残高 4.4 厘米（图一二五，14）。标本 H70①：35，仅存中段细柱形柄，泥质

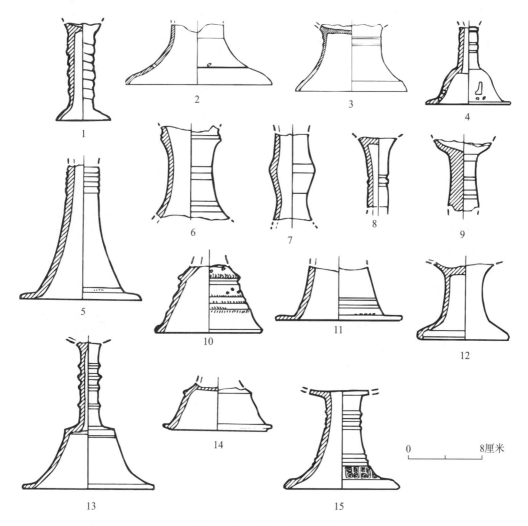

图一二五　夏商时期残陶豆

1～15. H12：11、H4：13、H4：14、H36①：35、H32：6、H13：16、H15：54、H36①：38、
H70①：35、H36①：51、H36①：52、H36①：39、H36②：10、H70⑤：64、T50④B：14

黑陶，饰凹弦纹，残长 7.2 厘米（图一二五，9）。标本 T50④B：14，喇叭形高圈足，底部有矮座，饰凸弦纹和云雷纹。泥质灰陶，圈足径 12、残高 10 厘米（图一二五，15）。标本 T1④B：24，喇叭形圈足，泥质黑陶，表面饰凹弦纹和四个十字形镂孔，圈足径 12.8、残高 6.8 厘米（图一二六，1）。标本 T24④A：15，圈足上部残，下端为喇叭形台座，泥质黑陶，表面有凸棱，座径 12、残高 5.2 厘米（图一二六，2）。标本 T44④D：9，仅存柄，细竹节形，实心，座为喇叭形，残，残高 8.6 厘米（图一二六，4）。标本 T45④C：8，细直柄，中上段向外鼓，厚胎，泥质黑陶，饰弦纹和麦粒状小窝三个，残高 10 厘米（图一二六，6）。标本 T45④B：11，实心细直柄，下带喇叭形座，泥质黑陶，柄腰部有一道凹弦纹，圈足径 6、残高 7.2 厘米（图一二六，5）。标本 T47④C：15，细柄，中段略向外鼓，下带喇叭形座，泥质黑陶，座径 3、残高 5.8 厘米（图一二六，3）。标本 T47④C：16，柄呈柱状，座为喇叭形，泥质黑陶，厚胎，外表饰凹螺弦纹，座径 5、残长 7.6 厘米（图一二六，8）。标本 T49④D：15，喇叭形圈足，泥质灰陶，上端有一道凸箍。圈足径 6.8、残高 5 厘米（图一二六，7）。标本 T48④B：6，喇叭形圈足，泥质灰陶，圈足径 7、残高 5 厘米（图一二六，9）。

C 型　假腹豆，分二式。

C I 式：盘底较浅凹。标本 H93：3，翻折沿，假腹较浅、较鼓，盘底较浅平，圈足较

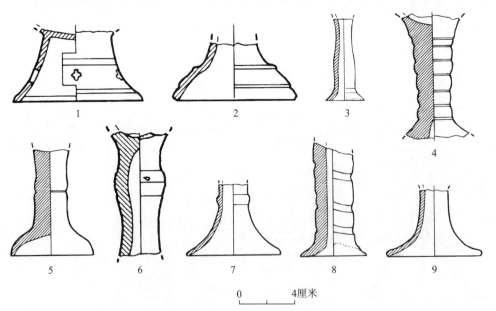

0　　　　4厘米

图一二六　夏商时期残陶豆

1～9. T1④B：24、T24④A：15、T47④C：15、T44④D：9、T45④B：11、T45④C：8、
T49④D：15、T47④C：16、T48④B：6

高，内束。泥质灰陶，圈足上饰凸弦纹，口径 15.2、高 10.8 厘米（图一二七，1；图版二九，1）。标本 T17④A：5，平折沿，假腹浅弧形，盘底较深，高圈足为长筒形，上粗下细，底部有小台座。泥质灰陶，盘腹外贴一周附加堆纹条带，上面印有绳纹，盘底外也印有绳纹，圈足上饰有三道凸弦纹，口径 16、高 14.4 厘米（图一二七，2；图版二九，4）。标本 T6③：2，翻折沿，假腹较弧、较深，矮圈足稍内束，底端有小台座。泥质灰陶，口径 16、高 11.2 厘米（图一二七，3；图版二九，3）。

C Ⅱ 式：盘底极浅平。标本 H52：1，平折沿，假腹深直，盘底极浅，高圈足，台座呈喇叭形，泥质灰胎黑皮陶，腹和圈足饰凹弦纹，口径 14.2、高 14.4 厘米（图一二七，4；图版二九，2）。标本 H130：1，平折沿，假腹较深，盘底极浅平，高圈足中下段略向内

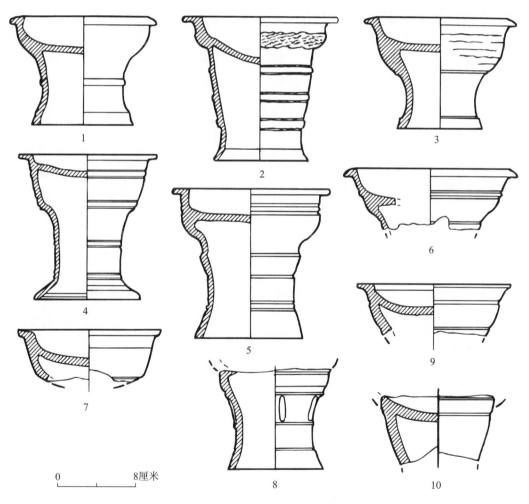

图一二七　夏商时期 C 型陶豆

1~3. C Ⅰ 式（H93：3、T17④A：5、T6③：2）　4、5. C Ⅱ 式（H52：1、H130：1）

6~10. C 型（H68：1、T17④B：131、T21④A：55、T21④A：9、T21④A：54）

束，泥质红胎黑皮陶，假腹及圈足饰凹弦纹，口径16、高14.8厘米（图一二七，5；图版二九，5）。

另有一些假腹豆残器，没有分式。标本H68：1，翻折沿，假腹较浅，圈足及盘底残。盘腹饰凹弦纹，口径18.4、残高6厘米（图一二七，6）。标本T17④B：131，折沿，假腹浅弧，盘底浅平，盘底及圈足残，泥质灰陶，盘腹饰凹弦纹，口径14.8、残高5.3厘米（图一二七，7）。标本T21④A：54，残，浅盘，高圈足上粗下细，泥质灰陶，底外侧有粗绳纹，圈足上端有凹弦纹，残高7厘米（图一二七，10）。标本T24④A：9，平折沿，盘底浅平，圈足残，泥质灰陶，饰凹弦纹，口径12、残高6.8厘米（图一二七，9）。标本T21④A：55，盘残，高圈足束腰，泥质灰陶，假腹及圈足饰凹弦纹和竖条形凹槽，圈足径10、残高9.6厘米（图一二七，8）。

碗　复原二件。标本H36①：23，窄沿稍卷，凸鼓肩，斜弧腹，矮圈足外撇。泥质灰陶，口径24、高13.2厘米（图一二八，1）。H217：2，直沿，斜弧腹，喇叭形小圈足。泥质灰胎黑皮陶，口径18.4、高8.8厘米（图一二八，2）。

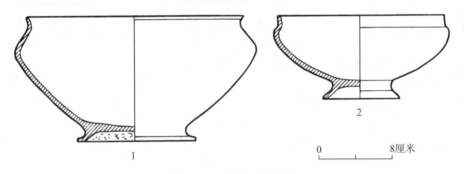

图一二八　夏商时期陶碗
1、2. H36①：23、H217：2

器盖　标本T46④A：21，残，钮如蒜头形，夹砂红陶，厚胎，钮顶面刻划对称草叶纹，残高4.2厘米（图一二九，1）。标本H36①：48，钮呈喇叭形，盖面如伞状，夹细砂和蚌末，灰褐色，口径12、高5.8厘米（图一二九，2）。标本H29：11，钮为倒高圈足形，盖为弧形，带子口。泥质灰陶，钮上饰凹弦纹，盘上饰凸棱，钮径16、残高14厘米（图一二九，3）。标本H211：7，钮呈倒矮圈足形，盘深弧腹。泥质灰陶，口径16.4、高7.6厘米（图一二九，8）。标本T2④C：32，钮为细柱形，盖为斜腹，口残，夹细砂，灰色，钮径4、残高4.8厘米（图一二九，5）。标本T21④C：41，钮为倒圈足形，盖为斜腹，夹少量细砂，红褐色，口径17.6、高11厘米（图一二九，6）。标本T51④C：70，钮为倒矮圈足形，盘为弧形，口残。泥质灰陶，表面划一周双斜线纹，钮径5.6、残高3.2厘米（图一二九，10）。标本H26：11，钮残，盖面似屋顶形，带子口，泥质红胎黑

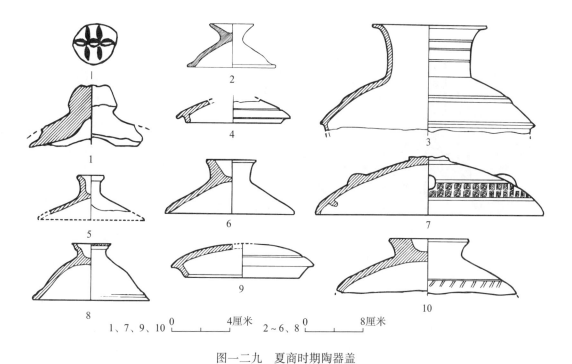

1、7、9、10　0 ⊢──┴──┴──┤ 4厘米　　2～6、8　0 ⊢──┴──┴──┤ 8厘米

图一二九　夏商时期陶器盖

1～10. T46④A：21、H36①：48、H29：11、H26：11、T2④C：32、T21④C：41、
T17④D：83、H211：7、T30④：11、T51④C：70

皮陶，饰凹弦纹，口径13.3、残高2.4厘米（图一二九，4）。标本T30④：11，钮残，盖面微隆，带子口，口径7.6、残高2.2厘米（图一二九，9）。标本T17④D：83，钮残，盖面作弧形，有子母口。泥质黑陶，盖面有四个等距离的圆饼形贴饰，中腹饰二排云雷纹，口径16、残高4厘米（图一二九，7）。

灯形器座　有的报告称为灯形器，数量少，有的残柄与高圈豆相似，难以区分。此种器座当是与凸肩罐或凸肩杯配合使用。未复原完整器形。标本H10①：9，上端呈碗形，中段细直如竹节形，下端为高喇叭形台座，泥质红胎黑皮陶，座上划四组S形纹，残高20.8厘米（图一三〇，1）。标本H36②：6，细喇叭形高圈足，泥质黑陶，底径15.4、残高20厘米（图一三〇，2）。标本H51：9，柄细长，下端有台座，泥质黑陶，饰弦纹，残高7.5厘米（图一三〇，3）。

纺轮　数量较多。根据横断面的形态，分为五型。

A型　断面为梯形。标本F9：1，体很薄，一面微向内凹，泥质褐陶，直径3.4、厚0.4厘米（图一三一，1）。标本H211：6，体很薄，泥质黄陶，直径3.8、厚0.4厘米（图一三一，2）。标本T5④B：41，体较薄，泥质红陶，直径3.2、厚1.3厘米（图一三一，3）。标本T76④C：1，体厚，泥质灰陶，直径4～4.2、厚1.7厘米（图一三一，4）。

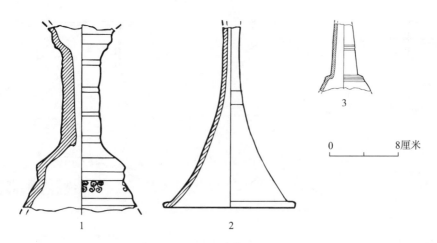

图一三〇　夏商时期陶灯形器座

1~3. H10①：9、H36②：6、H51：9

B型　边侧为弧形。分两个亚型。

Ba型　直径一面较小，另一面较大。标本H3：8，方圆形，体厚，泥质灰陶，最大径3.5、厚1.3厘米（图一三一，5）。标本T48④D：10，体薄，边侧饰篦点纹，泥质红陶，直径3.1、厚0.5厘米（图一三一，6）。标本T69④C：1，体薄，直径3.6、厚0.65厘米（图一三一，7）。

Bb型　两面直径相同。标本H70②：48，体薄，泥质红陶，直径3.2、厚0.6厘米（图一三一，8）。标本T48④D：9，体较薄，泥质灰陶，直径3.5、厚0.7厘米（图一三一，9）。标本T50④A：1，体较厚，泥质红陶，直径4、厚1.2厘米（图一三一，10）。标本T50④B：1，中间厚，边缘渐薄，断面近似椭圆形，直径3.1、最厚1.4厘米（图一三一，11）。标本T50④C：5，体较厚，圆面不够规则，泥质灰陶，直径4~4.2、厚1.3厘米（图一三一，12）。

C型　断面为鼓型。标本H70①：38，体特厚，顶端直径小于底径，顶面稍弧，边侧近底处鼓凸，泥质红陶，最大径3.9、厚2.6厘米（图一三二，1）。标本T97④C：1，体极厚，侧边靠近底面处稍凸出，最大径3.6、厚3.2厘米（图一三二，2）。

D型　边侧为棱形。标本T17④C：15，体特厚，棱边对称，夹细砂红陶，直径4.2、厚2厘米（图一三二，3）。标本T17④D：2，体厚薄不均，泥质灰陶，棱边不对称，直径3.8、厚1-1.3厘米（图一三二，4）。标本T17④D：87，体厚薄不均，棱边不对称，直径3.6、中心厚度1.1厘米（图一三二，5）。标本T37④：1，体特厚，棱形边，泥质红陶，一边刻划草叶形纹，直径3.8、厚2.2厘米（图一三二，6）。

E型　断面为长方形。标本T87④D：1，体很薄，泥质红陶，直径3.5、厚0.35厘米（图一三二，7）。标本T93④C：2，体较厚，泥质灰陶，直径4.2、厚1.2厘米（图一三二，8）。

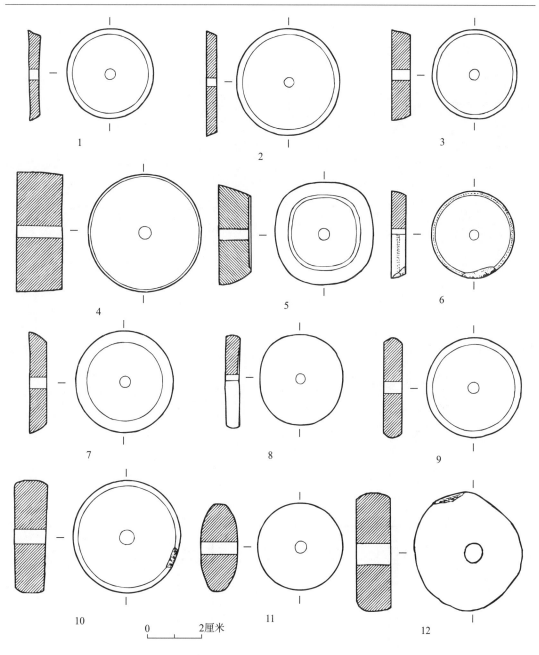

图一三一　夏商时期 A、B 型陶纺轮

1～4. A 型（F9：1、H211：6、T5④B：41、T76④C：1）　　5～7. Ba 型（H3：8、T48④D：10、
T69④C：1）　　8～12. Bb 型（H70②：48、T48④D：9、T50④A：1、T50④B：1、T50④C：5）

　　陶垫　标本 T18④A：119，柄为柱状，垫面为圆弧形，泥质灰陶，面直径 8.4、高 8
厘米（图一三三，1）。标本 T48④D：32，柄为柱形，顶端残，垫面为弧形，面直径 8、
残高 4.8 厘米（图一三三，2）。

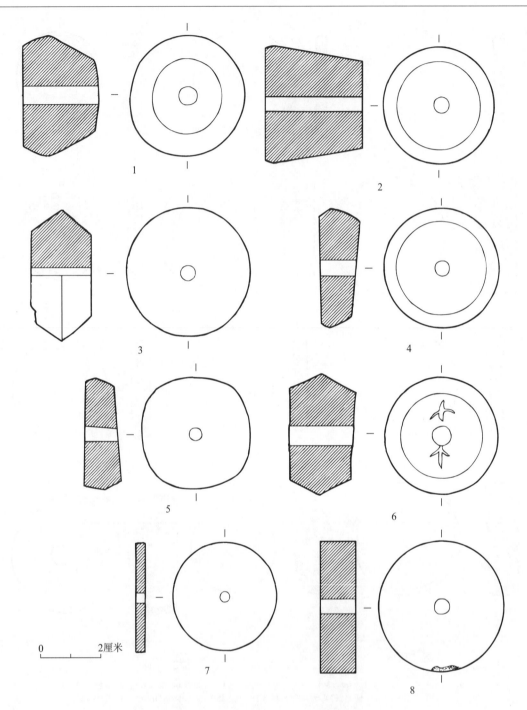

图一三二　夏商时期 C、D、E 型陶纺轮

1、2. C 型（H70①：38、T97④C：1）　3~6. D 型（T17④C：15、T17④D：2、
T17④D：87、T37④：1）　7、8. E 型（T87④D：1、T93④C：2）

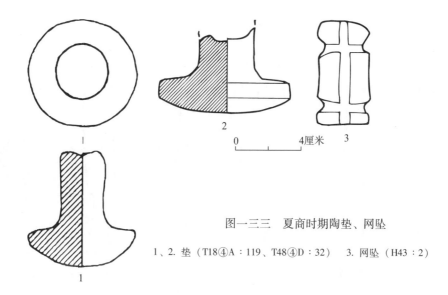

图一三三　夏商时期陶垫、网坠

1、2. 垫（T18④A：119、T48④D：32）　3. 网坠（H43：2）

网坠　标本 H43：2，整体为长方形，两端各有一道系绳的凹槽，中间也有一道纵向的凹槽，长6.2、宽3.2厘米（图一三三，3）。

（四）骨器

保存不好，有笄、镞、锥等。

笄　标本 H113：21，一端残，细圆柱形，磨光，残长7.5、直径0.5厘米（图一三四，1）。标本 T101④E：45，长条形，不很规则，磨光，残长9.5、最大径0.8厘米（图一三四，2）。

镞　标本 H211：79，动物肢骨作成，体较扁，一面内凹，锋尖锐，无翼，圆锥形铤，长7.8、最宽1.5厘米（图一三四，3；图版五，5）

锥　标本 T114④D：3，细长，两端圆锥形，中段三棱形，长9.2、最大棱边1.1厘米（图一三四，4；图版五，2）。标本 H209：25，以动物盆骨制作，上端保持自然面，下端磨制尖锐，长13.8厘米（图一三四，6；图版五，9）。标本 F36②：8，以动物肢骨劈削制成，锋尖锐，长9.3、宽1.1厘米（图一三四，5）。

卜甲　碎片较多，复原一件。标本 H3：6，龟腹甲，反面有密集的椭圆形凿孔，共4~5行，约27凿。凿孔大小不一，长1~1.4、宽0.9~1厘米（彩版七，3）。

三　小结

（一）关于荆南寺遗址夏商时期遗存的研究概况

荆南寺遗址夏商时期遗存发现以来，受到了学术界的重视。虽然正式报告未及时整理

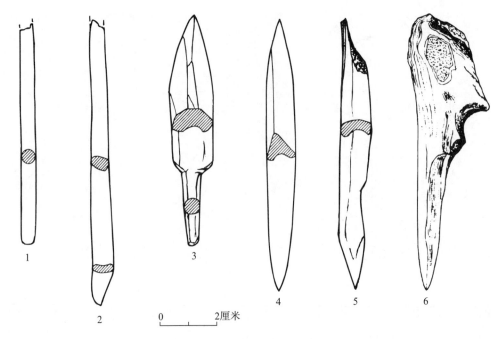

图一三四　夏商时期骨笄、镞、锥

1、2. 骨笄（H113：21、T101④E：45）　　3. 骨镞（H211：79）

4~6. 骨锥（T114④D：3、F36②：8、H209：25）

出版，但研究工作基本没有中断。大致情况是：

1989 年由荆州博物馆和北京大学考古系共同发表的《湖北江陵荆南寺遗址第一、二次发掘简报》① 将该遗址的夏商时期遗存分为七期：第一期以 H23 为代表，与二里头二期时代大致相当。第二期以 T13④C 为代表，与二里头四期及二里岗早段同时。第三期以 T11④D、H17 为代表，与二里岗下层晚期相当。第四期以 H15 为代表，年代相当于二里岗上层偏早阶段。第五期以 H14 为代表，年代相当于二里岗偏晚阶段。第六期以 T5④A 为代表，年代相当于二里岗上层和殷墟一期之间。第七期以 H10 为代表，时代为殷墟一期。简报还指出，荆南寺夏商遗存与周围同时期的二里岗、盘龙城、石门皂市等遗存有一定联系。在此以前，王宏已经在《荆南寺商代陶器试析》② 中，将荆南寺商代遗存分为四期，并将其陶器分为四组，分别讨论了各组陶器的文化风格，及与周围同时代若干文化的关系。张万高则在《江陵荆南寺夏商遗存文化因素分析》③ 中，将荆南寺夏商时期遗存分

① 荆州地区博物馆、北京大学考古系：《湖北荆南寺遗址第一、二次发掘简报》，《考古》1989 年第 8 期。

② 王宏：《荆南寺商代陶器试析》，《湖北省考古学会论文选集》（一），武汉大学学报编辑部，1987 年。

③ 张万高：《江陵荆南寺夏商遗存文化因素简析》，《湖北省考古学会论文选集》（二），湖北省考古学会选编，1991 年。

图一三五　夏商时期陶器纹饰

1. S 形纹（T33④B）　2. 心形、人字形纹（T42④A）　3. 回字形纹（T47④B）　4. 草叶形纹（T47④B）
5. 圆圈纹（H55）　6. 贝纹（H64）　7. 蝶形纹（T18④A）　8. 反 S 形纹（H40）　9. 回字形纹
（T33④A）　10. "回"字形雷纹（T42④A）　11. 菱纹、圆圈纹（H55）

为南、北两大派系，并重点分析了属于南方夏商文化系统的两组陶器，进一步指出了各种陶器在不同时期的消长情况。以上各种观点及论述，基本上为学术界所接受。比较系统的论述见于何努的《荆南寺夏商时期遗存分析》① 该文在吸收以前各种研究成果的基础上，全面地论述了荆南寺夏商时期遗存的分期与年代、文化因素及各群因素在各期的消长、与周

---

① 何努：《荆南寺遗址夏商时期遗存分析》，《商文化论集》（下），李伯谦编，文物出版社，2003 年。原载于《考古学研究》（二），北京大学出版社，1994 年。

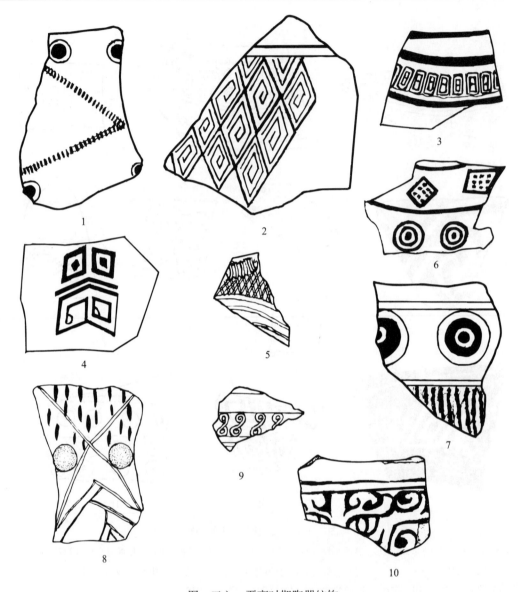

图一三六　夏商时期陶器纹饰

1. 菱形纹、圆圈纹（T36④A）　　2. 菱形雷纹（T36④A）　　3. "日"字形纹（T42④B）　　4. 菱形纹、
圆圈纹（T42④B）　　5. 菱形纹（T47④B）　　6. 网格纹（H166）　　7. 圆圈纹、绳纹（T34④A）
8. 雨点纹、乳钉纹（T50④D）　　9. 云纹（T67④）　　10. 卷云纹（H70①）

围地区同期文化遗存的关系等问题。为了进一步研究荆南寺早商遗存和周边同时期文化的
关系，何努等还在《中子活化分析对商周时期原始瓷产地的研究》[①] 和《湖北荆南寺遗

①　Rapp G. Jr. 、陈铁梅、荆志淳、何驽：《中子活化分析对商时期原始瓷产地的研究》，《考古》1997 年第 7 期。

址中子活化技术与文化因素综合分析》① 中，对荆南寺遗址中部分陶器的产地进行了研究。

以上研究对于认识荆南寺夏商时期的遗存，起到了探索和引导作用。本章小结的主要内容，就是综合了这些论著的研究成果，为节省文字，文中不再——注明出处。

（二）分期与年代

荆南寺遗址的夏商遗存可以分为八期（参见荆南寺夏商时期典型陶器分期图）。

第一期　仅发现 H23 一个灰坑，出土的陶器有深腹盆形侧装三角形足鼎（H23：1）和花边口沿夹砂罐（AⅠ型鼎 H23：2）。特征和二里头文化二期同类器相似，时代亦大致相同②。

第二期　以 T13④C、H36② 等单位为代表。典型器物有 AⅠ式鬲（如 H36②：17），Ⅰ式釜（如 H36②：19），Ⅰ式深腹夹砂罐（如 T13④C：41），Ⅰ式大口尊（如 T48④E：13、T13④C：42），Ⅰ式凸肩罐（如 H36②：1）等。

本期大口尊短颈，口径略大于肩径，体较粗肥，类似二里头 Ⅴ H73：21③ 和辉县琉璃阁 H1：33④，以及郑州人民公园 C1H14：3 等大口尊。深腹夹砂罐为深直腹，亦表现出同一时代的特点。年代相当于二里头四期或二里岗下层一期。

第三期　以 H36①、H17、H70③～⑤等单位为代表。典型器物有 AⅡ式鬲（如 H17：3、13），BⅠ式鬲（如 H17：6），Ⅰ式甗（如 T11④D：122），Ⅰ式釜（如 H70③：54、H70⑤：1），AⅠ式缸（如 H17：21），Ⅱ式大口尊（如 T48④D：19），Ⅰ式夹砂深腹罐（如 H17：19、29），Ⅱ式凸肩罐（如 H36①：19），Aa 式豆（如 H70③：5）等。

BⅠ式鬲与郑州二里岗下层晚段Ⅲ式鬲 C1H17：119 相同，沿面有三角棱一周（《郑州二里岗》页9，图壹，4，图版壹，3）。Ⅱ式大口尊 T48④D：19，口略大于肩，颈加长，与二里岗下层晚段Ⅱ式大口尊 H2 甲：328 大致相同（《郑州二里岗》页26，图壹，3，图版伍，2）。因此三期相当于二里岗下层二期。

第四期　以 H13、H15、H70①～②等单位为代表。典型器物有 AⅢ式鬲（如 H70②：1），BⅡ式鬲（如 H15：6、7），Ⅲ式大口尊（如 T45④C：5），Ⅱ式夹砂深腹罐（H15：18），Ⅱ式釜（如 H70①：1），Ⅲ式釜（如 H13：1、H70②：4），AⅠ式缸（如 H13：18、H17：21），AⅡ式缸（如 T5④B：1、T10④C：1），A 型盆（如 H15：10）、C 型盆（如 H21：4）、Ⅱ式凸肩杯（如 H13：6）等。

在 H15 的 BⅡ式鬲中，大多为折沿，沿面带宽凹槽，如 H15：2、6 等，这种鬲与二里岗上层 H2 乙：220 Ⅴ式鬲基本一致（《郑州二里岗》页19，图壹，6）。Ⅲ式大口尊 T45

① 何驽、小乔治·瑞普·拉普、荆志淳、陈铁梅：《湖北荆南寺遗址中活化技术与文化因素综合分析》，《考古》1999 年第 10 期。

②③ 中国科学院考古研究所二里头工作队：《河南偃师二里头早商宫殿遗址发掘简报》，《考古》1974 年第 4 期。

④ 中国科学院考古研究所：《辉县发掘报告》，科学出版社，1956 年。

④C：5 同二里岗上层大口尊 H2 乙：199 相似（《郑州二里岗》页 26，图拾叁，1）。由此推定荆南寺遗址夏商遗存四期相当于二里岗上层一期。

第五期 以 H14、H62 等单位为代表。A 式鬲消失，典型器物有 BⅢ式鬲（如 H14：2、3、7），Ⅱ式甗（如 T33④A：1），Ⅳ式大口尊（如 T24④B：12），Ⅲ式釜（如 H62：2、3），Ⅲ式深腹夹砂罐（如 T11④A：45），AⅢ式缸（如 H25：2），Ⅲ式凸肩杯（如 T18④B：70）等。

H14：2、3、7 等 BⅢ式鬲，侧方唇，唇下角向内勾，与二里岗上层Ⅵ式鬲 H13：117 十分相似（《郑州二里岗》页 19，图壹，8，图版壹，4）。Ⅳ式大口尊 T24④B：12，与二里岗上层Ⅲ式大口尊 H1：4 相同，皆为长颈，小凸肩（《郑州二里岗》页 26，图拾贰，2）。因此荆南寺五期相当于二里岗上层二期。

第六期 遗存较少。以 T5④A、T8④A 等为代表。典型器物有 BⅣ式鬲（如 T5④A：2、T8④A：1），Ⅴ式大口尊（如 T18④A：185），Ⅳ式釜（如 H98：1），AⅢ式缸（如 H2：6）等。

T5④A：2、T8④A：1、T21④A：1 等 BⅣ式鬲，形式接近 BⅢ式，唯裆、足都变矮，足尖有内收趋势，具有向殷墟过渡的特征。Ⅴ式大口尊 T18④A：185 与郑州白家庄二里岗上层末期的大口尊极其相似（《文物参考资料》1956 年 4 期页 6，图 7），因此荆南寺夏商遗存第六期相当于二里岗上层二期和殷墟一期之间。

第七期 遗存很少，以 H10 为代表。典型器形有 BⅤ式鬲（H10：1、2），Ⅵ式大口尊（如 H10：7、T2④A：21），AⅣ式缸（如 H12：7），Ⅳ式釜（如 H10：4）、Ⅴ式釜（如 H10：3、5）等。

BⅤ式鬲 H10：1、2，与安阳大司空村出土的 Ⅰ式鬲 SH317：38 相同，均为侧方唇，唇下角不向内勾，体形正方，裆、足很矮（《殷墟发掘报告》页 132，图九九，1），时代为殷墟一期。H10：7 和 T2④A：21 的Ⅵ式大口尊，与河北藁城台西Ⅱ式大口尊 F6：55 基本相同，皆大口无肩（《藁城台西商代遗址》，页 50，图三四，2），时代亦为殷墟一期。因此判定荆南寺夏商遗存第六期相当于殷墟一期。

第八期 没有看到典型单位，只在上部地层中发现有少量的 E 型鼎，可能还有釜，但因缺少地层关系，所以无法确指。此类鼎形制独特，在本地区的周梁玉桥遗址中最为常见，据周梁玉桥遗址发据报告称，该遗址的上限可早到安阳殷代后半期，下限可能在西周早期①。荆南寺以 E 型鼎为代表的第八期遗存应与其同时。

（三）文化因素分析
荆南寺夏商时期遗存的文化因素很复杂，综合学者的观点和论述，将其分为五群。

---

① 沙市市博物馆：《湖北沙市周梁玉桥遗址试掘简报》，《文物资料丛刊》第 10 集。

表三　荆南寺遗址夏商时期典型陶器分期表

	A 型鬲	B 型鬲	大口尊	罐	釜（鼎）	缸
第一期				花边夹砂罐 H23：2	A 型鼎 H23：1	
第二期	AI式 H36②：17		I式 T48④F：13	I 式深腹罐 T13④C：41	I 式釜 H36②：19	
第三期	AⅡ式 H17：13	BⅠ式 H17：6	Ⅱ式 T48④D：19	I式深腹罐 H17：29	I 式釜 H70③：54	AⅠ式 H17：21
第四期	AⅢ式 H70②：1	BⅡ式 H15：7	Ⅲ式 T45④C：5	Ⅱ式深腹罐 H15：18	Ⅱ式釜 H70①：1	AⅡ式 T5④B：1
第五期		BⅢ式 H14：2	Ⅳ式 T24④B：12	Ⅲ式深腹罐 T11④A：45	Ⅲ式釜 H62：3	AⅢ式 H25：1
第六期		BⅣ式 T5④A：2	Ⅴ式 T18④A：185		Ⅳ式釜 H198：1	AⅢ H2：6
第七期		BⅤ式 H10：1	Ⅵ式 H10：7		Ⅴ式釜 H10：3	AⅣ式 H12：7
第八期					E 型鼎 T5④：1	

A 群　典型器物有一期的深腹盆形侧装足鼎、花边口沿夹砂罐，二期的 A 型鬲、Ⅰ式大口尊、Ⅰ式深腹夹砂罐。陶器多红褐色，饰细绳纹。鬲流行高联裆，足为包芯制法。A群主要流行于一、二期，而三、四期的 AⅡ、AⅢ式鬲只是一期 AⅠ式的延续和尾声。A群文化因素应是来自中原二里头文化，其典型器物数量很少，且又多见于一、二期，在荆南寺遗址中只占次要地位。

B 群　器物组合为 B 型鬲、Ⅱ～Ⅵ式大口尊、Ⅱ～Ⅲ式深腹夹砂罐、盆、假腹豆、簋、斝、A 型甗、爵、D 型小鼎、甑、A 型尊等。以灰陶为主，多饰绳纹、弦纹。此类陶器在形制、纹饰、陶色及变化规律上，均与郑州二里岗相同。因此荆南寺 B 群无疑是典型的二里岗早商文化因素，流行于三到七期。

C 群　主要有 A 式缸、鬶、研磨盘等。多红褐陶。A 式缸为大口，多拍方格纹，少数饰绳纹，数量很多，贯穿于二至七期。C 群因素可能来源于本地区新石器时代晚期，属土著因素。荆南寺遗址夏商文化层之下，直接叠压着龙山时代的遗存，其中就出有这几种器形。

D 群　典型器物有釜、B 型鼎、凸肩罐、凸肩杯、灯形器座、形如灯形器座的豆等。陶器多为黑陶，其次为灰陶，多素面。荆南寺 D 群因素应来源于渝东、鄂西长江干流沿岸及成都平原早期巴蜀文化的影响，主要流行于荆南寺夏商遗存的二、三期。

E 群　包括 F 型盘口罐形鼎、A 型壶、碗（如 H36①：23）。E 群器物散见于三至七期，数量很少，它们在湖南澧水上游早商时期青铜文化遗存中大量存在，应是其影响的产物。

F 群　印纹硬陶和原始瓷。数量极少，多为残片，器类有 C 型尊、H70①：32B 型甗、T3④B：30 瓮等。这类器物火候高，胎壁硬脆。纹饰多见小方格纹、乱回字纹、附加堆纹和密集弦纹。此群器物一直很少，它们是江西吴城地区印纹硬陶文化的产品。荆南寺遗址部分硬陶、原始瓷片标本的中子活化产地分析证明了这一点。

第六章　西周时期遗存

一　遗迹

西周时期的遗迹主要有灰坑和灰沟。其中灰坑 11 个，灰沟 1 条，即 H1、H60、H73、H75、H76、H120、H137、H154、H182、H187、H191、G2。举例叙述如下：

H60　位于 T47 东南角，开口于第③层下，打破第④A 层，土质较松软，土色呈黑灰色。平面为长条形，横断面一边较陡，一边较坡，坑口长约 250、宽 60～80 厘米，坑口到坑底深 25 厘米。坑内含陶片较少（图一三七）。

H73　位于 T62 中部，开口于第②层之下，压于 G2 之上。平面形状不规则，底部较平，坑口最长 450、深 35 厘米。填土为黑色，杂大量炭末，含较多陶片，可辨器形有鬲、盆、瓮、釜、鼎等（图一三八）。

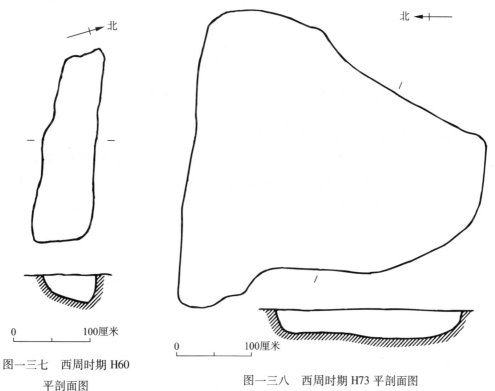

0　　　　　100厘米

图一三七　西周时期 H60
平剖面图

0　　　　　100厘米

图一三八　西周时期 H73 平剖面图

H75   位于 T62 与 T63 之间，开口于第③层之下。平面为长方形沟状，底较平。坑口长约8、宽约2.2、从坑口至底深约80厘米。坑中堆积分三小层，上层为黑土，内含卵石，最厚25厘米，中层为黑灰色土，有大量草木灰，含陶片、兽骨、草籽、烧土、炭末等，厚25～40厘米，下层为黄黑色土，夹陶片、炭末、兽骨、石块等，厚约30厘米。三层中的陶片没有明显区别（图一三九）。

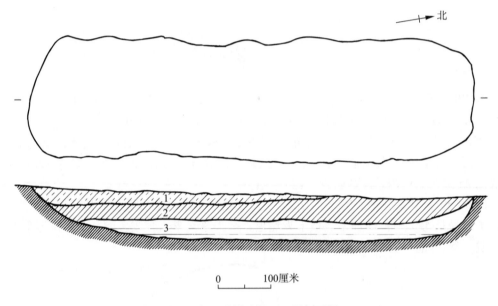

图一三九　西周时期 H75 平剖面图

H120   位于 T73 中南部，开口于第②层下，平面近似圆形，最大径150厘米，底部较平缓，东壁稍陡，坑口至坑底最深约50厘米。土色为灰黑色，疏松，夹大量炭末、烧土、陶片，还有石范。可辨识的陶器有盆、鬲、豆等（图一四○）。

G2   东西横跨 T62、T63，开口于第③层下，沟口较直，长约1100、宽200～220厘米。坑壁浅直，底较平缓，从口至底深30～40厘米。沟中堆积黄棕色土，夹少量陶片，可辨识的器形有西周晚期的鬲、瓮、豆、鼎等。此沟原来可能为天然的排水沟，后弃用成为垃圾坑（图一四一）。

二　遗物

（一）石器

石锛　3件。标本 T50③：47，长方形，刃部略弧，体较厚重。高6.8、刃宽5.4、最厚2厘米（图一四二，1）。标本 T45③B：10，梯形，带双肩，弧刃，刃端有缺损，磨光。

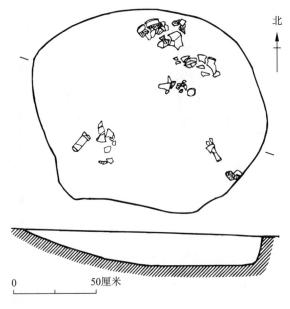

图一四〇　西周时期 H120 平剖面图

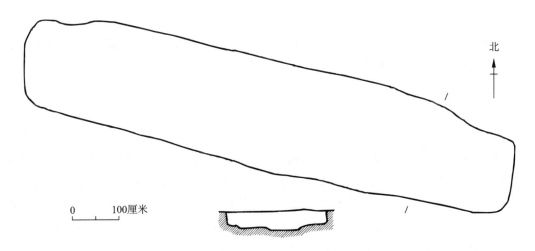

图一四一　西周时期 G2 平剖面图

长 6.8、刃部残宽 5.2、最厚 1.4 厘米（图一四二，2）。

杵　1 件。标本 H120：45，圆柱状，分两段，上段残，较粗。下段较细长，顶面为圆弧形。残长 13.4、下端直径 4.8 厘米（图一四二，3）。

（二）陶器

陶系分夹砂和泥质两类。夹砂陶中，以夹砂红陶和夹砂褐陶为主，还有少量的夹砂灰陶和夹砂黑陶。泥质陶中有泥质灰陶、泥质黑皮红胎陶、泥质红陶。夹砂陶远多于泥质陶。

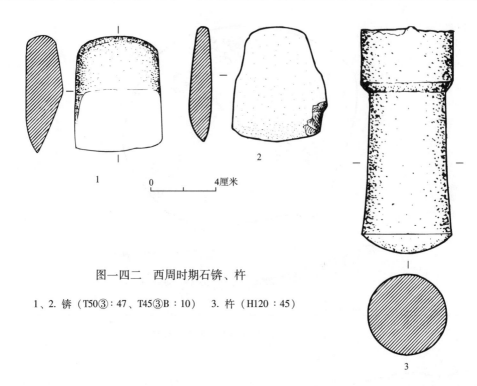

图一四二　西周时期石锛、杵

1、2. 锛（T50③：47、T45③B：10）　　3. 杵（H120：45）

纹饰中绝大多数为中绳纹和粗绳纹，另有少量的凹弦纹和附加堆纹。器类中以鬲数量最多，其他有甗、豆、盆、罐等。

鬲　分四型。

A 型　大口，口径大于肩径，瘪裆。标本 T3③：31，卷沿，圆唇，深腹，上腹略鼓，下腹渐内收，弧形联裆较内瘪，三柱状足靠拢。夹砂红陶，器表饰较细的绳纹，肩及上腹饰三道凹弦纹，足部有明显的竖向刮削痕迹。口径 33、高 37 厘米（图一四三，1；彩版七，4）。标本 H121：1，卷沿，方唇，鼓肩，下腹急向内收束，弧形联裆内瘪，柱足尖残。夹砂红陶，饰中绳纹。口径 15.2、残高 12 厘米（图一四三，2）。标本 H1：11，卷沿，方唇，上腹较鼓，下腹内收，联裆内瘪，柱足尖残。夹砂红褐陶，饰斜绳纹。口径 14.8、残高 14 厘米（图一四三，3）。标本 G2：1，卷沿，圆唇，上腹稍鼓，下腹渐内收，弧形联裆内瘪较甚。夹砂褐陶，器表饰绳纹，颈部绳纹被抹平。肩部压四道凹弦纹，肩部与足对应处饰椭圆形泥饼共三个，足尖有纵向刮削痕迹。口径 23、高 21.3 厘米（图一四三，4；图版三〇，1）。

B 型　大口，口径略小于肩径，裆稍内瘪。标本 T18③：51，卷沿，方唇，鼓肩，深腹，下腹及袋足稍向内收，联裆，裆稍向内瘪，锥形柱足。夹砂红褐陶，从颈到足尖饰中绳纹，颈部绳纹被抹平，颈肩处各有一道凹弦纹。口径 24、高 25.6 厘米（图一四四，4；彩版七，5）。标本 H75：1，卷沿，方唇，上腹鼓，联裆，裆稍内瘪，足残。夹砂红陶，

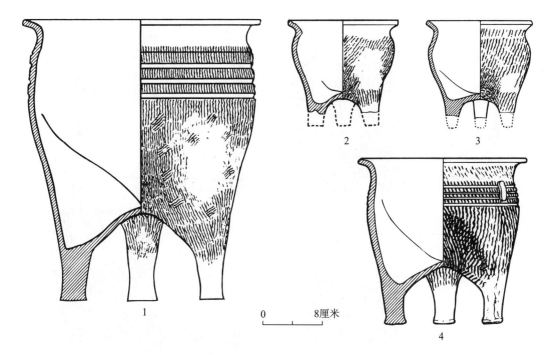

图一四三　西周时期 A 型陶鬲

1～4. T3③：31、H121：1、H1：11、G2：1

饰较粗的绳纹，上腹饰三道凹弦纹。口径25.5、高22厘米（图一四四，1）。标本 H75：2，卷沿，方唇，束颈，腹残。夹砂灰陶，胎较薄，口沿以下饰绳纹，下腹饰多道凹弦纹。口径20.4、残高14厘米（图一四四，2）。标本 T45③A：7，方唇，束颈，肩部略带折痕，深腹，裆与足残。夹砂褐陶，饰斜绳纹，肩部饰二道凹弦纹。口径20.6、残高20厘米（图一四四，3）。

C 型　口径显著小于肩径，仅发现1件。标本 H1：1，口沿略残，深鼓腹，联裆较平，裆不向内瘪，柱形足。夹砂红陶，饰绳纹，上腹有二道凹弦纹。口径复原约为18.8、高约30.5厘米（图一四四，5）。

D 型　只发现1件。标本 H191：1，卷沿，侧方唇，唇面内凹，唇下端凸出呈锐三角形，束领，腹微鼓，联裆近平，裆部不向内瘪，锥形足，足尖平。夹砂红陶，饰粗绳纹，腹中划二道凹弦纹，颈、足素面，足部有刮削痕迹。口径20.6、高20.2厘米（图一四四，6；图版三〇，2）。

盆　复原1件。标本 H73：1，卷沿，束颈，鼓肩，深腹，凹底。夹细砂红陶，腹和底外饰绳纹，口径27.2、高20厘米（图一四五，2；图版三一，1）。标本 H137：1，折沿，束颈，肩较鼓，深弧腹，小凹底。泥质灰陶，颈部划曲折纹，腹部拍方格纹，口径28.8、高19.8厘米（图一四五，1；图版三一，2）。

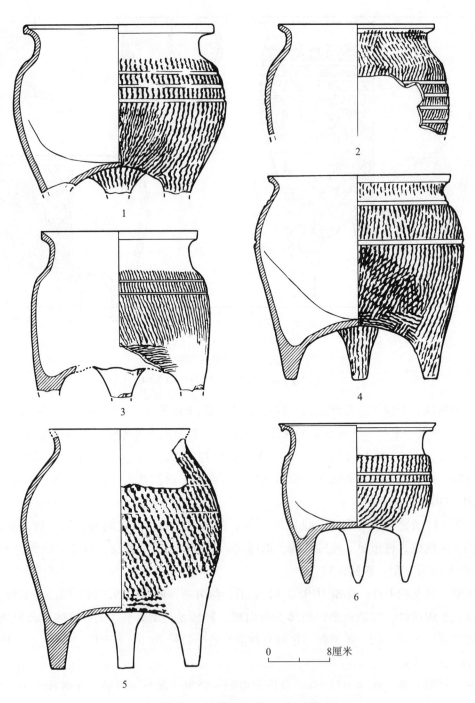

图一四四　西周时期 B、C、D 型陶鬲

1~4. B 型（H75：1、H75：2、T45③A：7、T18③：51）　　5. C 型（H1：1）　　6. D 型（H191：1）

豆　皆为残器。标本 H1：2，浅盘，喇叭形圈足上部残，泥质黑皮红胎陶。口径18.8、高约 13.5 厘米（图一四五，3）。标本 H73：2，盘较浅，残柄较细，泥质灰陶，柄上端有一周凹弦纹，近盘处有一倒三角形镂孔。口径 18.8、残高 12.2 厘米（图一四五，4）。标本 H75：3，盘弧腹较浅，残柄较细，柄上有凹弦纹，泥质深灰陶。口径 18.8、残高 12.4 厘米（图一四五，5）。标本 H73：3，浅盘，残柄较细，泥质红陶，盘径 19.4、残高 9.6 厘米（图一四五，6）。标本 T2③B：18，仅存圈足，喇叭形，下端有台座。泥质红胎黑皮陶，圈足底径 14.2 厘米（图一四五，7）。

图一四五　西周时期陶盆、豆、壶

1、2. 盆（H137：1、H73：1）　3~7. 豆（H1：2、H73：2、H75：3、

H73：3、T2③B：18）　8. 壶（H176：2）

壶　标本 H176：2，小折沿，颈下部略收，广肩，圆鼓腹，平底。泥质红陶，肩腹间有一道明显的折痕，口径 12、高 26.4 厘米（图一四五，8；图版三〇，3）。

纺轮　仅发现 1 件，标本 T40③A：3，体较厚，直径较大，一面平，另一面微鼓，直径 5、厚 0.9 厘米（图一四六，1）。

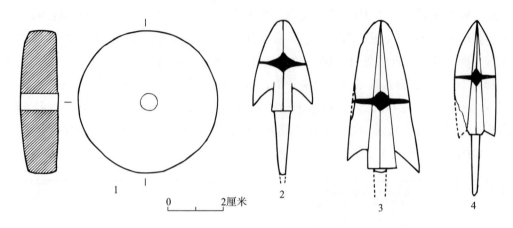

图一四六　西周时期陶纺轮、铜镞

1. 陶纺轮（T40③A∶3）　　2~4. 铜镞（T40③A∶5、H75∶51、T63③∶18）

（三）铜器

仅发现3件铜镞。标本T40③A∶5，前锋较钝，宽翼，后锋尖锐，本向内凹，脊为棱形，铤略残。后锋间宽2.1、残长5.4厘米（图一四六，2）。标本H75∶51，前锋较钝，翼较宽，后锋长短不一，脊为棱形，铤残。后锋间宽2.4、残长5.2厘米（图一四六，3）。标本T63③∶18，前锋尖锐，窄翼收削，后锋尖短，脊呈棱形，短铤。后锋间宽约1.3、长6.2厘米（图一四六，4）。

三　小结

荆南寺遗址西周遗存分布较稀薄，部分探方没有发现。灰坑和灰沟没有人为加工的痕迹，属于倾倒生活垃圾的天然洼坑或洼沟。

陶系以夹细砂红陶（或红褐陶）为主，陶器主要有鬲、罐、豆、盆等。鬲的基本特点是卷沿，联裆，大多数鬲的裆部程度不同地向内瘪。这些特点都与北方西周文化的鬲相同或相似。

在鄂西南地区除荆南寺外，发现的西周遗存中，比较重要的有当阳磨盘山遗址①、赵家湖墓地②、当阳杨木岗遗址③、秭归官庄坪遗址④等。这些遗存的年代绝大多数为西周晚期。荆南寺遗址西周陶器和这些遗存相比，有很多相似之处，例如荆南寺遗址的A、B型

① 宜昌地区博物馆：《当阳磨盘山西周遗址试掘简报》，《江汉考古》1984年第2期。

② 湖北省宜昌地区博物馆、北京大学考古系：《当阳赵家湖楚墓》，文物出版社，1992年。

③ 湖北省博物馆：《当阳冯山、杨木岗遗址试掘简报》，《江汉考古》1983年第1期。

④ 胡雅丽、王红星：《秭归官庄坪遗址试掘简报》，《江汉考古》1984年第3期；《秭归官庄坪周代遗址初析》，《江汉考古》1984年第4期。

鬲在磨盘山和官庄坪都比较多见，带方唇的 D 型鼎在磨盘山也不少。陶器纹饰上，荆南寺、官庄坪和磨盘山陶鬲上都流行粗绳纹。荆南寺遗址的豆为浅弧盘，细高圈足，和磨盘山、官庄坪、赵家湖西周晚期的高圈足豆几乎相同。通过比较，可以知道，荆南寺遗址西周遗存的年代绝大多数也应为西周晚期，只有个别的略早。

　　荆南寺遗址的 B～D 型鬲，联裆较平缓，裆侧面较饱满，无内瘪现象，鬲足较高。这些特点均为东周时期的楚式鬲所承袭。荆南寺遗址的高圈足豆与当地东周时期的高圈足豆相比，也相当近似，二者应有发展关系。

第七章　东周时期遗存

一　遗迹

东周时期遗迹主要有房屋、灰坑、灰沟、水井、瓮棺葬等。

（一）房屋

共发现 5 座房基，编号为 F2、F5、F6、F7、F8，集中分布于现存遗址北端的中部，具体位置是：F2 位于 T33、T36，F5 位于 T46、T49，F6 位于 T51、T52 北端，F7 位于 T47，F8 位于 T51。5 座房基中，仅 F2 平面较清楚，其他房基均破坏严重，有的只剩一道墙，或一两个柱洞。这里只介绍 F2。

F2　叠压于第②层之下，西南角被西汉墓 M21 打破。房基平面略呈方形，为西南、东北方向，南北长 610、东西宽 575 厘米。房基的筑法是：先在地面开挖 30 ~ 75 厘米深的浅坑，然后填上黄褐色土并加以夯实。夯窝为圆形，直径 5 ~ 6、深 0.2 ~ 0.4 厘米。居住面上铺 5 ~ 10 厘米厚的深黄色土。房基上留有柱洞 7 个，排列无明显规律，柱洞直径 25 ~ 54 厘米、深 15 ~ 18 厘米。房基内多出绳纹瓦及少许商代陶片（图一四七）。

（二）灰坑

共发现 21 个，分布无规律。平面有圆形、椭圆形、长方形、长条形、不规则形等，分别举例。

1. 圆形灰坑

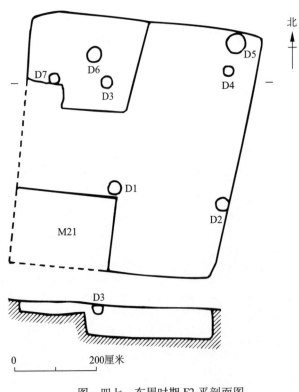

图一四七　东周时期 F2 平剖面图

H59　位于 T50、T53 之间，打破第②B 层，坑口直径约 192 厘米，灰坑剖面呈锅形，从坑口到坑底深约 54 厘米。坑内堆积分两层，第 1 层为灰黄色土，质较坚硬。第 2 层土色泛红，质亦较硬。两层出土物相同，可辨陶器有筒瓦、豆、罐等，年代为战国晚期（图一四八）。

H77　位于 T65 南边，开口于第②A 层之下，坑口近似圆形，最大径 168 厘米。底部不甚规则，坑壁一侧较陡，另一侧较缓。从坑口到坑底深约 40 厘米。填土为灰色，较坚硬，包含的陶片有瓦、鬲、豆、盆等（图一四九）。

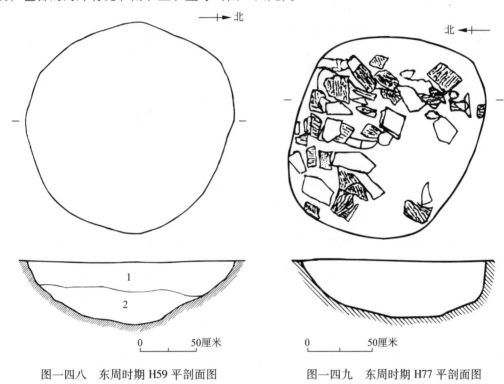

图一四八　东周时期 H59 平剖面图　　　　　图一四九　东周时期 H77 平剖面图

H80　位于 T60、T61 之间，开口于第②层之下，坑口近似圆形，直径 150～190 厘米，坑壁比较特殊，口大底大腰小，底平，底径与口径接近。从坑口到坑底深 220 厘米。填土为青灰色，下部转黄。包含物比较单纯，主要是板瓦和筒瓦，以及个别的盆、罐，还有一些兽骨。从形状看，此坑原来当由人工挖成，作窖穴等使用，后废弃成为垃圾坑（图一五〇）。

H119　位于 T78 东北侧，开口于第①层之下，打破 H20。坑口近似圆形，直径 120 厘米左右。坑壁较斜直，坑底较平，形状与坑口相似，坑口至坑底深 45 厘米。坑内填灰色黏土，可辨器形有壶、豆、碗、瓦等。此坑壁和底部规整，应是由人工挖成，用途不明，废弃后成为垃圾坑（图一五一）。

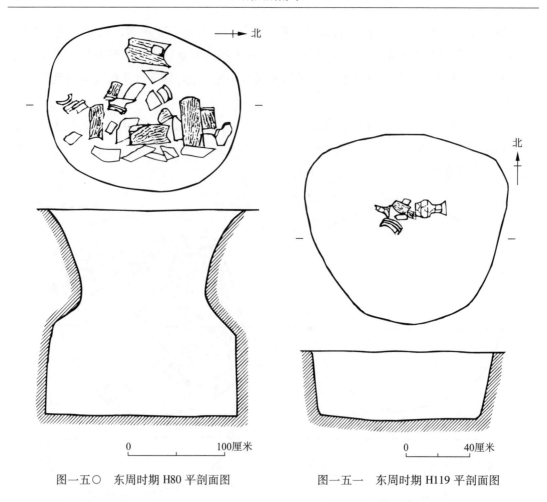

图一五〇　东周时期 H80 平剖面图　　　　图一五一　东周时期 H119 平剖面图

2. 椭圆形灰坑

H97　位于 T56 中南部，开口于第②层之下，坑口平面近似长椭圆形，长径170、短径125厘米，从坑口到坑底深35厘米。填土为灰黄色黏土，包含的陶片有瓦、豆、盆等（图一五二）。

H118　位于 T76 中部，开口于第②D 层之下，坑口近似长椭圆形，长径230、短径130厘米。坑壁斜直，坑底较平，坑底略小于坑口，从坑口到坑底深50厘米。填土为黄灰色，陶片中可辨器形有瓦、鬲、盆、罐等。此坑壁和底部规整，原来当由人工挖成，废弃后成为垃圾坑（图一五三）。

3. 长方形灰坑

H235　位于 T107 西侧，开口于第②A 层之下，坑口呈长方形，长270、宽160厘米。坑壁陡直，坑底平，底与口大小相同，从坑口到坑底深45厘米。坑内堆满筒瓦与板瓦的碎片。从形状看，此坑应为人工挖成，用途不明，废弃后成为垃圾坑（图一五四）。

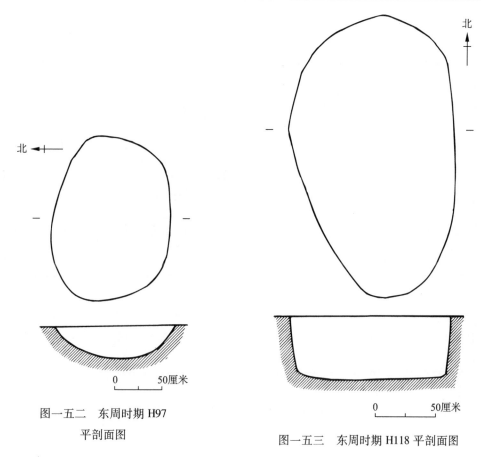

图一五二　东周时期 H97
平剖面图

图一五三　东周时期 H118 平剖面图

4. 长条形灰坑

H84　位于 T56 及 T57 中间，开口于第②A 层之下，长 360、宽约 100 厘米。纵剖面为浅弧形，从坑口到坑底深 60 厘米。坑中堆积黄色黏土，包含的陶片有瓦、罐、盆等（图一五五）。

5. 不规则形灰坑

H11　位于 T10 和 T11 北侧，开口于第②A 层之下，坑口东西长 310、南北最宽 172 厘米，坑的剖面近似锅底形，从坑口到坑底最深 72 厘米。坑内堆积黑灰色土，较松软，包含物较多，陶器有罐、豆、盆、瓦等（图一五六）。

H128　位于 T79 西南，开口于第①层之下，坑口为不规则形，东西长约 238、南北最宽 150 厘米。坑剖面为浅弧形，底较平坦，从坑口到坑底约 40 厘米。填土为黑色黏土，夹较多草木灰，质松软。包含的陶器碎片有瓦、鬲、盆、缸等（图一五七）。

H157　位于 T85 西南侧，开口于第②C 层之下，东西约 105、南北约 100 厘米。坑壁斜陡，底部较平。从坑口到坑底深 52 厘米。坑内填土为黄黑色，杂较多炭和红烧土碎末，质疏松。出土遗物有瓦、豆、盆、罐等碎片，此坑似为建筑垃圾坑（图一五八）。

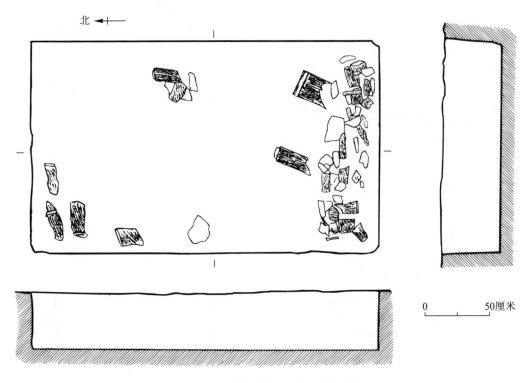

图一五四　东周时期 H235 平剖面图

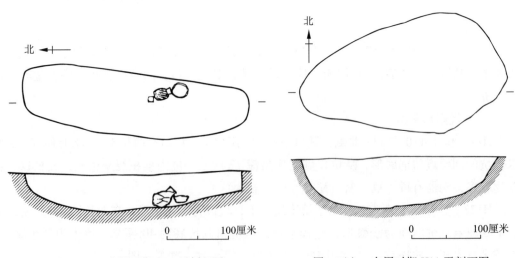

图一五五　东周时期 H84 平剖面图　　　　图一五六　东周时期 H11 平剖面图

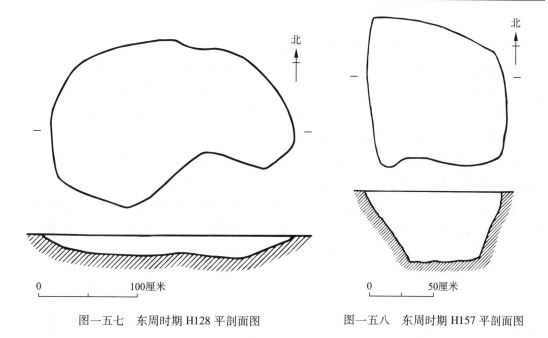

图一五七　东周时期 H128 平剖面图　　　　图一五八　东周时期 H157 平剖面图

（三）灰沟：

共发现 4 条，皆为天然排水沟，沟中淤积有东周时期遗存，举例说明。

G5　横跨 T78、T79 两个探方，开口于第②层之下，沟口形状不规则，东侧较宽，西侧较窄，长约 680、宽 60～215 厘米。沟底狭窄，呈长条形，长 580、宽约 20 厘米。沟壁上端较坡，下端较陡。沟口到沟底深约 90 厘米。沟中堆积上部为灰色黏土，下部为黄绿色砂性土。上下土质均较松软。沟中出土陶器有瓦、盆、豆等日用品（图一五九）。

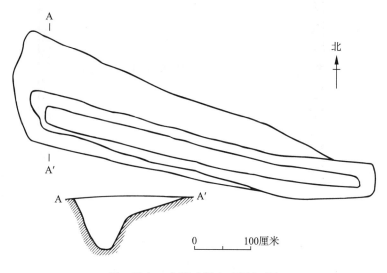

图一五九　东周时期 G5 平剖面图

（四）水井

经确认的水井有 17 口，其编号和位置是：J1 位于 T67 中间偏南，J2 位于 T58 中部，J4 位于 T76 西南角，J5 位于 T76 东边，J6 位于 T70 北边，J7 位于 T70 东边，J8 位于 T77 南边，J9 位于 T89 东南角，J10 位于 T90 西边，J11 位于 T85 西南角，J12 位于 T93 中间，J14 位于 T108 西边，J15 位于 T109 东北角，J16 位于 T109 东南角，J17 位于 T103 东南角，J18 位于 T114 南边，J56 位于 T45 南边。举例说明。

J2　开口于第②层下，井口为圆形，直径110、从口至底深240厘米，下部进入生土，壁陡直，底平，填土为灰黑色，含有东周瓦片及盆、罐、豆等碎片（图一六〇）。

J4　开口于第②D 下，井口受挤压成椭圆形，直径约 100 厘米。井壁陡直，深 380 厘米，下部进入生土。填土为灰色，夹大量草木灰，质疏松。井内陶器有板瓦、盆、罐、豆等（图一六一）。

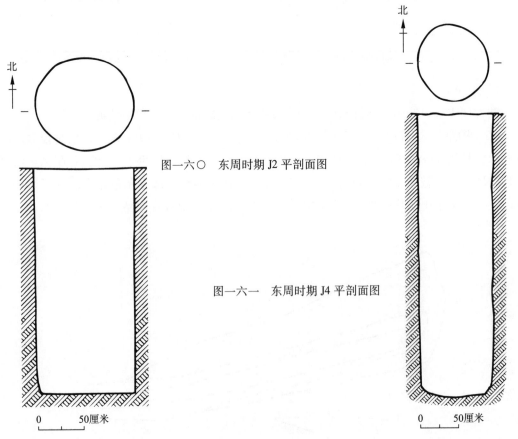

图一六〇　东周时期 J2 平剖面图

图一六一　东周时期 J4 平剖面图

J8　开口于第②D 层下，井口为圆形，局部略变形，直径约 88 厘米。井壁陡直，深约 300 厘米，下部进入生土，底部较平。填土为灰色，较疏松。出土陶器有东周板瓦、罐、盆、鬲等（图一六二）。

J11　发现于 H157 之下，打破 H76，井口为圆形，直径 145 厘米。壁上端为直圆筒形，下段不规则，应是塌方所致，底较小。从口到底深 195 厘米。井内堆积分三层：第 1 层土为黄灰色，夹大量战国瓦、豆、盆等残片。第 2 层土为含草木灰的黑灰色泥炭层，杂大量东周时期的瓦、碗、长颈壶等残器。第 3 层土为黄黑色，出较多的半残陶器，如鬲、罐、豆等（图一六三）。

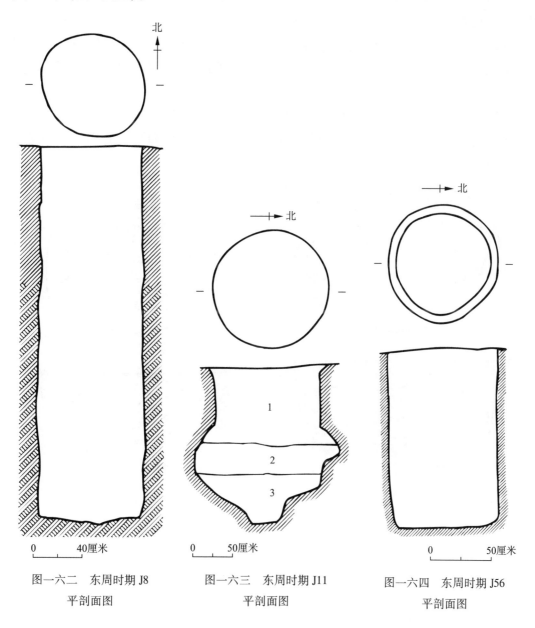

图一六二　东周时期 J8
平剖面图

图一六三　东周时期 J11
平剖面图

图一六四　东周时期 J56
平剖面图

J56   发掘中定为灰坑，编号为 H56，整理中确认为水井。开口于第②C 层之下，井口为圆形，直径 90 厘米。井壁陡直，井壁上抹一层黄黏土。从口到底残深 150 厘米。井内堆积可分两层：上层为黑黄色黏土，杂有炭渣、红烧土块。下层为黄色黏土。两层所出陶器相同，有瓦、盆、豆等（图一六四）。

（五）瓮棺

经确认有 3 座，其编号和位置是：W1 位于 T12 内，W2 位于 T48 内，W4 位于 T109 内，举例说明。

W1   开口于第②层之下，坑口为椭圆形，最大径约 86 厘米，坑壁为斜坡形，底略小，从坑口到坑底深 35 厘米。葬具为一瓮一盆互相扣接，未发现人骨和随葬品（图一六五）。

W2   开口于第②层之下，打破 F8，土坑呈椭圆形，长径 76、短径 55 厘米，坑内瓮棺作东西向放置，瓮口朝东，瓮口上盖有陶片。从坑口至坑底深约 32 厘米，填土为灰黄色，未发现随葬品及骨骼（图一六六）。

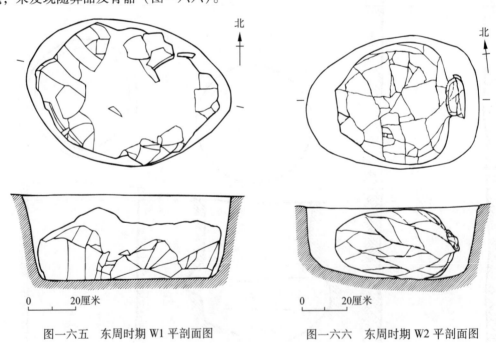

图一六五   东周时期 W1 平剖面图   图一六六   东周时期 W2 平剖面图

二   遗物

（一）陶器

器类主要有瓦、鬲、罐、瓮、盆、壶、豆、器座、纺轮等。

　　板瓦　表面较平，横断面略带弧度，泥质灰陶，数量极多，均破碎。标本 T12②A：101，一端有子口，表面饰斜绳纹，残长 20.4、残宽 15 厘米（图一六七，1）。标本 T12②A：102，一端带子口，饰绳纹，残长 19.2、残宽 15、厚 0.8 厘米（图一六七，2）。

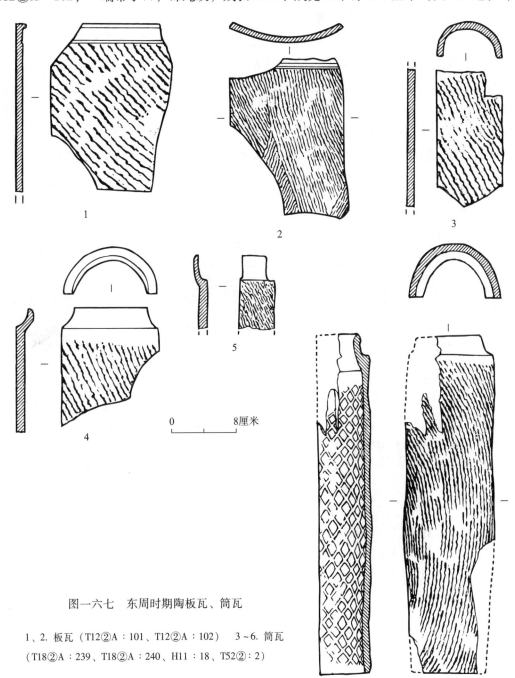

图一六七　东周时期陶板瓦、筒瓦

1、2. 板瓦（T12②A：101、T12②A：102）　　3～6. 筒瓦
（T18②A：239、T18②A：240、H11：18、T52②：2）

　　筒瓦　横断面呈半圆形，泥质灰陶，数量也极多，皆残。标本 T18②A：239，残长16、宽8、厚0.8厘米，饰绳纹（图一六七，3）。标本 T18②A：240，一端有子口，饰绳纹，残长14、残宽12、厚1厘米（图一六七，4）。H11：18，带子口，胎较厚，饰绳纹，残长8.8、残宽4、厚1.2厘米（图一六七，5）。标本 T52②：2，较完整，一端带子口，外表拍绳纹，内侧留有席纹印痕，长40、宽11.4、厚1厘米（图一六七，6）。

　　鬲　发现比较少。标本 H46：1，折沿方唇，沿近平，小口束颈，鼓腹，联裆微向下弧，高柱形足，夹砂灰陶，肩以下及足部饰绳纹，上腹绳纹被抹断两周。口径16.4、高23.2厘米（图一六八，1）。标本 J1：2，小口折沿，沿面上有一周凸棱，鼓腹较浅，联裆微向下弧，柱足残，夹砂灰陶，足为褐色，肩以下及足部饰绳纹，肩部绳纹被抹平，肩部有一道凹弦纹，腹部有二道手指抹痕，口径18.8、高21.2厘米（图一六八，2）。

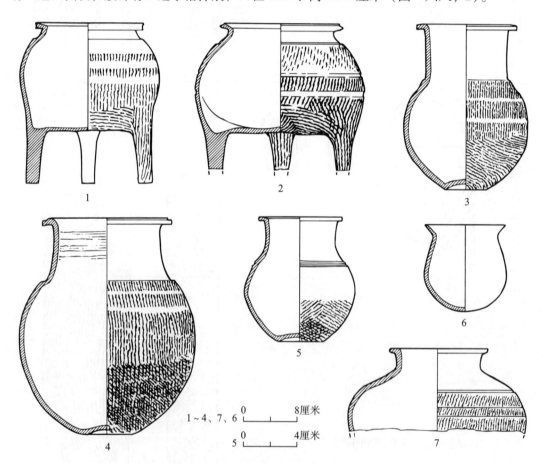

图一六八　东周时期陶鬲、罐

1、2. 鬲（H46：1、J1：2）　　3～5. A 型罐（J11：5、H11：2、J11：2）

6. B 型罐（H196：2）　　7. C 型罐（H11：38）

罐　常见陶器，泥质灰陶，分三型。

A 型　长颈，鼓腹。标本 J11：2，平折沿，凹底，肩部饰凸弦纹，下腹饰绳纹，口径 12.4、高 18 厘米（图一六八，5）。标本 J11：5，折沿略向外翻，方唇，长直颈，深腹，小凹底，上腹饰间断绳纹，下腹饰斜绳纹，口径 14.8、高 24 厘米（图一六八，3；图版三〇，4）。标本 H11：2，折沿外翻，长颈微向内束，肩部有小台坎，小凹底，肩部饰间断绳纹，下腹饰交错绳纹，口径 19.8、高 31 厘米（图一六八，4）。

B 型　1 件。标本 H196：2，手捏而成，卷沿，下腹稍鼓，圜底，泥质灰陶，口径 6、高 6.4 厘米（图一六八，6）。

C 型　1 件，残。标本 H11：38，小口，平折沿，短颈较直，广肩圆鼓，泥质灰陶，饰间断绳纹，口径 14.8、残高 11.6 厘米（图一六八，7）。

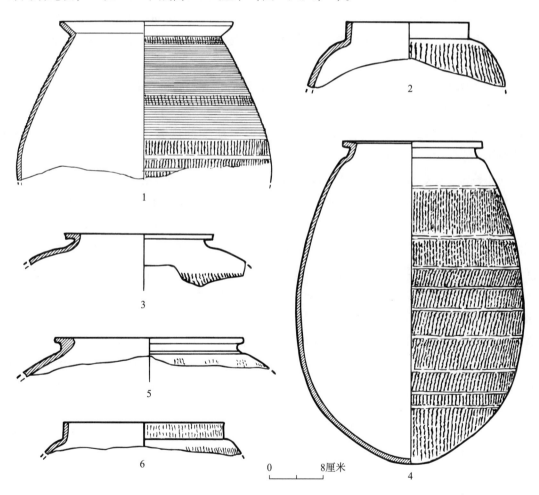

0　　　　　8厘米

图一六九　东周时期陶瓮

1~6. T13②C：2、T18②A：31、T42②B：38、W2：1、T42②B：46、T42②B：37

瓮 数量比较多，有的被用作瓮棺葬具。标本T13②C：2，折沿，深弧腹，下腹残，泥质灰陶，上腹饰47道弦纹，中腹饰间断绳纹，口径26、残高23.2厘米（图一六九，1）。标本W2：1，折沿方唇，短颈内束，深弧腹呈腰鼓形，小圜底，泥质灰陶，饰间断绳纹，口径20.8、高46.4、腹径34.4厘米（图一六九，4；图版三三，1）。标本T18②A：31，残，平折沿，方唇，广肩，泥质灰陶，饰绳纹，口径22厘米（图一六九，2）。标本T42②B：38，残，矮直领，广肩，泥质灰陶，饰竖绳纹，口径18厘米（图一六九，3）。标本T42②B：37，残，矮直领，鼓肩，泥质灰陶，领及肩部拍绳纹，口径24厘米（图一六九，6）。标本T42②B：46，残，小折沿，短颈，泥质灰陶，口径28厘米，肩上饰稀疏的绳纹（图一六九，5）。标本W1：2，矮直领，唇微侈，广肩，圆鼓腹，下腹内收，近底处向内弧凹，小平底，泥质灰陶，饰以竖压横的规整细绳纹，口径30、高50厘米（图一七〇，1；图版三三，2）。标本W4：2，直领残，深腹，上腹圆鼓，下腹较瘦长，壁向内弧收，小平底，泥质灰陶，饰竖绳纹，腹径54、底径13.5、残高52厘米（图一七〇，2）。

釜 发现2件。标本T22②：2，卷沿束颈，溜肩，扁鼓腹，大圜底。夹砂灰陶，饰间断方格纹，口径12、高14厘米（图一七一，1）。标本T22②：1，卷沿束颈，肩部有缓坡状的小台坎，扁鼓腹，大圜底。夹砂灰陶，饰以竖压横的规整细绳纹，口径11.6、高15.8厘米（图一七一，2）。

盆 数量很多，泥质灰陶，依腹部不同分二型。

A型 弧腹。标本H11：21，宽平折沿，短颈内束，弧腹，底略凹。沿面上有密集的同心瓦楞形纹，腹及底外饰绳纹，口径42.8、腹径39.2、高23.6厘米（图一七一，3；图版三一，3）。H11：33，宽平折沿，短颈内束，弧腹，下腹较瘦，小凹底。饰绳纹，沿面上有同心的瓦楞形纹，口径43、高12、底径12.4厘米（图一七一，4）。标本T13②C：1，平折沿，短束颈，鼓腹，底微凹。肩部有二道凹弦纹，饰绳纹，口径41、高26.8、最大腹径43.2厘米（图一七一，8；图版三一，4）。标本T67②C：1，斜折沿，鼓肩，下腹较瘦，凹底。肩部饰一周凸弦纹，中腹以下饰绳纹，口径44.5、高25.5厘米（图一七二，1；图版三二，1）。标本H11：19，折沿，短颈内束，上腹较鼓，平底。饰绳纹，口径29.2、高11厘米（图一七一，5）。标本H11：1，折沿，上腹较鼓，底残。肩部饰密集的凸弦纹，上腹饰直绳纹，下腹饰横绳纹，口径25.4、残高15.4厘米（图一七一，6）。标本T18②A：235，残，平折沿，短颈内束，弧腹，饰绳纹，口径36厘米（图一七二，2）。标本T11②A：10，残，宽折沿，短颈内束，沿面上有多道瓦楞形纹，表面饰绳纹（图一七一，7）。标本T18②A：236，平折沿，沿面中间有凹槽，短颈内束，口径40厘米（图一七二，3）。

B型 折肩，深斜腹，平底，数量少于A型。标本T46②A：1，平折沿，直颈，大平

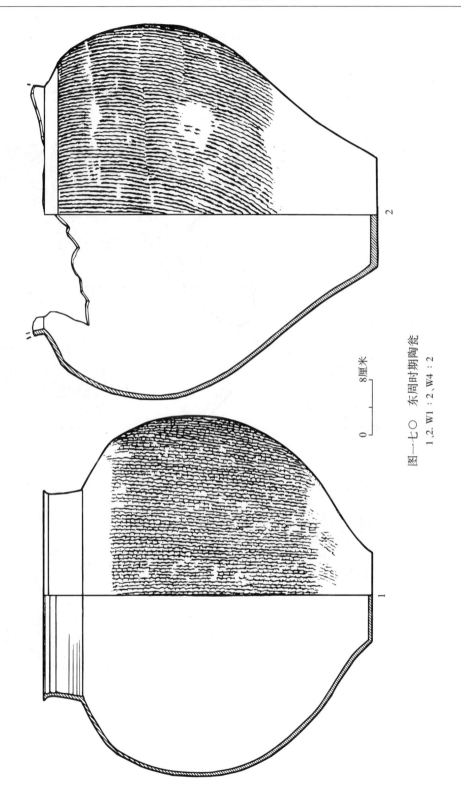

图一七〇　东周时期陶瓮

1,2. W1∶2，W4∶2

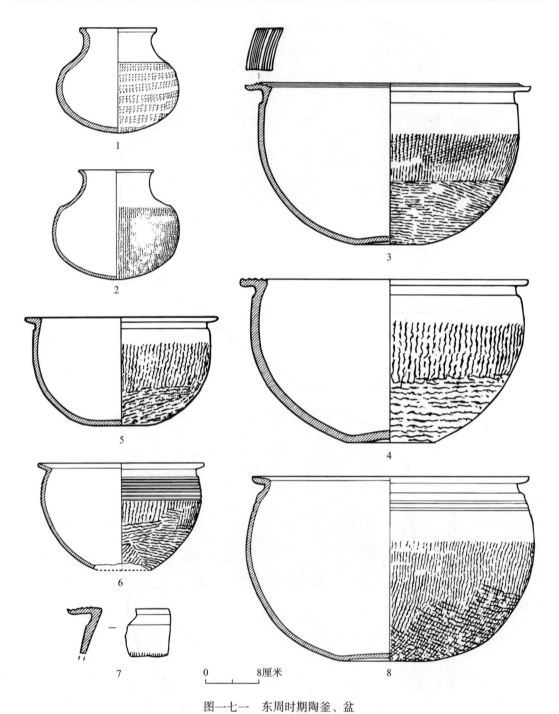

0　　　　8厘米

图一七一　东周时期陶釜、盆

1、2. 釜（T22②：2、T22②：1）　3～8. A型盆（H11：21、H11：33、H11：19、

H11：1、T11②A：10、T13②C：1）

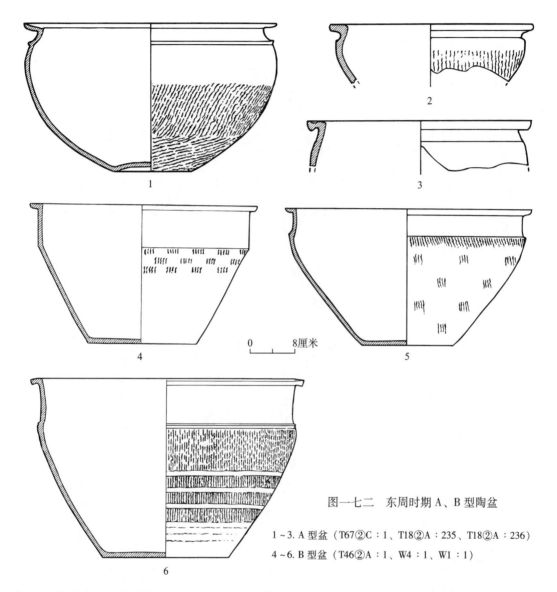

图一七二　东周时期 A、B 型陶盆

1~3. A 型盆（T67②C：1、T18②A：235、T18②A：236）
4~6. B 型盆（T46②A：1、W4：1、W1：1）

底，上腹饰有少量间断绳纹，口径 40.4、高 24 厘米（图一七二，4；图版三二，2）。标本 W4：1，折沿，短颈内束，肩、腹部饰间断绳纹，口径 44、高 23.6 厘米（图一七二，5；图版三二，3）。标本 W1：1，直颈内束，肩部饰一周凸弦纹，腹部饰间断绳纹，口径 48、高 30.8 厘米（图一七二，6；图版三二，4）。

豆　数量较多，泥质灰陶，分二式。

Ⅰ式：盘口径较大，弧壁较深，圈足为细喇叭形，底端台座直径较大。标本 T69② A：1，敛口，圈足较短，口径 17.6、高 14.2 厘米（图一七三，2）。标本 H11：3，圈足较短，口径 16.4、高 12.4 厘米（图一七三，3；图版三四，1）。标本 J11：3，口径 15.8、

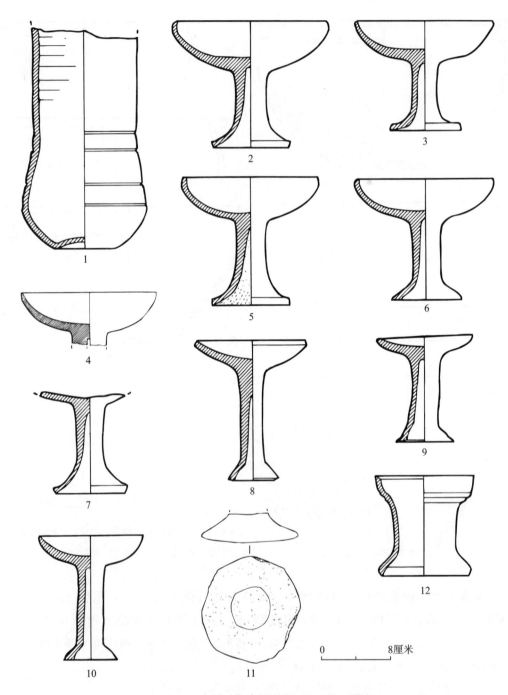

图一七三　东周时期陶长颈壶、豆、垫、器座

1. 壶（J11：4）　　2～7. Ⅰ式豆（T69②A：1、H11：3、T42②B：40、T13②B：1、J11：3、T75②B：1）

8～10. Ⅱ式豆（H155：1、J11：1、T67②C：2）　　11. 垫（T11②A：14）　　12. 器座（T37②B：5）

高 14 厘米（图一七三，6）。标本 T13②B：1，圈足较细长，圈足内侧有雨点形划纹，口径 16、高 14.4 厘米（图一七三，5；图版三四，2）。标本 T42②B：40，口径 16、残高 5.8 厘米（图一七三，4）。标本 T75②B：1，盘残，圈足径 9、残高 11.6 厘米（图一七三，7）。

Ⅱ式：浅盘，盘口径较小，圈足细直，底端台座直径较小。标本 H155：1，盘极浅，斜壁，口径 13、高 15.6 厘米（图一七三，8）。标本 J11：1，器形不太规则，盘极浅，斜壁，口径 11.5、高 12 厘米（图一七三，9）。标本 T67②C：2，盘为浅弧腹，口径 12.4、高 14 厘米（图一七三，10）。

长颈壶 发现 1 件，标本 J11：4，口沿残，颈长直，腹微鼓，凹底，颈腹部有四道凹弦纹，泥质灰陶，最大腹径 14.8、残高 24 厘米（图一七三，1；图版三三，3）。

陶垫 制陶工具，发现 1 件。标本 T11②A：14，把手残，侧视似喇叭形，底面圆形，微向外弧凸，泥质红陶，底径 12、残高 3.2 厘米（图一七三，11）。

器座 发现 2 件，形式相同。标本 T37②B：5，亚腰形，泥质黑陶，上端饰凹弦纹，口径 11.6、高 10.8 厘米（图一七三，12）。

纺轮 依边缘形状分三型。

A 型 数量最多，边缘侧面中间向外凸出。标本 T43②C：1，泥质红陶，体厚，边缘侧面中间凸出成锐角，直径 4.2、厚 2 厘米（图一七四，1）。标本 T43②D：1，泥质红陶，体较厚，边缘侧面中间凸出成锐角，直径 3.6、厚 1.3 厘米（图一七四，2）。标本 T84②C：1，泥质灰陶，体较厚，边缘中间凸出成锐角，直径 3.2、厚 1.5 厘米（图一七四，5）。标本 T16②：1，泥质红陶，体厚，边缘侧面中间凸出成钝角，直径 2.8、厚 1.9 厘米（图一七四，6）。标本 T81②A：1，泥质红陶，体厚，边缘侧面中间凸出成钝角，直径 3.8、厚 1.8 厘米（图一七四，3）。标本 T18②：1，泥质灰陶，体极厚，边缘侧面中间凸出成弧形，直径 4.4、厚 2.5 厘米（图一七四，4）。

B 型 数量少，边缘侧面平直。标本 T18②B：240，泥质红陶，体特厚，口径 4.2、厚 2.3 厘米（图一七四，9）。标本 T25②：1，泥质灰陶，体薄，直径 3.6、厚 0.7 厘米（图一四七，8）。

C 型 发现 1 件，标本 T30②B：1，横剖面近似梯形，边缘侧面呈弧坡形，直径 3.1、厚 1 厘米（图一七四，7）。

（二）铜器

有带钩、勺、箭镞。

带钩 标本 T11②A：5，体较薄，柱侧视呈弯曲状，一端有钩，素面，长 8.8、宽 1.6、厚 0.2 厘米（图一七五，1）。

勺 标本 T12②A：1，下端呈圆弧形，两边角向上弯折，宽 13.2、高 10 厘米（图一五八，2）。

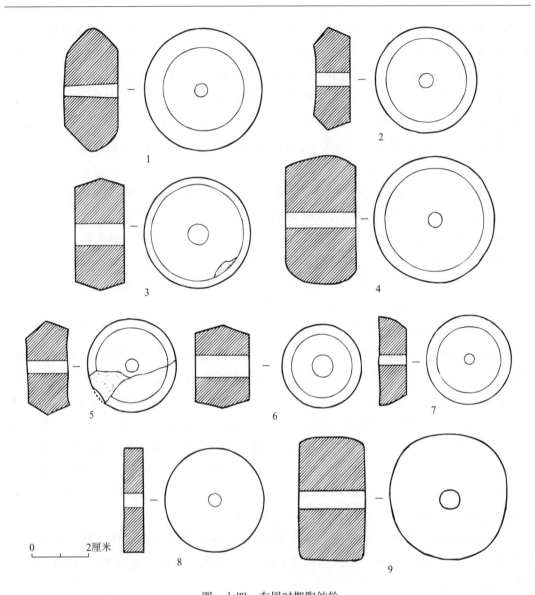

图一七四　东周时期陶纺轮

1～6. A 型（T43②C：1、T43②D：1、T81②A：1、T18②：1、T84②C：1、T16②：1）

7. C 型（T30②B：1）　　8、9. B 型（T25②：1、T18②B：240）

　　镞　发现 4 件。标本 T35②B：6，窄翼，无后锋，脊翼断面为凹面三棱形，铤残。翼间最宽 1.1、残长 4.2 厘米（图一七五，5）。标本 J1：13，窄翼，无后锋，脊翼断面呈凹面三棱形，铤残。翼间宽 1、残长 3.8 厘米（图一七五，4）。标本 J2：1，翼较宽，后锋尖锐，脊为棱形，铤残。后锋间宽 3.2、残长 7.5 厘米（图一七五，3）。标本 T36②：31，窄翼，无后锋，脊翼断面呈三棱形，长铤尾端略残。残长 16.8 厘米（图一七五，6）。

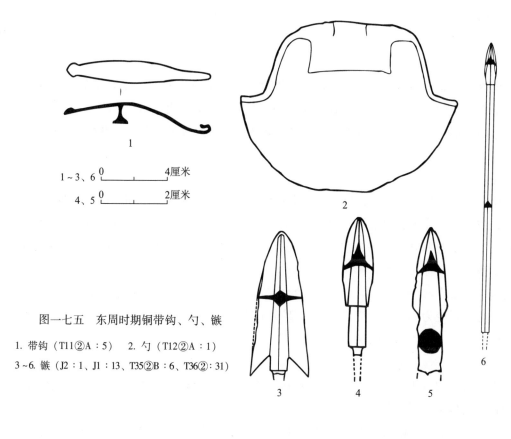

图一七五　东周时期铜带钩、勺、镞

1. 带钩（T11②A：5）　　2. 勺（T12②A：1）

3～6. 镞（J2：1、J1：13、T35②B：6、T36②：31）

三　小结

　　荆南寺遗址东周时期的文化堆积较厚，遗迹、遗物也比较丰富，说明东周时期这里是楚都西南郊一处比较重要的居民点。遗址中所出的瓦、鬲、瓮、长颈罐、长颈壶、盆、豆等，都与纪南城内外楚国遗址和墓葬中发现的陶器基本相同，属于典型的楚文化遗存。

　　关于这些遗存的具体年代，主要是根据其中所出的陶器进行判断。下面将荆南寺遗址与纪南城内的三十号台基①及城外的雨台山楚墓②、九店东周墓③所出的各类陶器进行一些比较。

　　1. 长颈壶

　　这是纪南城内外出土较多也较有特点的陶器。荆南寺所出的长颈壶，口虽残，但颈、腹尚完整。此器的主要特点是腹部微鼓，最大径偏下，与九店 B 型 I 式鬲基本相同，主要

　　①　湖北省博物馆：《楚都纪南城的勘查与发掘》，《考古学报》1982 年第 3、4 期。

　　②　湖北省荆州地区博物馆：《江陵雨台山楚墓》，文物出版社，1984 年。

　　③　湖北省文物考古研究所：《江陵九店东周墓》，科学出版社，1995 年。

出现在九店三期五段的乙组墓中，典型的墓例有 M9、M435、M479、M705、M741 等，年代为战国中期晚段。

2. 鬲

荆南寺出土 2 件小口鬲，其主要特点是折沿方唇，中腹较鼓，高柱足垂直立于器下，裆微向下弧。此种特点与九店 A 型 Ⅳ 式鬲相同，典型墓例有九店 M642、M711 等，排在九店乙组墓的四期六段，年代为战国晚期早段，有些特点如裆微向下弧等，也见于战国中期晚段。

3. 豆

荆南寺遗址的豆发现甚多，分二式。Ⅰ 式相当于九店乙组墓 B 型 Ⅱa 式、D 型、雨台山 Ⅰ 式，主要见于九店乙组墓的二期二段和雨台山的三期，年代约为战国早期。Ⅱ 式相当于九店乙组墓 B 型 Ⅲ 式和 Ⅳ 式，主要见于九店乙组墓的二期三段以后，流行于战国中晚期

4. A 型罐（又称长颈罐）

有些考古报告称为高领罐。九店和雨台山墓地共出土 36 件，其演变规律是，颈由粗变细，腹由扁圆变为椭圆。荆南寺遗址 A 型罐 H11∶2 相似于九店 Ⅲ 式高领罐 M178∶1，分期在四期六段，年代为战国晚期早段。

5. 盆

荆南寺所出的 A 型盆相当于纪南城松柏区 30 号台基 J11∶27 盆及 T45③∶52 盆，后二器报告定为战国中期遗存。

根据以上分析，荆南寺遗址东周时期遗存的年代应为战国早期到晚期，以中期为主。

第八章　西汉时期遗存

一　墓葬形制

（一）概述

荆南寺遗址共清理不同时期的墓葬 83 座，其中商代 1 座，西汉 33 座，其他墓分属东汉、六朝、宋代、元代、明代、清代。商代墓 M26 第五章中已作介绍，在其余 82 座墓葬中，西汉墓葬数量最多，随葬品也比较丰富，所以本报告只发表这部分资料。东汉至清代的墓葬因资料比较零碎，保存也不好，本报告没有收入。

1. 墓葬分布

荆南寺遗址及北、东、西三面的岗地，都是西汉时期的公共墓地，荆州博物馆从七十年代以后，配合江陵砖瓦厂取土，在此地清理了大量的西汉墓，著名的张家山汉简就是出在这里的西汉墓中。荆南寺遗址的 33 座西汉墓，不过是这片墓地南侧的一部分。墓葬分布密集，方向以北偏东为主，共有 24 座。其次为南偏东，共有 7 座，另有 2 座北偏西。有些墓葬并列分布，或距离很近，可能有一定的近亲关系（图一七六）。

2. 墓葬形制

荆南寺遗址西汉墓除 M1 规模较大外，其余都属于小型墓。墓葬开口于表土层下，打破多个时期的文化层，有的直达深土。墓坑大都为长方形土坑竖穴，仅有个别的墓坑不够规则。墓口一般长 300～500、宽 150～250 厘米。墓口至墓底一般深 160～200 厘米，最深的为 650 厘米，最浅的只有 125 厘米。墓壁很陡，墓坑底部大多略小于口部，少数等同于墓口。一般的墓坑填五花土，少数较深的墓坑，如 M1 则在上部填五花土，下部填青灰泥。填土均经夯实，土质坚硬。葬具皆为木质，分一椁一棺和单棺墓两种。一椁一棺墓仅有 M1、M24、M33 三座，这类墓有一到二个头箱和边箱，有的棺室和边箱之间用木梁分隔。其余墓皆为单棺墓。有椁室的墓随葬品主要置于头箱或边箱，无椁室的墓随葬品置于墓坑的头端或侧边。装饰品出于棺室。

（二）墓葬举例

1. 一椁一棺墓

M1　位于 T16 和 T42 内，开口于表土层下，打破商代墓 M26。墓口距地表约 30 厘米，

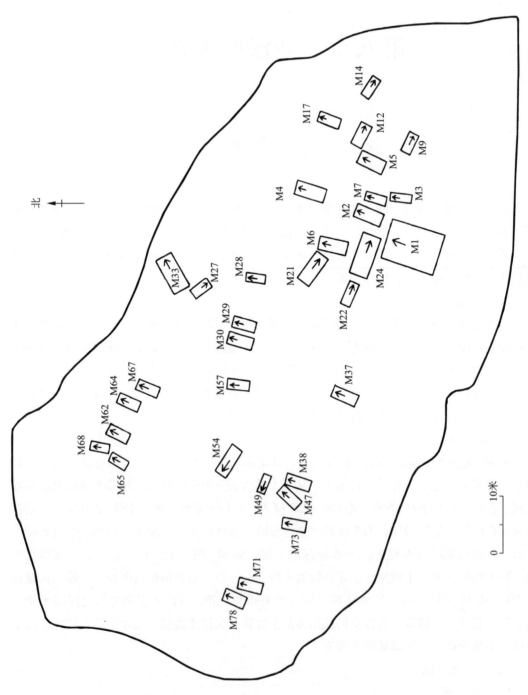

图一七六　西汉时期墓葬分布图

距墓底深约 650 厘米。墓坑为长方形，口长 665、宽 420 厘米，底部长 594、宽 370 厘米。墓坑填土分上下两层，上层为五花土，厚 320 厘米。下层为青灰泥，厚 330 厘米，椁室周围也填青灰泥。方向 17 度。葬具为一椁一棺，椁长 450、宽 228 厘米，棺长 224、宽 80 厘米。椁和棺之间用木梁分隔成一个头箱和一个边箱，发掘前隔梁已垮塌（图一七七、一七八）。人骨无存。随葬品有 106 件，绝大部分为陶器和漆器，因墓中充满稀泥，器物大部分已破碎或移位，清理中只能依据器物碎片的大概位置，绘制分布图。木胎漆器有奁 3 件、盘 10 件、壶 4 件、盒 2 件、盂 1 件、樽 1 件、耳杯 30 件；木器有人俑 18 件、马俑 4

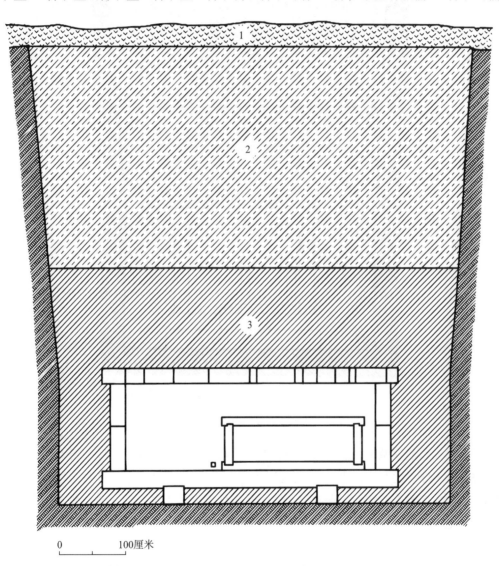

0　　　　100厘米

图一七七　西汉时期 M1 纵剖面图

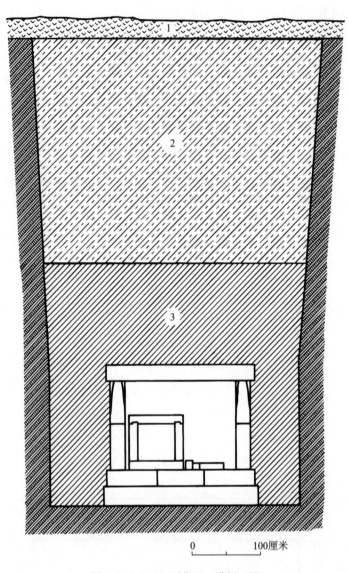

图一七八　西汉时期 M1 横剖面图

件、牛俑 1 件、船模型 1 件、鸠杖 1 件、木剑及盒一套；竹器有筒 2 件、笥 1 件；陶器有罐 7 件、盘 3 件、盂 1 件、灶 1 套（含釜 2 件）、甑 2 件、仓 1 件、勺 2 件。还有一类陶胎漆器，表面大多绘有花纹，器形有壶 3 件、鼎 2 件、大盂 1 件、罐 1 件。铜器有蒜头壶 2 件（图一七九）。

　　M24　位于 T13 和 T39 内，墓坑上部已被近代坑破坏，残墓口距地表 175 厘米，距墓底 170 厘米。墓口为长方形，残墓口长 365、东宽 180、西宽 206 厘米。底长 331、东宽 161、西宽 155 厘米。方向 105 度。葬具为一椁一棺，保存不好，椁长 304、宽 136 厘米，

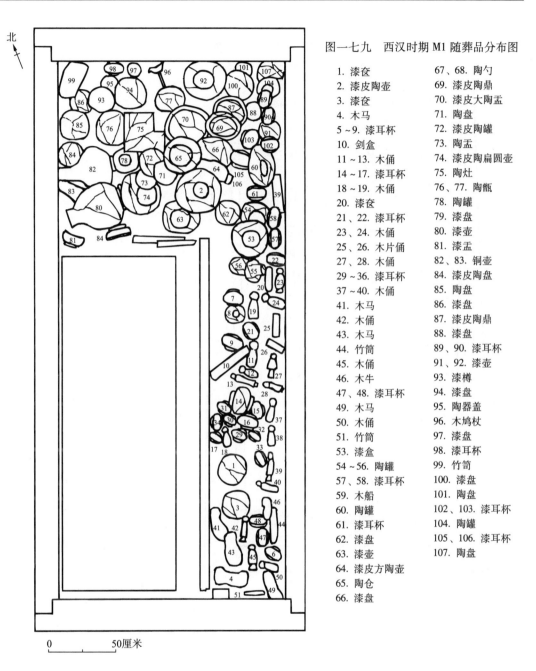

图一七九　西汉时期 M1 随葬品分布图

1. 漆奁	67、68. 陶勺
2. 漆皮陶壶	69. 漆皮陶鼎
3. 漆奁	70. 漆皮大陶盂
4. 木马	71. 陶盘
5~9. 漆耳杯	72. 漆皮陶罐
10. 剑盒	73. 陶盂
11~13. 木俑	74. 漆皮陶扁圆壶
14~17. 漆耳杯	75. 陶灶
18~19. 木俑	76、77. 陶甑
20. 漆奁	78. 陶罐
21、22. 漆耳杯	79. 漆盘
23、24. 木俑	80. 漆壶
25、26. 木片俑	81. 漆盂
27、28. 木俑	82、83. 铜壶
29~36. 漆耳杯	84. 漆皮陶盘
37~40. 木俑	85. 陶盘
41. 木马	86. 漆盘
42. 木俑	87. 漆皮陶鼎
43. 木马	88. 漆盘
44. 竹筒	89、90. 漆耳杯
45. 木俑	91、92. 漆壶
46. 木牛	93. 漆樽
47、48. 漆耳杯	94. 漆盘
49. 木马	95. 陶器盖
50. 木俑	96. 木鸠杖
51. 竹筒	97. 漆盘
53. 漆盒	98. 漆耳杯
54~56. 陶罐	99. 竹筒
57、58. 漆耳杯	100. 漆盘
59. 木船	101. 陶盘
60. 陶罐	102、103. 漆耳杯
61. 漆耳杯	104. 陶罐
62. 漆盘	105、106. 漆耳杯
63. 漆壶	107. 陶盘
64. 漆皮方陶壶	
65. 陶仓	
66. 漆盘	

0　　　　　50厘米

棺长 204、宽 70 厘米。人骨没有保存。随葬品置于头部，全部为陶器，共 13 件套，有罐 3 件、壶 2 件（皆为陶胎漆壶）、盘 1 件、鼎 2 件、盂 1 件、盒 2 件、仓 1 件、灶 1 套（图一八〇）。

　　M33　位于 T47 内，墓口距地表 90 厘米，距墓底深 420 厘米。墓坑为长方形，口长 460、宽 250 厘米，底长 420、宽 210 厘米。方向 60 度。填土上、中部为五花土，墓底以

北

0　　　　　50厘米

图一八○　西汉时期 M24
平面图

1. 陶盂　2. 陶鼎　3. 陶盒　4. 陶盘
5. 陶鼎　6. 陶罐　7. 陶灶　8. 陶盒
9. 陶壶　10. 陶罐　11. 陶仓
12. 陶罐　13. 陶壶

上 30 厘米为青灰泥。葬具仅存一层残缺的椁底板。随葬品置于左侧，全部为陶器，共 13
件套，有罐 6 件、壶 2 件、盂 2 件、甑 1 件、灶 1 套、仓 1 件。人骨无存（图一八一）。

2. 单棺墓

M12　位于 T23 内，墓口距地表 20 厘米，距墓底 160 厘米。墓坑为长方形，口长
300、宽 150 厘米，底长 300、宽 130 厘米。方向 110 度。填土为五花土。葬具已腐朽无
存。随葬品置于墓坑头端，全部为陶器，共 10 件套，有罐 4 件、盘 1 件、甑 2 件、壶 2
件、盂 1 件（图一八二）。

图一八一　西汉时期 M33
平面图

1、2. 陶罐　3. 陶仓　4. 陶罐

5. 陶盂　6. 陶罐　7. 陶盂

8. 陶罐　9、10. 陶壶　11. 陶罐

12. 陶甑　13. 陶灶

　　M14　位于 T24 和 T28 之间，墓口距地表 40 厘米，距墓底 135 厘米。墓坑为长方形，口长 280、宽 170 厘米，墓底长、宽与口相同。坑内填五花土。葬具及人骨皆腐朽无存。方向 123 度。随葬品有陶器 6 件，包括罐 3 件、盂 2 件、灶 1 套（图一八三）。

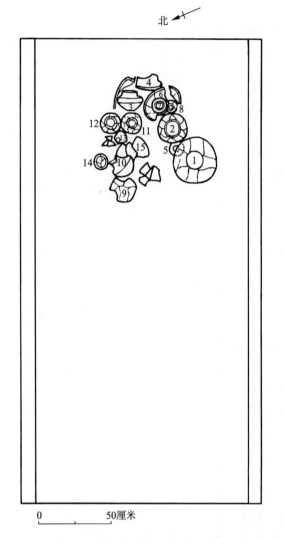

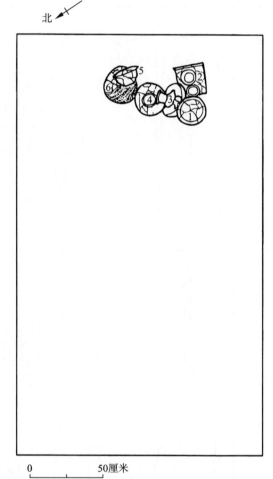

图一八二 西汉时期 M12 平面图

1~3. 陶罐 4. 陶盘 5、6. 陶甑 7、8. 陶器盖
9、10. 陶壶 11. 陶盂 12. 陶罐 13~15. 陶器盖

图一八三 西汉时期 M14 平面图

1. 陶盂 2. 陶灶 3、4. 陶罐 5. 陶盂 6. 陶罐

M22 位于 T35 东南,跨入 T36、T38、T39 隔梁。墓口距地表 40 厘米,距墓底 180 厘米。墓坑为长方形,口长 300、宽 150 厘米。墓坑底的长、宽与口相同。方向 110 度。墓坑填土为五花土。葬具已朽,仅能看到一些暗红色漆皮,可能是从棺上脱落下来的。随葬品有陶器 7 件套,其中罐 3 件、壶 1 件、灶 1 套、盘 1 件、盂 1 件(图一八四)。

M29 位于 T52 内,墓口距地表 30 厘米,距墓底 165 厘米。墓坑为长方形,口长 270、宽 150 厘米,底长 216、宽 110 厘米。方向 20 度。葬具、人骨皆腐朽无存。随葬品有陶器 6 件,其中罐 3 件、壶 1 件、盂 1 件、甑 1 件(图一八五)。

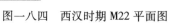

图一八四　西汉时期 M22 平面图

1. 陶罐　2. 陶盂　3. 陶罐　4. 陶灶

5. 陶壶　6. 陶罐　7. 陶盘

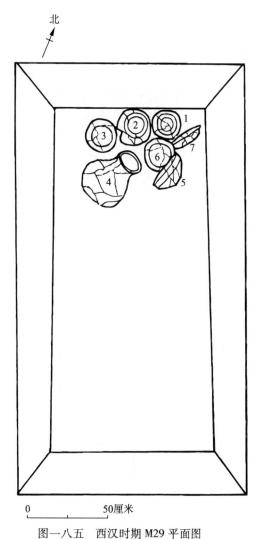

图一八五　西汉时期 M29 平面图

1. 陶壶　2~4. 陶罐　5. 陶盂　6. 陶甑

　　M30　位于 T48、T51，墓口距地表 17 厘米，距墓底 178 厘米。墓坑为长方形，口长 335~345、宽 156 厘米，底长 296、宽 110~114 厘米。方向 21 度。葬具已朽，人骨保存不好，仰身直肢，面朝西。填土为五花土。随葬品计有铜带钩 1 件、陶壶 2 件、陶罐 5 件、陶盘 1 件、陶盂 1 件、陶甑 1 件，另外还有器形不明的残漆器 2 件（图一八六）。

　　M38　位于 T54 内，墓口距地表 30 厘米，距墓底 185 厘米。墓坑为长方形，口长

324、宽174厘米，底长304、宽160厘米。填土为五花土。方向22度。葬具及人骨已腐，仅见人骨下肢痕迹。随葬品皆为陶器，置于头足两端，有罐3件、盂1件、瓮2件、仓1件、盘1件、灶1套（图一八七）。

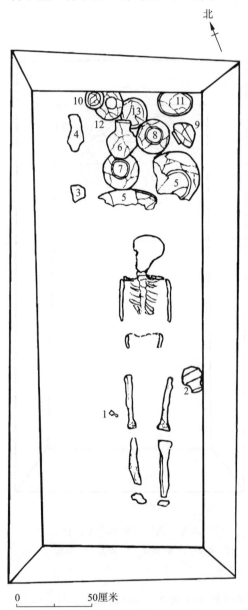

图一八六　西汉时期 M30 平面图

1. 铜带钩　2. 陶壶　3、4. 残漆器　5. 陶罐
6. 陶壶　7～9. 陶罐　10. 陶盘　11. 陶盂
12. 陶罐　13. 陶甋

图一八七　西汉时期 M38 平面图

1、2. 陶罐　3. 陶盂　4. 陶盘　5、6. 陶釜
7. 陶灶　8. 陶罐　9、10. 陶瓮　11. 陶仓

　　M47　位于T54西侧，墓口距地表30厘米，距墓底165厘米。墓坑为长方形，口长350、宽230厘米，底长320、宽210厘米，填土为五花土。方向50度。葬具及人骨均腐朽无存。随葬品置于一侧，共15件套，其中铜镜1件，余为陶器，包括罐6件、壶1件、盂3件、瓮2件、灶1套、仓1件（图一八八）。

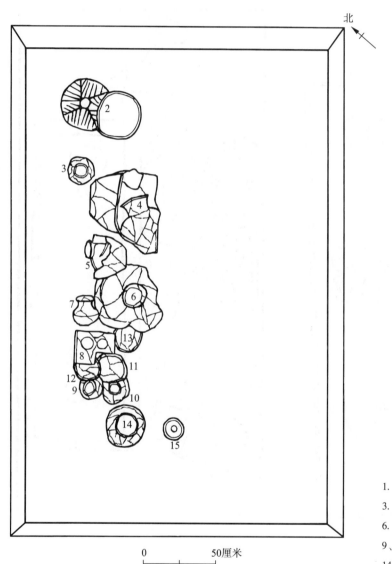

图一八八　西汉时期
M47平面图

1. 陶罐（在填土中）　2. 陶仓
3. 陶罐　4. 陶瓮　5. 陶罐
6. 陶瓮　7. 陶壶　8. 陶灶
9、10. 陶罐　11～13. 陶盂
14. 陶罐　15. 铜镜

　　M49　位于T76内，墓口距地表25厘米，距墓底125厘米。墓坑为梯形，西宽东窄，口长264、东宽124、西宽140厘米。底与口长宽相同。填土为五花土，方向290度。葬具及人骨均已腐朽。随葬品置于头端和北侧，皆为陶器，共10件套，有罐2件、盂4件、壶2件、仓1件、灶1套（图一八九）。

M54　位于T73内，墓坑上部被近代坑破坏，下部为长方形。墓底长300、宽150厘米，距地表300厘米，填土为五花土，内有较多瓦片。方向302度。在墓坑北侧有残木棺

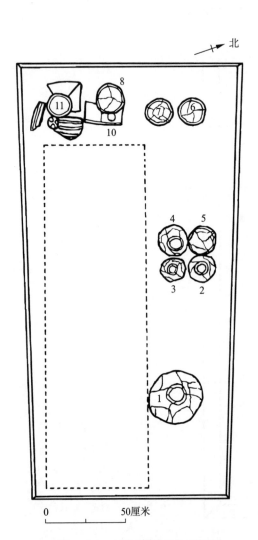

图一八九　西汉时期M49平面图

1. 陶罐　2、3. 陶壶　4. 陶罐　5～8. 陶盉
9. 陶釜　10. 陶灶　11. 陶仓　12. 陶釜

图一九〇　西汉时期M54平面图

1. 红漆皮　2. 铜块　4. 残漆器　5. 残漆器盖　6. 陶灶
7、8. 灶上小陶釜　9. 陶罐　10. 陶盉　11. 陶壶　12. 陶罐
13. 陶瓮　14. 陶仓　15、16. 残漆器　17. 陶瓮　18. 铜镜
21. 陶壶　22. 陶盉　23. 陶盉　24. 残漆器　25. 铜带钩
26. 残铁器　27. 铅珠

一具，未见椁。人骨仅见痕迹。随葬品主要置于棺南侧，少数置于头端，共 20 余件，陶器有罐 2 件、盂 3 件、壶 2 件、瓮 2 件、仓 1 件、灶 1 套，铜器有镜 1 件、带钩 1 件，另有铅珠、不明漆器、铁器等若干件（图一九〇）。

　　M57　位于 T75、T79 内，残墓口距地表 110 厘米，距墓底 205 厘米。墓坑为长方形，残口长 325、宽 150 厘米，底长 315、宽 140 厘米。填土为五花土，方向 8 度。葬具及人骨均已腐朽。随葬品共陶器 10 件，有罐 6 件、壶 2 件、盂 1 件、甑 1 件（图一九一）。

图一九一　西汉时期 M57
平面图

1. 陶壶　2. 陶罐　3. 陶盂
4. 陶罐　5. 陶釜　6. 陶壶
7. 陶甑　8. 陶罐　9. 陶器盖
10 ~ 12. 陶罐

M78　位于 T93 内，墓口距地表 20 厘米，距墓底 195 厘米。墓口为长方形，口长 325、宽 207 厘米，墓底长 310、宽 180 厘米。填土为五花土。方向 27 度。葬具及人骨腐朽无存。随葬品置于一侧，共有陶器 10 件套，包括罐 2 件、瓮 1 件、壶 2 件、盂 1 件、甑 1 件、盘 1 件、仓 1 件、灶 1 套（图一九二）。

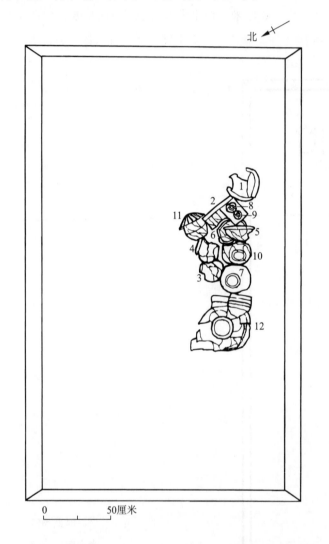

图一九二　西汉时期 M78
平面图
1. 陶盘　2. 陶灶　3. 陶壶
4. 陶罐　5. 陶甑　6. 陶盂
7. 陶罐　8、9. 陶釜　10. 陶壶
11. 陶仓　12. 陶瓮

二　随葬物品

（一）陶器

这批墓葬的随葬品绝大部分为陶器，主要器形有鼎、盒、壶、盘、豆、勺、罐、瓮、壶、盂、杯、甑、灶、仓等，按功用可分为传统礼器、日用器皿和模型器三类。

1. 传统礼器

鼎　共发现4件，出于2座墓中，分二型。

A型　标本M73：10、11，二件形状、大小相同。子口承盖，盖面为弧形，鼎身为浅折腹，上腹近直，下腹弧收成小平底，方形附耳外侈，细高蹄足向外弯曲。泥质红陶，下腹有一周凸弦纹。口径14.3、高15厘米（图一九三，1）。

B型　标本M24：2、5，同墓共出二件，形状、大小相同。整体为扁圆球形，子口承盖，盖为弧形，顶较平。鼎身近口部较直，腹较深，圜底，方形耳外侈，矮蹄足外撇，泥质灰陶，口径16.4、高16.6厘米（图一九三，2；图版三五，1）。

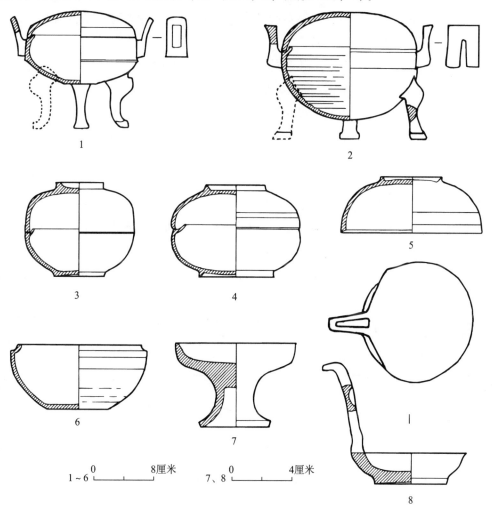

图一九三　西汉时期陶鼎、盒、豆、勺

1. A型鼎（M73：10）　2. B型鼎（M24：2）　3. Ⅰ式盒（M73：19）　4. Ⅱ式盒（M4：14）

5、6. Ⅲ式盒（M24：3、M24：8）　7. 豆（M73：4）　8. 勺（M73：5）

盒　共有6件，出于3座墓中，每墓2件，同墓所出的盒基本相同。分为三式。

Ⅰ式：标本T73：19，整体较高，盖占通高的一半。盖直口，鼓肩，矮圈足形钮。器身子口，弧腹，矮圈足。泥质灰陶，口径14.8、高12.2厘米（图一九三，3；图版三四，3）。

Ⅱ式：标本M4：14，整体呈扁圆形，盖占通高约五分之二。子口承盖，盖上有矮圈足形钮，器身为浅弧腹，圜底，矮圈足。泥质灰陶，盖面有二道凹弦纹。口径13.8、通高12厘米（图一九三，4；图版三四，4）。

Ⅲ式：标本M24：3，仅复原器盖，泥质灰陶，口径19.2、高7.2厘米（图一九三，5）。标本M24：8，失盖，子口，斜弧腹，平底无圈足。泥质灰陶，器表饰弦纹，口径16.4、高8.4厘米（图一九三，6）。

豆　2件，形状、大小相同，出于同一座墓。标本M73：4，浅弧腹，底内近平，喇叭形圈足，泥质灰陶。口径8.4、高5.3厘米（图一九三，7）。

勺　2件，形状、大小相同，出于同一座墓。标本M73：5、6，敞口浅腹，矮假圈足，柄向后斜，末端弯折，柄内侧有沟形槽。泥质灰陶，最大径7.9、高8厘米（图一九三，8）。

盘　复原9件，分二型。

A型　2件。皆曲腹，泥质红陶，分二式。

AⅠ式：标本M73：2，敞口折沿，圆方唇，外表为曲腹，底内近平，底外略凹，口径15.3、高3.2厘米（图一九四，1；图版三七，1）。

AⅡ式：标本M30：10，平折沿，尖圆唇，腹外微曲，平底。口径16.8、高3.8厘米（图一九四，2；图版三七，2）。

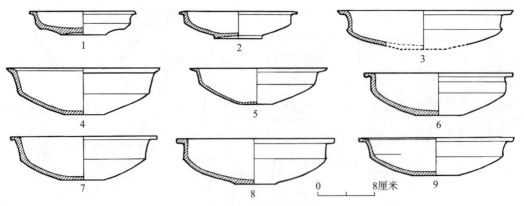

图一九四　西汉时期陶盘

1. AⅠ式（M73：2）　2. AⅡ式（M30：10）　3~5. BⅠ式（M12：4、M33：5、M38：4）

6~9. BⅡ式（M5：7、M24：4、M37：1、M78：1）

B 型　7 件，皆折腹，泥质灰陶，主要依口沿特点分为二式。

BⅠ式：尖唇，3 件。标本 M12：4，平折沿，尖唇，折腹，底残，口径 24.8、高 5.4 厘米（图一九四，3；图版三七，3）。标本 M33：5，敞口，折沿，沿面向内斜，尖唇。上腹较斜，内束。小平底，泥质灰胎，火候很低。口径 22、高 6.4 厘米（图一九四，4）。标本 M38：4，平折沿，尖唇，下腹斜收，小平底。口径 19、高 5 厘米（图一九四，5）。

BⅡ式：方唇，4 件。标本 M5：7，平折沿，方唇，沿背面内侧向上凹，平底。口径 20.8、高 5.8 厘米（图一九四，6）。标本 M24：4，折沿，沿面略向内斜，方唇，沿背面内侧向上凹，下腹弧收，平底微凹。口径 21.2、高 6 厘米（图一九四，7）。标本 M37：1，平折沿，厚方唇，上腹较直，下腹弧收，腹较深，小平底略向外凸出。口径 22.4、高 6.4 厘米（图一九四，8）。标本 M78：1，折沿，沿面略向内斜，圆方唇，沿背面内侧略向上凹。上腹较斜，下腹浅弧收，平底。口径 22、高 5 厘米（图一九四，9）。

2. 日用器皿

包括实用器和明器。

长颈绳纹罐　皆实用器，复原 15 件，器形较大，泥质灰陶，小口，长颈内束，鼓腹，多为凹底，也有平底或圜底，均饰绳纹，尤其流行抹断绳纹，即先拍竖长绳纹，再用手指将其抹断成多行短绳纹。分二式。

Ⅰ式：2 件。标本采集 039，外折沿，方唇，长颈内束较细，深鼓腹，最大腹径在上部，平底。泥质灰陶，肩部先拍绳纹，再抹平，肩以下饰抹断绳纹。口径 13、高 28.4 厘米（图一九五，1；图版三四，5）。标本 M12：1，外折沿，方唇，唇面微凹，长颈内束较细，深鼓腹，最大腹径在中上部，凹底。泥质灰陶，上、中腹饰抹断绳纹，下腹及底部饰横绳纹。口径 13.6、高 31.6 厘米（图一九五，2）。

Ⅱ式：13 件。腹部呈球形，最大腹径在中腹。标本 M3：4，平折沿，唇面微凹，长颈内束，颈腹间有小坎，球形腹，底略凹。泥质灰陶，上、中腹饰抹断绳纹，下部及底部饰斜绳纹。口径 12.2、高 25.8 厘米（图一九五，3）。标本 M4：4，外折沿，唇面微凹，长颈内束较甚，颈腹间有小坎，球形腹，凹底。泥质灰陶，上、中腹饰抹断绳纹，下腹及底部饰横、斜绳纹。口径 13.6、高 29 厘米（图一九五，4）。标本 M4：5，外折沿，唇面内凹，长颈内束，较细，颈腹间有小折痕，球形腹，底略凹。泥质灰陶，上、中腹饰抹断绳纹，下腹及底部饰斜绳纹。口径 13.8、高 29.2 厘米（图一九五，5；图版三四，6）。标本 M9：1，平折沿，尖唇，长颈较直，球形腹，凹底。泥质浅红陶，上、中腹饰抹断绳纹，下腹及底部饰斜绳纹。口径 13、高 24.2 厘米（图一九五，6）。标本 M14：3，口沿及颈上部残，球形腹，凹底。泥质灰陶，上、中腹饰抹断绳纹，下腹及底部饰斜绳纹。残高 18.8、最大腹径 24.2 厘米（图一九六，4）。标本 M27：1，小口折沿，方唇，长颈内束，球形腹，小凹底，上腹饰抹断绳纹，下腹饰斜绳纹。泥质灰陶，口径 11.2、高 21.6

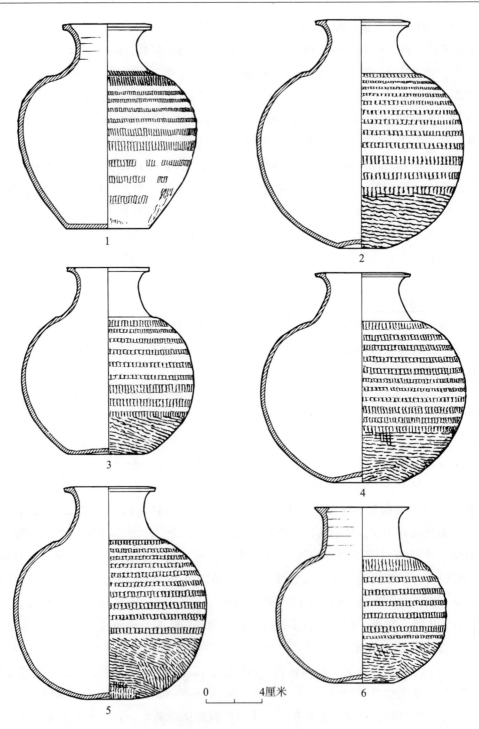

0　　　　　　4厘米

图一九五　西汉时期陶长颈绳纹罐

1、2. Ⅰ式（039、M12∶1）　　3~6. Ⅱ式（M3∶4、M4∶4、M4∶5、M9∶1）

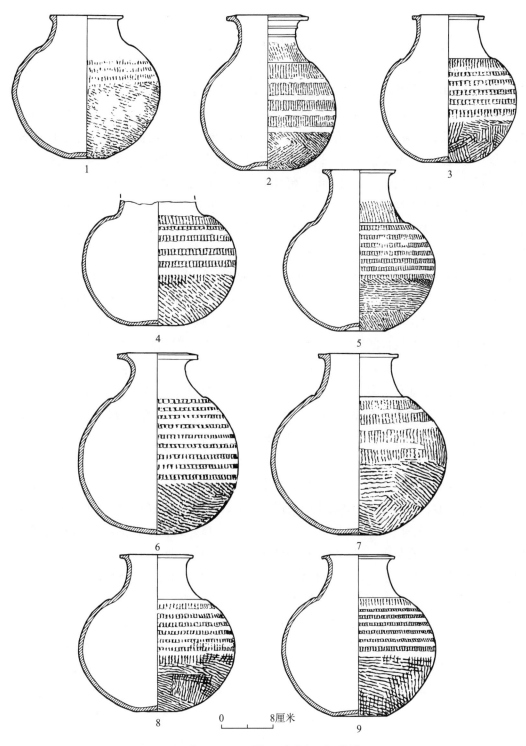

图一九六　西汉时期Ⅱ式陶长颈绳纹罐

1～9. M27：1、M29：4、M64：11、M14：3、M14：6、M38：1、M57：10、M65：1、M67：1

厘米（图一九六，1）。标本 M14：6，平折沿，沿面内凹，喇叭形长颈内束，折肩，肩上有小坎，球形腹，凹底。泥质灰陶，颈部拍绳纹后再抹平，上、中腹饰抹断绳纹，下腹和底部饰斜绳纹和横绳纹。口径 11.2、高 24 厘米（图一九六，5）。标本 M38：1，外折沿，唇面内凹，喇叭形长颈内束较甚，颈腹间有小坎，球形腹，圜底。泥质灰陶，上、中腹饰抹断绳纹，下腹至底部饰斜绳纹。口径 12.8、高 27.2 厘米（图一九六，6）。标本 M29：4，外折沿，长颈内束，颈腹间有折痕，凹底。泥质灰陶，肩部饰斜绳纹，上、中腹饰抹断绳纹，下腹及底部饰交错绳纹。口径 12.8、高 23.3 厘米（图一九六，2）。标本 M57：10，平折沿，方唇，喇叭形长颈内束，颈腹间有小台坎，球形腹，小凹底。泥质灰陶，上腹饰不规则的抹断绳纹，下腹和底部饰斜绳纹。泥质灰陶，口径 12.4、高 27 厘米（图一九六，7）。标本 M64：11，外折沿，方唇，喇叭形长颈内束，颈腹间有小坎，球形腹，凹底。泥质灰陶，上腹饰抹断绳纹，下腹及底部饰交错绳纹。口径 11.2、高 22 厘米（图一九六，3）。标本 M65：1，平折沿，方唇，唇面内凹，长颈内束，颈肩间有小台坎，球形腹，底微凹。泥质灰陶，上、中腹饰间断绳纹，下腹及底部饰交错绳纹。口径 11.6、高 23.6 厘米（图一九六，8）。标本 M67：1，外折沿，方唇，喇叭形长颈内束，球形腹，凹底。泥质灰陶，上腹饰抹断绳纹，下腹及底部饰交错绳纹。口径 11.6、高 24 厘米（图一九六，9）。

　　矮领小罐　是随葬最多的一种陶器，复原 33 件。绝大多数为泥质灰陶，极少数为泥质红陶，器形的主要特点是形体较小，矮直领，广肩，绝大多数为双折腹，个别为单折腹，平底，入葬时均带盖。纹饰有弦纹和刻划的网纹、雨点纹、之字形纹等。分二式。二式之间的主要差别是腹径与器高（不含器盖高）之间的比值不大一样。

　　Ⅰ式：19 件。腹径与器高之比（不计器盖）值较小。标本 M4：12，下腹斜收，平底，盖面为弧形，顶上有三个螺旋形钮。泥质灰陶，肩部饰一道凸弦纹。口径 10.6、通高 13.2、最大径 17.6 厘米（图一九七，1）。标本 M4：13，鼓肩，平底微凹，盖面为弧形，内凹圆柱形钮。泥质灰陶，肩部饰一道凹弦纹，口径 10.4、通高 14.8、最大径 17.6 厘米（图一九七，2；图版三五，2）。标本 M12：3，最大径在腹中部，下腹斜收，平底。盖面高隆，小圈足形钮。泥质灰陶，口径 11.2、通高 14.2、腹径 17.2 厘米（图一九七，3；图版三五，3）。标本 M12：7，鼓肩，下腹斜收，小底内凹，盖顶为弧形，内凹圆柱形钮。泥质灰陶，口径 10.6、通高 13.8、最大径 17.2 厘米（图一九七，4）。标本 M22：1，上腹凸鼓，下腹斜内收，平底。泥质灰陶，肩部有弦纹一周，腹部划网格纹，口径 11.2、高 12、最大腹径 18 厘米（图一九七，5）。标本 M24：6，圆广肩，上腹较直，下腹弧内收，小平底。泥质灰陶，肩部有一周凹弦纹，口径 8.4、高 12、腹径 17.3 厘米（图一九七，6；图版三五，4）。标本 M30：7，上腹较凸出，下腹斜内收，平底，盖面为弧形。泥质红陶，口径 11.2、通高 14.2、最大腹径 19.2 厘米（图一九七，7；图版三五，5）。标本

M30：8，器形与 M30：7 相似，只是肩较鼓，盖顶较高。泥质红陶，口径 11、高 14、最大腹径 19 厘米（图一九七，8；图版三五，6）。标本 M38：2，肩及上腹凸出，平底，盖面弧形近平。泥质灰陶，肩及下腹饰凹弦纹，上腹划网格纹。口径 9.6、高 11.8、腹径 16厘米（图一九七，9）。标本 M38：8，最大腹径在中端，平底。泥质灰陶，口径 9.8、高

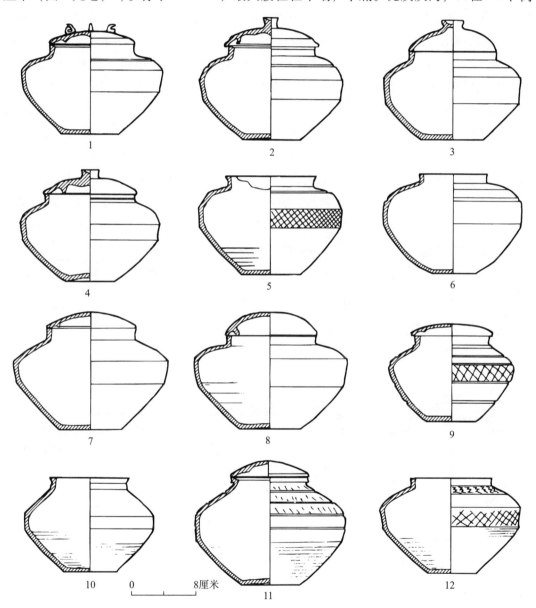

图一九七　西汉时期 I 式陶矮领小罐

1～12. M4：12、M4：13、M12：3、M12：7、M22：1、M24：6、M30：7、M30：8、
M38：2、M38：8、M47：3、M47：10

11.3、腹径 16 厘米（图一九七，10）。标本 M47：3，领极矮，外侧有凹凸，上腹凸鼓，底略凹。泥质灰陶，肩及上腹划雨点纹，并饰四道凹弦纹。口径 9.8、通高 14.8、腹径 18.8 厘米（图一九七，11）。标本 M47：10，最大腹径在上端，下腹斜内收，小平底。盖面为弧形。泥质灰陶，肩上划之字形纹，上腹划网格纹。泥质灰陶，口径 10.2、高 11.6、腹径 17.6 厘米（图一九七，12）。标本 M49：1，鼓肩，下腹斜内收，平底较小，盖面为稍微隆起的弧形。泥质灰陶，肩上饰一周凹弦纹，下腹有制坯时留下的螺旋纹。口径 8.4、通高 12、最大腹径 16.6 厘米（图一九八，1）。标本 M54：9，圆鼓肩，上腹凸出，下腹深，稍向内凹，平底，盖面略隆起。泥质灰陶，口径 9.6、高 12.8、最大径 17.6 厘米（图一九八，2）。标本 M54：12，窄沿，唇面内凹，折痕不明显，下腹较深，凹底较小，盖中间隆起。泥质灰陶，中腹以上饰四周凹弦纹。口径 10.4、高 15.6、最大径 20 厘米（图一九八，3）。标本 M57：2，折痕明显，平底，盖面稍隆起，内凹圆柱形钮。泥质灰陶，口径 10、高 13.6、最大径 17.6 厘米（图一九八，4）。标本 M57：8，上腹鼓凸，有明显折痕，下腹较深，凹底。泥质灰陶，肩部划之字形纹。口径 8.4、高 10.6、最大腹径 17.2 厘米（图一九八，5）。标本 059，采集，最大径偏上，小平底。泥质灰陶，肩部饰一

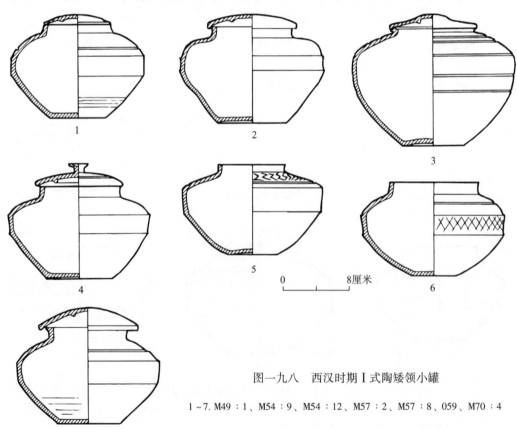

图一九八　西汉时期 I 式陶矮领小罐

1~7. M49：1、M54：9、M54：12、M57：2、M57：8、059、M70：4

周凹弦纹，腹部划网格纹。口径 10.8、高 11.2、腹径 17.6 厘米（图一九八，6）。标本 M70：4，最大径偏上，平底，盖面为弧形。泥质灰胎黑皮陶，肩部饰一周凹弦纹。口径 10.5、通高 14、腹径 18 厘米（图一九八，7）。

Ⅱ式：14 件。与Ⅰ式相比，腹径与器高之比值相对较大。标本 M5：2，鼓肩近平，腹较扁，大平底，盖中间弧形隆起。泥质灰陶，肩部饰弦纹一周，口径 8.8、通高 12.4、最大腹径 18.6 厘米（图一九九，1）。标本 M5：4，腹部较扁鼓，平底。泥质灰陶，肩部饰一周凹弦纹。口径 9.6、高 11.2、腹径 18.2 厘米（图一九九，2）。标本 M12：2，扁鼓腹，平底，盖顶面较高，内凹圆柱形钮。泥质灰陶，肩部饰一周凹弦纹。口径 11.2、通高 14.2、腹径 18.4 厘米（图一九九，3）。标本 M14：4，扁鼓腹，大平底略凹。泥质灰陶，肩部饰一周凹弦纹，口径 10.8、高 11、腹径 18.4 厘米（图一九九，4）。标本 M24：10，腹部扁鼓较甚，小平底，弧形盖，盖顶较平。径 14、通高 14.4、腹径 22.7 厘米（图一九九，13；图版三六，1）。标本 M24：12，领残，腹较扁鼓，折痕不明显，大平底。盖顶中间下凹成窝坑。泥质灰陶，口径 9.6、通高 14.4、腹径 19.2 厘米（图一九九，6）。标本 M29：2，扁鼓腹，大平底。口径 12.4、高 12、腹径 21.2 厘米（图一九九，14）。标本 M30：9，扁折腹，底微凹，盖面为弧形。泥质红陶，口径 10.2、通高 1 1.6、腹径 17.6 厘米（图一九九，8；图版三六，2）。标本 M30：12，腹较扁凸，底略凹，盖顶为弧形，隆起较高。泥质红陶，口径 11.2、高 13.6、腹径 19 厘米（图一九九，9）。标本 M33：6，肩部较凸出，小平底。泥质灰陶，口径 10.8、高 10.8、腹径 17.6 厘米（图一九九，10）。标本 M33：8，腹部较扁鼓，小平底。泥质灰陶，肩部饰凹弦纹一周。口径 12、高 11.2、腹径 18.4 厘米（图一九九，11）。标本 M57：4，折痕明显，小平底。泥质灰陶，上腹划网格纹。口径 10.8、高 11、最大径 18 厘米（图一九九，12）。标本 M57：12，上腹较扁鼓，小平底。盖面弧形稍隆起，喇叭形小钮。泥质灰陶，肩部饰二道凹弦纹，口径 1.6、通高 13.4、腹径 17.6 厘米（图一九九，5；图版三六，3）。标本 M78：7，圆溜肩，中腹较扁凸，平底，盖面为弧形，较平。泥质灰陶，肩下有一周凹弦纹。口径 10.4、通高 13.1、腹径 19.6 厘米（图一九九，7）。

还有一些罐，因数量太少，没有分型式，叙述如下。

双耳深腹罐 标本 M33：1，口、颈残，颈肩处微折，深腹稍鼓，凹底，肩部有两个对称的牛鼻形耳。泥质灰陶，颈及腹部饰绳纹。残高 20.6、底径 8 厘米（图二〇〇，1）。

大口广肩罐 标本 M30：5，大口，矮直领，广凸肩，大平底。泥质红胎黑皮陶，腹部饰间断绳纹。口径 21、高 22.5、肩径 35.2 厘米（图二〇〇，2；图版三六，4）。

中口广肩罐 标本 M22：6，矮直领，广肩，上腹凸鼓，大平底。泥质灰陶，上腹饰二周凹弦纹，领及中下腹饰稀疏的绳纹，口径 12.8、高 17.6、上腹径 27.6 厘米（图二〇〇，4；图版三七，4）。

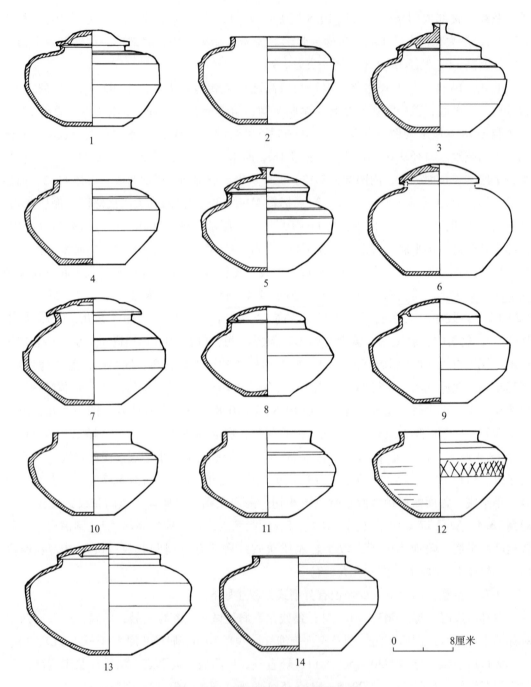

图一九九　西汉时期Ⅱ式陶矮领小罐

1~14. M5：2、M5：4、M12：2、M14：4、M57：12、M24：12、M78：7、M30：9、
M30：12、M33：6、M33：8、M57：4、M24：10、M29：2

短颈圜底罐　标本 M47：4，短颈，平折沿，唇面内凹。鼓凸肩，圜底近平。泥质灰陶，颈部饰细绳纹，肩部有二周凹弦纹，弦纹间用隶体划"先鄂"二字，腹部有零星的断绳纹。口径 13.5、高 15.3 厘米（图二〇〇，5）。

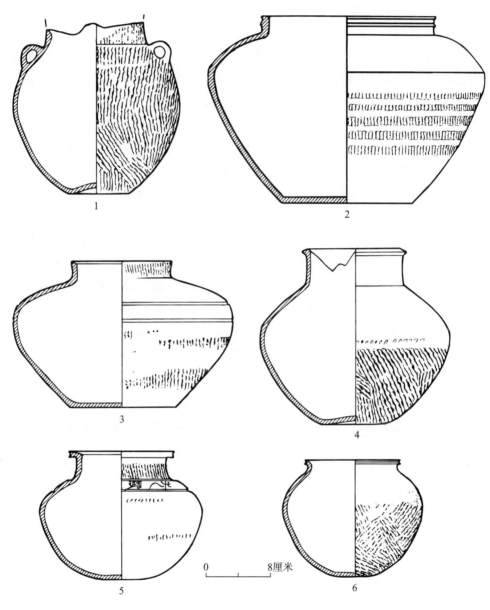

图二〇〇　西汉时期陶罐

1. 双耳深腹罐（M33：1）　2. 大口广肩罐（M30：5）　3. 直颈凸腹罐（M22：3）
4. 中口广肩罐（M22：6）　5. 短颈圜底罐（M47：4）　6. 卷沿鼓腹罐（M17：2）

直颈凸腹罐　标本 M22：3，窄沿外折，直颈，上腹凸鼓，凹底。泥质灰陶，下腹饰绳纹。口径 13.4、高 21.2 厘米（图二〇〇，3）。

卷沿鼓腹罐　标本 M17：2，小卷沿，双唇，深鼓腹，底近平。泥质灰陶，腹部饰不规则的斜绳纹。口径 12、高 14 厘米（图二〇〇，6）。

瓮　复原 9 件，分二式。

Ⅰ式：2 件，出于同一座墓，大小形式相同。标本 M54：13，外折沿，小口束颈，广肩，深折腹，平底。泥质灰陶，肩与腹部用弦纹分割出四条纹饰带，分别刻划之字纹、网格纹、云纹。口径 13、高 29 厘米（图二〇一，1；图版三七，5）。

Ⅱ式：7 件，下腹较Ⅰ式宽胖，高与腹径的比值相对较小。标本 M5：6，外折沿，小口，颈较长，略内束，广肩，上腹凸鼓，下腹斜收，底微凹。泥质灰陶，肩部饰二道凹弦纹，中腹饰二道抹断绳纹，下腹饰竖绳纹，口径 12.6、高 29.2 厘米（图二〇一，2；图版三八，1）。同墓另出 1 件，形状、大小与之相同。标本 M47：4，小口折沿，颈较短，广肩，上腹鼓凸，肩腹间有明显折痕，平底。泥质灰陶，肩部饰二道凹弦纹，上腹刻划网纹，下腹饰稀疏的绳纹，口径 14.5、高 29.2 厘米（图二〇一，3）。标本 M47：6，器形与 M47：4 相似。泥质灰陶，肩部饰二道凹弦纹，下腹饰间断的绳纹，口径 14.4、高 30.4 厘米（图二〇一，5）。标本 M38：9，折沿，束颈，广肩，腹圆鼓，平底。泥质灰陶，上腹饰二道凹弦纹，下腹饰间断绳纹，口径 13.4、高 28 厘米（图二〇一，4；图版三八，2）。M38：10 出于同一墓，形式、大小相同。标本 M71：5 折沿，细颈内束，广肩，凸折腹，平底。泥质灰陶，肩部饰二道凹弦纹，下腹饰间断绳纹，口径 12.2、高 25.5 厘米（图二〇一，6）。

壶　19 件，分为四型。

A 型　14 件。主要特征是：形体较小，小口长颈，双折腹，平底，原来均有盖。可分二式。

AⅠ式：6 件。一般特点是沿较薄，唇尖圆或近方，颈较直或微束，腹稍浅，底偏大。标本 M54：11，平折沿，沿面微凹，尖唇，长颈较直，肩较鼓，平底较小，失盖。泥质灰陶，口径 9.6、高 15.4 厘米（图二〇二，1；图版三八，3）。标本 M54：21，口沿和颈部与 M54：11 相似，但腹径和底径稍大于后者。口径 9.9、通高 16.6 厘米（图二〇二，2；图版三八，4）。标本 M12：10，薄沿平折，沿面微凹，尖圆唇，颈略束，腹较扁，平底。泥质灰陶，颈和肩部饰凹弦纹。口径 9.4、高 15 厘米（图二〇二，3）。标本 M24：9，盖面，弧形隆起，薄沿平折，圆唇，长颈较直，微束，腹较扁鼓，平底较大。泥质灰陶，口径 11.2、通高 19.4 厘米（图二〇二，4；图版三九，1）。标本 M78：3，薄沿微向外折，圆唇，颈较束，腹较深。泥质灰陶，腹部划一周网纹。口径 10、高 15.8 厘米（图二〇二，5）。标本 M78：10，口沿较 M78：3 厚，略向外斜折，颈部略向内束。泥质灰陶，腹部划

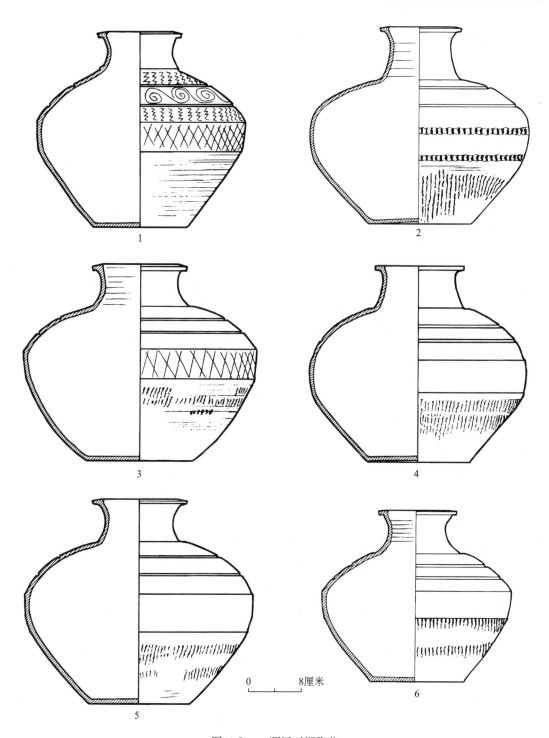

图二〇一　西汉时期陶瓮

1. Ⅰ式（M54∶13）　　2~6. Ⅱ式（M5∶6、M47∶4、M38∶9、M47∶6、M71∶5）

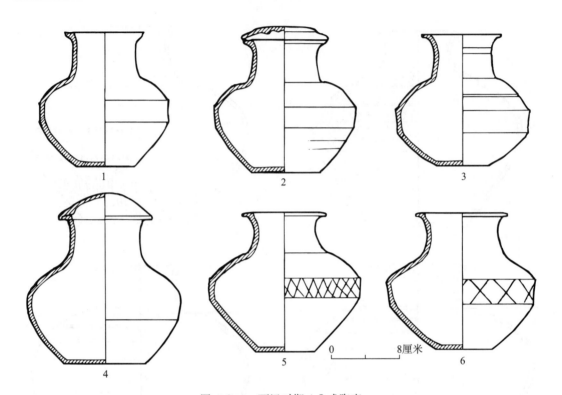

图二〇二　西汉时期 A I 式陶壶

1～6. M54：11、M54：21、M12：10、M24：9、M78：3、M78：10

一周网纹。口径 10.8、高 15.6 厘米（图二〇二，6）。

　　A Ⅱ式：8 件。一般特点是口沿较厚，向外斜折，方唇。标本 M12：9，口沿微向外折，厚方唇，长颈较束，斜肩，小平底。泥质灰陶，肩部饰凹弦纹。口径 9.2、高 16 厘米（图二〇三，1；图版三九，2）。标本 M22：5，口沿向外斜折明显，厚方唇。长颈收束较甚，下腹较深，小平底，盖面微隆。泥质灰陶，口径 10、通高 20.2 厘米（图二〇三，8）。标本 M29：1，口沿微外斜折，方唇中厚，长颈收束成喇叭状，平底较大。泥质灰陶，颈饰凸弦纹，肩饰凹弦纹。口径 10、高 19.4 厘米（图二〇三，7）。标本 M33：10，口沿向外斜折明显，厚方唇，长颈收束，腹较深，小平底。泥质灰陶，肩腹间有一道凹弦纹。口径 10、高 16 厘米（图二〇三，2）。标本 M47：7，口沿向外斜折，厚方唇，长颈收束成喇叭形，下腹较深，小平底。泥质灰陶，肩部饰一周凹弦纹。口径 8.6、高 15.8 厘米（图二〇三，3）。标本 M57：1，口沿略向外斜折，厚方唇，长颈上部收束较甚，肩较鼓，平底。泥质灰陶，颈部有二道瓦楞形凸弦纹，肩部有一周凹弦纹。口径 10、高 17.4 厘米（图二〇三，4）。标本 M57：6，口沿略向外折，厚方唇，长颈稍束，小平底。泥质灰陶，肩部饰一周凹弦纹，腹部划一周网纹。口径 10.8、高 15.6 厘米（图二〇三，5）。标本

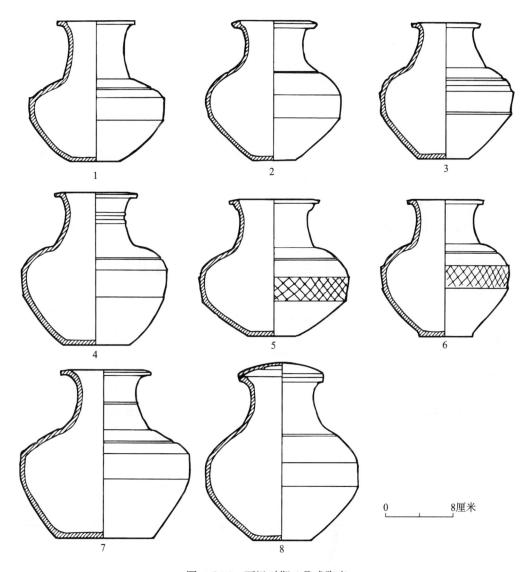

图二〇三　西汉时期 A Ⅱ 式陶壶

1~8. M12：9、M33：10、M47：7、M57：1、M57：6、M71：1、M29：1、M22：5

M71：1，口沿微向外斜，厚唇，唇面有凹痕，长颈较束，深腹，小平底。泥质灰陶，肩部饰一周凹弦纹，腹部划一周网纹。口径9.2、高15.6厘米（图二〇三，6）。

B 型　2件，形式、大小相同，出于同一座墓。标本 M4：9，盘形口，束颈，下垂腹，喇叭形圈足。泥质灰陶，腹饰二周凹弦纹。口径10.4、高24.4厘米（图二〇四，1；图版三九，3）。

C 型　2件，形式、大小相同，出于同一座墓。标本 M30：2，盘形口，长颈，斜肩，腹部双折凸鼓，下腹斜收，平底。泥质红陶，口径9.2、高20厘米（图二〇四，3；图版三九，4）。

D型　1件。标本M28：1，口颈残，形体小，胎较厚。凸鼓腹，大平底。泥质灰陶，残高6.8、底径4.8厘米（图二〇四，2）。

盂　复原19件，分二型。

A型　2件，皆深弧腹，凹底，泥质红陶。

AⅠ式：标本M73：9，折沿，沿较厚，沿面微向外斜，方圆唇。弧腹较浅，底较凹。上腹有二道凸弦纹。口径16.8、高6.8厘米（图二〇五，1；图版四〇，1）。

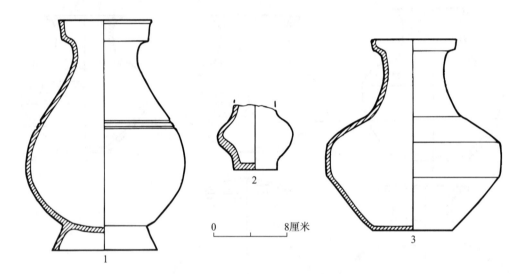

图二〇四　西汉时期B、C、D型陶壶

1. B型（M4：9）　2. D型（M28：1）　3. C型（M30：2）

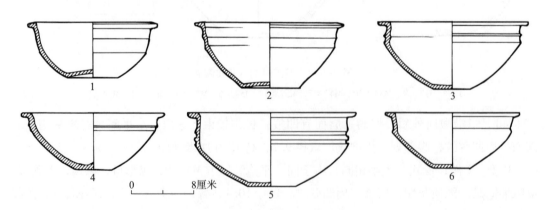

图二〇五　西汉时期A、B型陶盂

1. AⅠ式（M73：9）　2. AⅡ式（M30：11）　3~6. BⅠ式（M4：2、M12：11、M17：5、M38：3）

AⅡ式：标本 M30：11，折沿，沿较薄，沿面微向外斜，薄方唇。弧腹较深，下腹较瘦，底略凹。上腹有二道凸弦纹。口径 19、高 8 厘米（图二○五，2；图版四○，2）。

B 型　17 件，折肩或折腹，绝大多数为泥质灰陶，个别为灰胎黑皮陶或灰褐陶（未作说明者均为泥质灰陶）。分三式。

BⅠ式：4 件，卷沿或折沿，尖唇或圆唇。标本 M4：2，折沿，尖圆唇。折肩外凸，深弧腹，小平底，颈部饰一道明显的凸棱。口径 19.2、高 8.2 厘米（图二○五，3；图版四○，3）。标本 M12：11，卷沿，圆唇，折肩，斜弧腹，小平底，颈部有一道较浅的凸棱，口径 18.4、高 6.8 厘米（图二○五，4）。标本 M17：5，平折沿，圆唇，折肩外凸，深弧腹，小平底，颈部有一道凸棱。口径 21.2、高 9 厘米（图二○五，5）。标本 M38：3，平折沿，圆唇，折肩，斜弧腹，小平底。口径 17.2、高 7.2 厘米（图二○五，6）。

BⅡ式：6 件，折沿，方唇，折肩。标本 M29：5，折沿，沿面微向外斜，方唇，唇面略向内凹。折肩，折痕比Ⅰ式略低。深斜腹，凹底稍大。颈部有一道明显的凸棱。口径 23.2、高 9.6 厘米（图二○六，1）。标本 M33：7，折沿，沿面微向外斜，方唇，折肩，浅弧腹，平底，颈部饰二道凸棱。口径 18.4、高 6.6 厘米（图二○六，4）。标本 M47：12，平折沿，沿面微凹，方唇。折肩，折痕低于Ⅰ式。颈较直，弧腹较浅，小平底。口径 18.4、高 7.2 厘米（图二○六，5）。标本 M49：5，折沿，沿面微向内斜，方唇，沿背内侧稍向上凹，折肩。折痕不明显，低于Ⅰ式。浅弧腹，平底较大。口径 15.6、高 5.5 厘米（图二○六，3）。标本 M49：7，平折沿，圆方唇，沿背稍向上凹。折肩明显，深弧腹，小平底。口径 18.4、高 8 厘米（图二○六，6；图版四○，4）。标本 M54：22，折沿，沿面略向内斜，方唇，唇面微凹，沿背内侧稍向上凹。折肩不明显，折痕低于Ⅰ式，浅弧腹，平底较大。口径 16、高 5.8 厘米（图二○六，2）。

BⅢ式：7 件，折沿，方唇，沿背内侧向上凹，折肩或折腹。标本 M5：11，折沿，厚

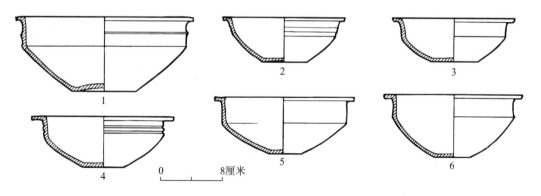

图二○六　西汉时期 BⅡ式陶盂
1～6. M29：5、M54：22、M49：5、M33：7、M47：12、M49：7

方唇，唇面略内凹，沿背内侧上凹明显。折肩，颈较直，弧腹，小平底。口径18.8、高6.4厘米（图二〇七，1；图版四一，1）。标本M14：1，平折沿，方唇，沿背内侧向上凹，折腹，折痕在中腹，平底较大。口径18.4、高7.2厘米（图二〇七，2）。标本M14：5，折沿，沿面向外斜，方唇，沿背内侧上凹较深。折肩，折痕靠近中腹，平底。口径16.8、高7.6厘米（图二〇七，3）。标本M24：1，折沿，厚方唇，沿背内侧上凹明显。腹较弧，折痕不明显，平底。口径17.6、高7.4厘米（图二〇七，4；图版四一，2）。标本M47：11，折沿，沿面略向外斜，面上有凹痕，沿背内侧向上凹。折腹，折痕在中腹，上腹较斜直，下腹弧收，平底。口径18.8、高7.6厘米（图二〇七，6）。标本M49：6，折沿，沿面向内斜，方唇，沿背内侧向上凹。折腹，折痕在中腹偏上，下腹浅弧，平底较大。泥质灰褐色陶，口径16.2、高5.6厘米（图二〇七，5）。标本M78：6，平折沿，沿面略凹，厚方唇，沿背面内侧上凹较深。折腹，折痕在中腹偏上，平底。上腹有多道瓦楞纹。口径19.2、高8厘米（图二〇七，7）。

杯　2件，形制相同，出于同一座墓。标本M73：7，深斜腹，下腹内弯变细，假圈足。泥质灰陶，口径7、高6.9厘米（图二〇七，8）。

甑　复原12件，分二型。

A型　2件，弧腹，泥质红陶。分二式。

AI式：标本M73：1，折沿，沿面微向下凹，尖圆唇，浅弧腹，大凹底，底上有五个圆形气孔。上腹有二道凸弦纹。口径16、高6.6厘米（图二〇八，1；图版四一，3）。

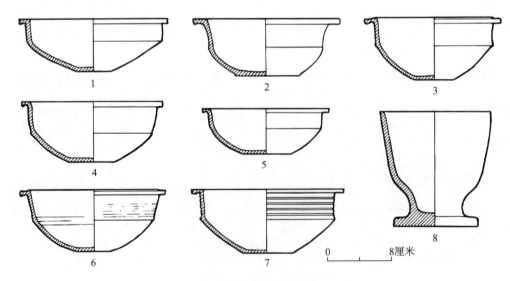

图二〇七　西汉时期陶盂、杯

1~7. BⅢ式盂（M5：11、M14：1、M14：5、M24：1、M49：6、M47：11、M78：6）

8. 杯（M73：7）

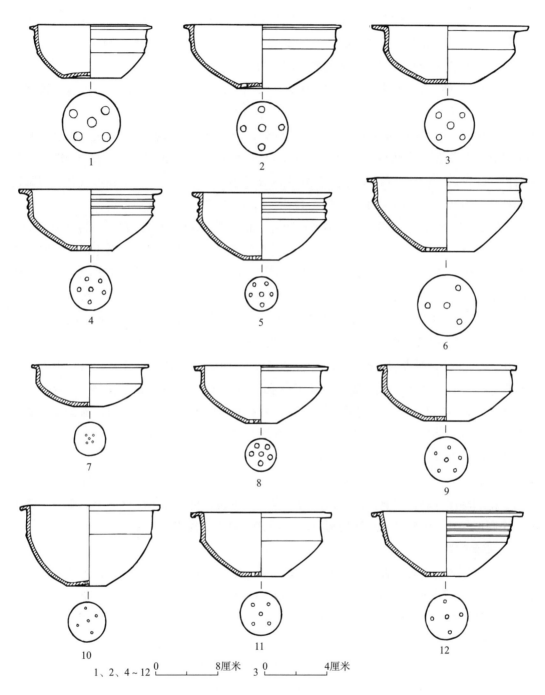

1、2、4~12 0 _____ 8厘米　3 0 _____ 4厘米

图二〇八　西汉时期陶瓿

1. AⅠ式（M73：1）　2. AⅡ式（M30：13）　3~5. BⅠ式（M12：5、M12：6、M24：13）　6~8. BⅡ式
（M29：6、M49：8、M57：7）　9~12. BⅢ式（M5：9、M22：2、M33：12、M78：5）

AⅡ式：标本 M30：13，折沿，沿面微向外斜，薄方唇，深弧腹，小底略凹，底上有五个圆形气孔。上腹有二道凸弦纹。口径 20.2、高 8 厘米（图二〇八，2）。

B 型 10 件，折肩或折腹，皆泥质灰陶。分三式。

BⅠ式：3 件。尖唇或圆唇。标本 M12：5，器特小，平折沿。尖唇，折肩。颈部较直，腹较浅，平底，底上有五个圆形气孔。口径 10.2、高 3.6 厘米（图二〇八，3）。标本 M12：6，折沿，沿面微向内斜，圆唇，折肩，颈较直，腹斜收成小平底。底上有六个圆形气孔。颈部有二道凸棱。口径 18.4、高 7.6 厘米（图二〇八，4）。标本 M24：13，平折沿，尖圆唇，折肩，颈部较直，深弧腹内收成小平底，底上戳六个圆形气孔。肩部饰二周凸棱。口径 18、高 8.4 厘米（图二〇八，5；图版四一，4）。

BⅡ式：3 件，方唇。标本 M29：6，折沿，沿面微向外侧倾斜，方唇，唇面内凹，折肩，颈部较直，腹部深弧，平底。颈部饰一周凸弦纹，底部戳四个小圆气孔。口径 21、高 9.2 厘米（图二〇八，6）。标本 M49：8，折沿，沿面微凹，圆方唇。浅折腹，折痕不明显。平底较大，底上戳五个小圆形气孔。口径 15.2、高 5.2 厘米（图二〇八，7）。标本 M57：7，折沿，沿面微向外斜，斜方唇。折肩，颈较直，深弧腹，小平底。底上戳六个圆形气孔，口径 17.2、高 5.8 厘米（图二〇八，8）。

BⅢ式：4 件，厚方唇。标本 M5：9，折沿，沿面微向外翻，厚方唇，沿背内侧向上凹较深，浅折腹，平底，底上戳六个圆形气孔。口径 18.4、高 7 厘米（图二〇八，9）。标本 M22：2，折沿，沿面略向外翻，方唇，沿背面内侧上凹较深。折肩，深弧腹，底略凹，底上戳五个圆形气孔。口径 18.4、高 10 厘米（图二〇八，10）。标本 M33：12，折沿，沿面略向外翻，沿面上有一周凹痕，方唇，沿背内侧向上凹陷很深。折肩，折痕靠近中腹。平底，底上戳五个圆形气孔。口径 18、高 8 厘米（图二〇八，11）。标本 M78：5，折沿，沿面略向外翻，方唇，沿背内侧向上深凹。折腹，折痕在中腹略靠上。平底，底上戳五个圆形气孔。上腹饰三道瓦楞形纹。口径 19、高 8.2 厘米（图二〇八，12）。

3. 模型陶器

灶 复原 8 件。灶台皆为曲尺形，各有二个火眼，火眼上放置陶釜。皆泥质灰陶。标本 M24：7，灶台较长，灶门为圆形，不落地。两个火眼紧挨，上面各置一釜。灶后侧为挡墙，挡墙内侧上方划网纹；中间划横烟道，上贴四个圆形泥饼；下方划竖烟道和横烟道相接，上贴一个圆形泥饼。长 30.4、宽 25.2、高 20.8 厘米（图二〇九；图版四二，1）。标本 M5：3，灶台较长，灶门为圆形，不落地。两个火眼相隔较远，上置大小陶釜各一，挡墙略弯曲，挡墙内侧划一条横烟道，烟道上贴一排五个圆形泥饼。长 33、宽 26、高 18 厘米（图二一〇，1；图版四二，2）。标本 M14：2，灶台短小，火眼之间相隔很近，灶门为圆形，不落地。挡墙稍弯曲，挡墙内侧划二道横直线和二道竖直线，代表烟道。长 22、宽 19.2、高 16.4 厘米（图二一〇，2）。

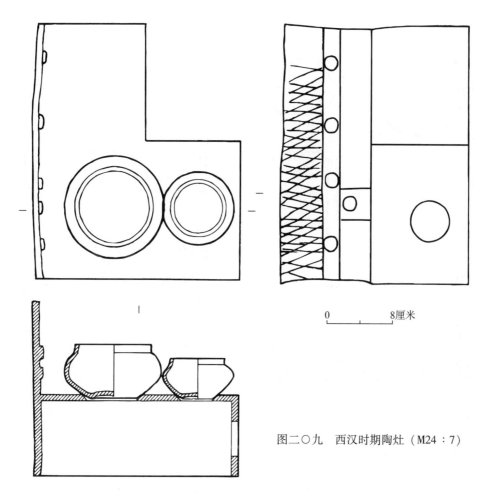

0　　　　　　8厘米

图二〇九　西汉时期陶灶（M24∶7）

　　标本 M22∶4，灶台稍短，两个火眼相距较远。灶门为圆形，不落地。灶台后侧有倒梯形挡墙，挡墙内侧划横竖相接的烟道，烟道上饰两排小圆圈。灶身长 25、宽 23、高 18 厘米（图二一一，1）。标本 M38∶5，灶台较短，上有两个火眼，各置一釜。灶门为拱门形，不落地。挡墙内侧划横烟道，烟道上贴四个圆形泥饼。长 27.4、宽 23.5、高 16.6 厘米（图二一二；图版四三，1）。标本 M47∶8，灶台较短，两个火眼相隔较远，内侧火眼上尚存一釜。灶门为拱门形，不落地。挡墙内侧划三道横直线，表示烟道。长 31.8、宽 27.2、高 22.8 厘米（图二一三）。标本 M54∶6，灶台较短，两个火眼相隔较远。灶门为圆形，不落地。挡墙较直，内侧刻划二道横直线代表烟道。长 23、宽 20.2、高 15.6 厘米（图二一一，2）。标本 M78∶2，灶台较长，火眼之间的距离较大，灶门为圆形，不落地。挡墙呈倒梯形，挡墙内侧划横烟道，烟道上划二排圆圈纹。长 29.3、宽 24.6、高 18.4 厘米（图二一四；图版四三，2）。

　　釜　数量较多，有些釜在出土时仍置于灶上，但也有的墓只随葬釜，不随葬灶。这里

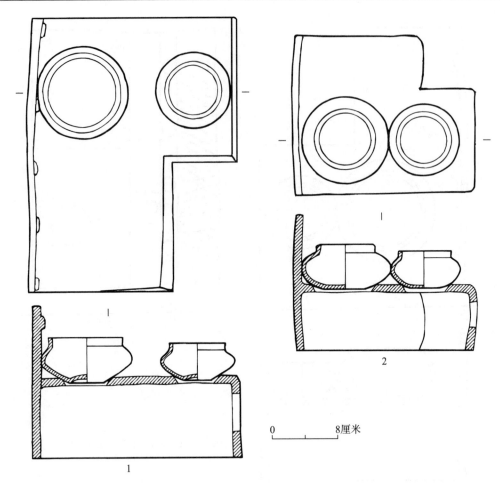

图二一〇　西汉时期陶灶

1. M5：3　2. M14：2

仅选择6件有代表性的釜作介绍。可分二型。

A型　4件。矮直领，扁鼓腹，平底。标本 M29：3，口较大，泥质灰陶，口径 12、高 9.8 厘米（图二一五，1；图版四六，1）。标本 M54：8，腹甚扁凸，腹两侧各贴一小环，泥质灰陶。口径、高 6.4 厘米（图二一五，2）。标本 M57：5，口较小，小平底略凸出，腹两侧各贴一环，盖面微隆起，喇叭形小钮。泥质灰陶，盖上饰凹弦纹一周。口径 10、通高 13.6 厘米（图二一五，3）。标本 M73：12，腹两侧各贴一环，弧形盖，上有三个小插孔，孔内各插一个鸟形钮。泥质红陶，口径 9.6、通高 11.2 厘米（图二一五，4）。

B型　2件。矮直领，扁凸腹，大圜底。标本 M12：12，大口，大圜底，肩部两侧各贴一个椭圆形的小环。泥质灰陶，口径 9.6、高 7.2 厘米（图二一五，5）。标本 M54：7，器体小，腹甚扁凸。泥质灰陶，口径 6.4、高 4.4 厘米（图二一五，6）。

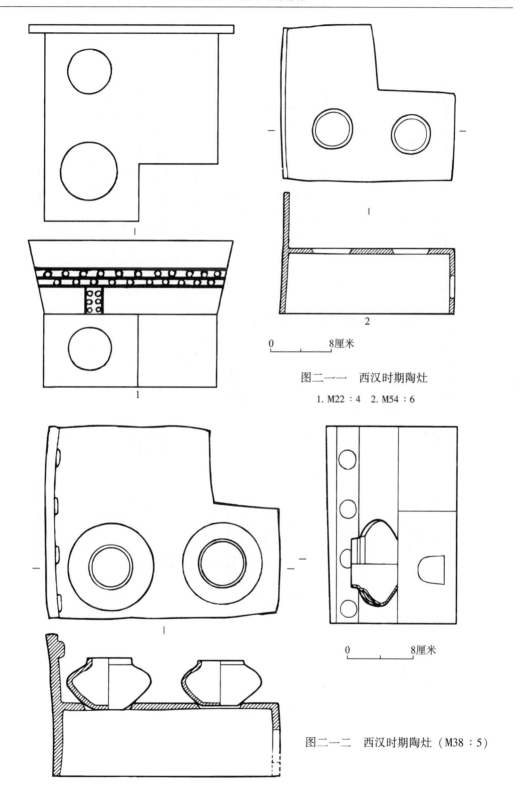

图二一一　西汉时期陶灶
1. M22∶4　2. M54∶6

0　　　8厘米

0　　　8厘米

图二一二　西汉时期陶灶（M38∶5）

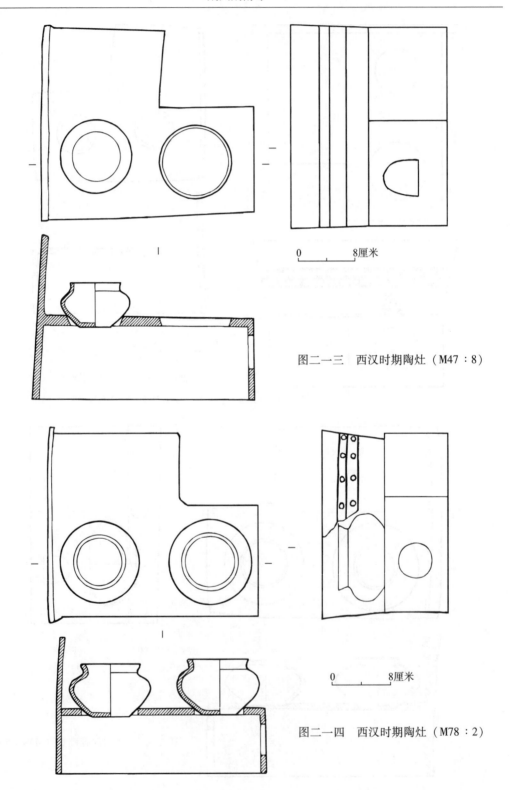

0 ___ 8厘米

图二一三　西汉时期陶灶（M47∶8）

0 ___ 8厘米

图二一四　西汉时期陶灶（M78∶2）

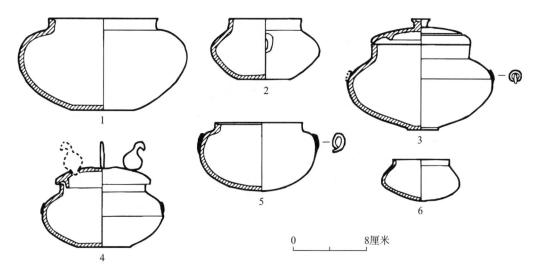

图二一五　西汉时期陶釜

1~4. A 型（M29：3、M54：8、M57：5、M73：12）　　5、6. B 型（M12：12、M54：7）

　　仓　复原 4 件。仓身为缸形或鼓形，口上承盖，平底，泥质灰陶。标本 M24：11，仓体如缸形，口较敛，上腹较鼓，下腹渐收变瘦。上腹开一正方形门洞，门孔上下各饰二周绞索状附加堆纹。盖面侧视为人字形，坡面斜直，俯视分为内外二区，内区为小圆顶，有 8 根放射状檩条。外区为盖面，由 4 组 36 根檩条构成，盖径 30.6、口径 20.8、底径 12.4、通高 26.8 厘米（图二一六，1；图版四四，1）。标本 M33：3，仓身如鼓形，最大径在中腹，上端有长方形门洞，中腹有二道凸弦纹。盖如伞形，盖面较弧，俯视分内外二区，内区为圆形小顶，小顶周围有 8 根放射状檩条，外区有 4 组 24 根放射状檩条。盖径 28.4、口径 19.2、底径 13.8、通高 23.6 厘米（图二一六，2；图版四四，2）。标本 M38：11，整体如缸形，口稍敛，深弧腹，上腹门洞残缺，口沿和腹部各有二道绞索状附加堆纹，下腹饰断续绳纹。盖面内区为小圆顶，有残损，顶内有放射状檩条。外区有 4 组 28 根檩条。口径 25.6、底径 17.2、残高 32 厘米（图二一六，3；图版四五，1）。标本 M47：2，仓身如鼓形，子口，中腹较鼓，下端稍细。上腹开一长方形门洞，口沿和中腹各有二周绞索状附加堆纹。盖顶作弧形，俯视分内外二区，内区为圆形小顶，外区有 4 组 24 根檩条。盖径 26.8、口径 20.6、底径 18、通高 27.5 厘米（图二一七，1；图版四五，2）。标本 M54：14，仓身如鼓形，子口，中腹较鼓，上腹开一长方形门洞。盖如伞状，俯视分内外两区，内区为小圆顶，周围有 8 根放射状小檩条，外区有 4 组 24 根檩条，仓身饰二道凹弦纹以及稀疏的短绳纹。盖径 28.4、口径 17.2、底径 13.6、通高 24.8 厘米（图二一七，2）。

　　（二）漆木器

　　漆木器依胎质分为陶胎漆器、木胎漆器、木器三类。

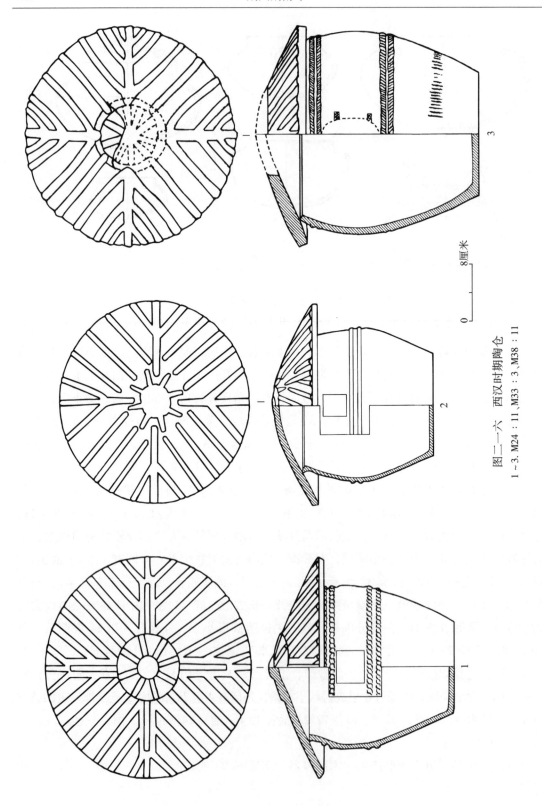

图二一六　西汉时期陶仓
1～3. M24：11，M33：3，M38：11

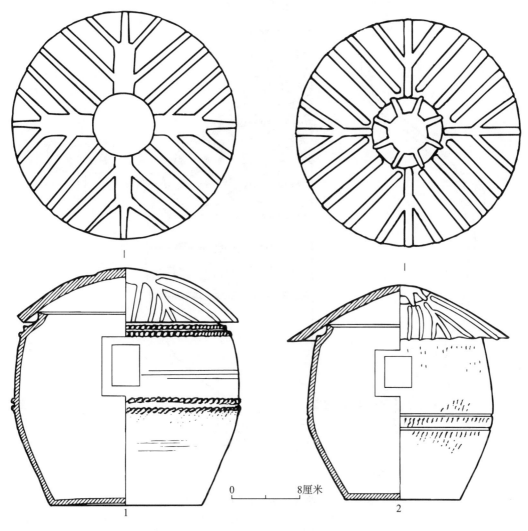

图二一七　西汉时期陶仓

1、2. M47：2、M54：14

1. 陶胎漆器

仅 M1、M24 两座墓中有出土。胎质为泥质灰陶，器表髹漆彩画工艺与木胎漆器相同。出土前全部破碎，复原 11 件。

圆壶　3 件。标本 M1：2，盘形口略外侈，细颈内束，深圆鼓腹，圜底，矮圈足，腹与圈足交界处内束。上腹两侧各贴兽面铺首衔环。器表涂酱色漆为地，纹色以黑色为主，其次为黄色。花纹绘于器表，以条带进行分割。纹样有二方连续的条带纹、勾连纹、菱形纹、云气纹、星点纹等。口径 17、高 43.6、圈足径 19.4 厘米（图二一八；彩版八，2）。标本 M24：13，长颈内束，圆鼓腹，圜底，喇叭形圈足，肩两侧饰兽面铺首衔环。有盖，

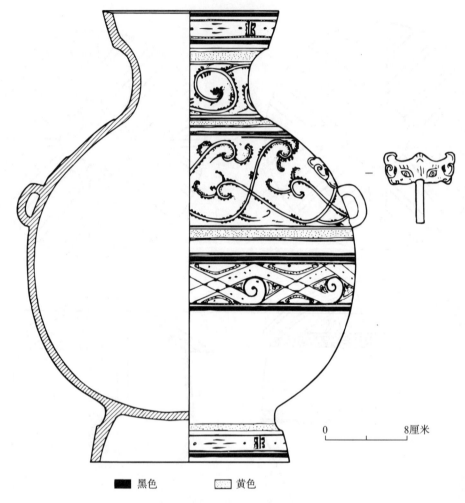

■ 黑色　　　□ 黄色

图二一八　西汉时期陶胎漆圆壶（M1：2）

盖面弧形隆起。器表涂酱色漆作地，用红、白二色漆绘花纹，纹样有条带纹、三角纹、云纹、火焰纹、菱形纹等。口径 29.2、通高 41.6、圈足径 16.4 厘米（图二一九）。标本M24：9 与此件基本相同。

　　盂　2 件。标本 M1：73，平折沿，短颈，浅弧腹，小矮圈足，底外划放射状线纹。髹酱紫色漆。口径 32.8、高 13.6 厘米（图二二〇，2；图版四六，3）。标本 M1：70，器形大，卷沿，束颈，腹微鼓，矮圈足，腹两侧贴兽面铺首。外表以黑漆为地，局部略带褐色，器内为酱色。花纹绘于表面、沿内沿面和铺首上。纹色主要用红色，细部多用黄色。纹样有勾连纹、平行条带纹、云气纹、兽面纹、星点纹等。口径 40、高 22 厘米（图二二二；彩版八，3）。

　　扁圆壶　1 件。标本 M1：74，小口微侈，细颈内束，腹部扁圆，大圈底。表面髹酱

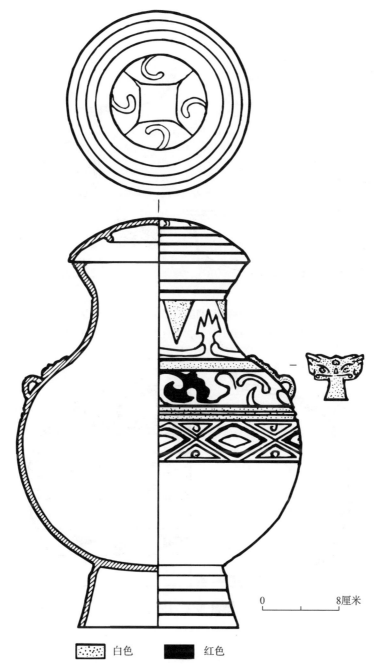

白色　　　■ 红色

图二一九　西汉时期陶胎漆圆壶（M24：13）

褐色漆。口径12.4、高23.2厘米（图二二○，1；图版四六，2）。

　　盘　1件。标本M1：84，折沿，折腹，大圈底，腹两侧贴虎面铺首。器表髹酱色漆。口径35.2、高9.2厘米（图二二○，3；图版四六，4）。

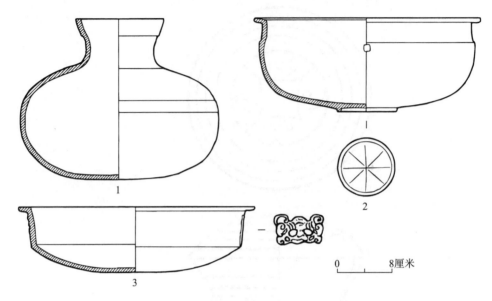

图二二○　西汉时期陶胎漆扁圆壶、盂、盘

1. 扁圆壶（M1：74）　　2. 盂（M1：73）　　3. 盘（M1：84）

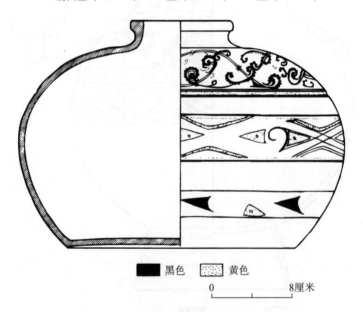

■ 黑色　▨ 黄色

0　　　　　　　8厘米

图二二一　西汉时期陶胎漆罐（M1：72）

　　罐　1件。标本 M1：72，小口厚圆唇，短颈，圆广肩，扁圆腹，大平底略凹。表面涂酱色漆作地，以红线将器表分隔成三个花纹带，上端以黑色和红色绘云气纹，中间以红色绘变形鸟头纹和曲折纹，下端以红色绘变形鸟头纹。口径 10.2、高 22.2 厘米（图二二一）。

红色　黄色

0　　　　　　8厘米

图二二二　西汉时期陶胎漆盂（M1：70）

　　鼎　2件，形制、花纹相同。标本 M1：69，子口，直立附耳，腹较浅直，大圜底近平，兽蹄形矮足。表面涂酱褐色漆为地，花纹绘于口沿、上腹、足根、耳外、耳侧等部位。主纹用黑色，辅助纹用黄色。主要纹样为二方连续菱形纹、条带纹，次要纹样有田字形纹、涡纹、云气纹等。口径19.2、高12.4厘米（图二二三；彩版八，4）。

　　方壶　1件。标本 M1：64，整体呈瘦高四方形，口略侈，束颈，溜肩，深弧腹，高圈足，腹两侧贴兽面纹铺首衔环。盖为四方覆斗形，盖的四个斜面上各插一个简化的蹲

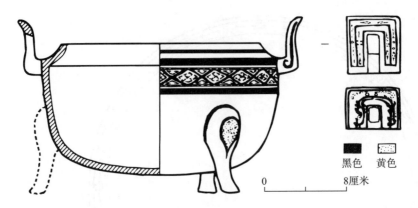

图二二三　　西汉时期陶胎漆鼎（M1∶69）

兽。表面涂酱紫色漆为地，全身彩画。纹色主要为黑色，细部多用黄色。盖面中心绘对称的蒂形纹和草叶纹，斜面上绘卷云纹和云气纹。器身表面用黑色和黄色分隔为若干花纹带，颈、上腹为卷云纹、下腹和圈足为菱形纹和涡纹。通高45.6、口径12、圈足径13厘米（图二二四；彩版八，1）。

2. 木胎漆器

数量较多，但保存不好。这里选择8件器形、花纹比较清楚的器物介绍如下。

耳杯　5件。皆长椭圆形，平底，整木挖制。标本M1∶5，残一耳，新月形弧耳。外表及耳、口沿内侧涂黑漆为地，器内口沿以下髹红漆，口沿及耳上画红色波折纹、圆圈纹、云纹、B字形纹等。长14.4、高4厘米（图二二五，1）。标本M1∶6，新月形弧耳，外表、沿内涂黑漆，器内口沿以下髹红漆，耳上画红色波折纹、点纹，沿内画四对红色B字形纹。长14、高4厘米（图二二五，2）。标本M1∶7，新月形弧耳，外表及耳内侧、口沿内侧涂黑漆，杯内口沿以下涂红漆。用红彩在黑漆地上画绘波折纹、变形鸟首纹、小圆圈纹、涡云纹等。长18.4、高4厘米（图二二五，4）。标本M1∶9，新月形弧耳。外表及耳内、沿内涂黑漆，器内沿以下涂红漆。长16.8、高5.2厘米（图二二五，3）。标本M1∶14，方耳。外表及耳内侧涂黑漆，腹内涂红漆。长17.6、高5.2厘米（图二二五，5）。

盘　2件。皆残，镟制，平折沿，口沿较厚，底浅平。外表、沿面及中心部位涂黑漆，沿与中心部位之间涂红漆。标本M1∶88，沿面与中心部位用红漆绘波折纹、变形鸟首纹、云纹等。口径22.4、高2.8厘米（图二二六，1）。标本M1∶97，沿面与中心部位用红漆绘波折纹、点纹、云气纹、变形鸟首纹、B形纹等。口径23.2、高4厘米（图二二六，2）。

樽　标本M1∶93，残，卷制，圆筒形，厚平底。盖缺失。表面涂黑漆为地，用红漆线条分隔成若干花纹带，绘云气纹、变形鸟首纹、小圆圈纹等。底径12.4、残高10厘米

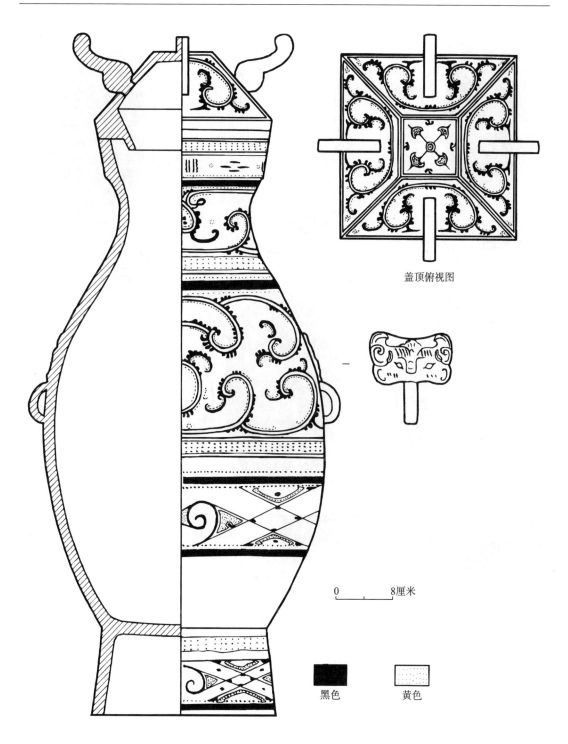

盖顶俯视图

0　　　　8厘米

■ 黑色　　　□ 黄色

图二二四　西汉时期陶胎漆方壶（M1：64）

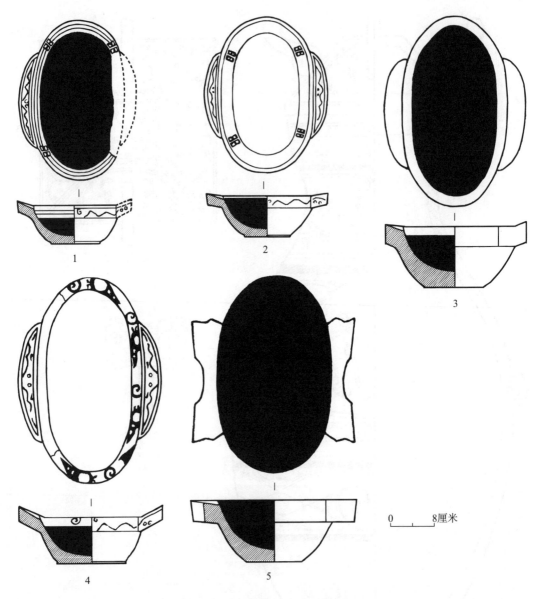

图二二五　西汉时期木胎漆耳杯

1~5. M1：5、M1：6、M1：9、M1：7、M1：14

（图二二六，3）。

3. 木器

只见于M1，有人俑18件，马俑4件，牛俑1件，船模型1件，剑、鸠杖首各1件等，均保存不好，这里仅选择部分形状清楚者介绍。

人俑　标本M1：24，侍立俑，原先应有彩绘。短发，眼鼻简单雕出，着深衣，右手

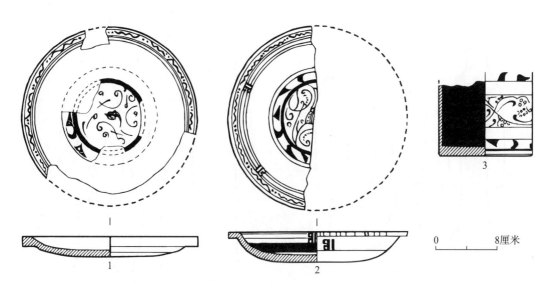

图二二六　西汉时期木胎漆盘、樽

1、2. 盘（M1：88、M1：97）　3. 樽（M1：93）

向前抬起，作持物状，左手下垂。高 34 厘米（图二二七，1）。标本 M1：28，原有彩绘，已脱落。双臂平抬，交于胸前，着深衣，垂马尾式长发。高 39.2 厘米（图二二七，2）。

牛俑　标本 M1：46，头身及腿根部以整木雕成，略具形状，有耳、鬃毛，腿以下部分缺失。体长 30、残高 11 厘米（图二二七，3）。

剑盒　标本 M1：10 - 1，仅存盒身，盖已缺失。长方形，两端有方榫。长 58、宽 6.7、高 3.6 厘米（图二二七，5）。

剑　标本 M1：10 - 2，出土前置剑盒内，木质，锋及刃部残，茎部用丝线缠绕，再用黑漆涂刷，无首无格，脊断面呈扁椭圆形。残长 41、最厚 1.2 厘米（图二二七，6）。

鸠杖首　标本 M1：96，杖首作鸠形，腹下部有榫，杖身缺失。长 14.8、高 6.8 厘米（图二二七，4）。

（三）铜器

铜器数量极少，腐蚀严重，这里仅介绍其中较完整的 4 件。

带钩　标本 M73：21，整体若鸭回首状，长 3.3 厘米（图二二八，2）。标本 M54：25，整体若 S 形，钩作鸟首形，长 4.5 厘米（图二二八，1）。

印章　标本 M73：20，印面为正方形，鼻形钮。边长 1、高 0.85 厘米。印文为阳文小篆体，有二字，印面中间及下部有一些笔画缺损（图二二八，3）。

蒜头壶　2 件，形制相同。标本 M1：82，顶端如蒜头形，小直口，细长颈较直，颈下部有一周凸棱。溜肩，扁腹，圜底，底外中间有一个环钮，矮圈足。口径 3.2、高 36.8、圈足径 14 厘米（图二二八，4；图版四六，5）。

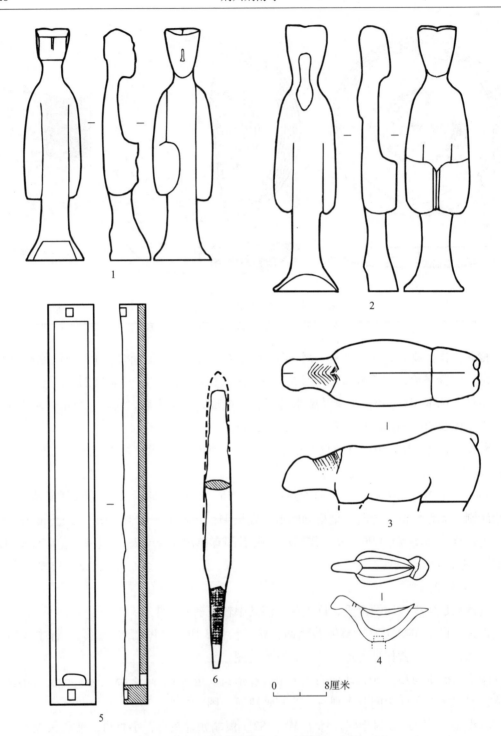

图二二七　西汉时期木侍俑、牛、鸠杖首、剑盒、剑

1、2. 侍立俑（M1：24、M1：28）　3. 牛（M1：46）　4. 鸠杖首（M1：96）

5. 剑盒（M1：10－1）　6. 剑（M1：10－2）

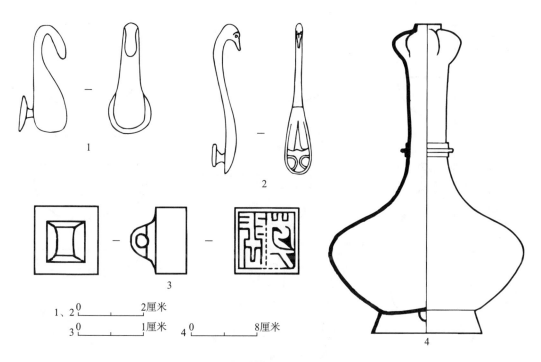

图二二八　西汉时期铜印章、带钩、蒜头壶

1、2. 带钩（M54：25、M73：21）　3. 印章（M73：20）　4. 蒜头壶（M1：82）

三　小结

荆州古城周围分布着为数甚多的西汉时期墓葬，经考古发掘的也不少。荆南寺遗址的33座西汉墓，分布集中，年代相近，为研究该地区西汉墓的年代分期以及文化特点等，增添了新的资料。

（一）分期

上世纪七十年代以来，在荆州古城以北及纪南城周围发掘的西汉墓，比较重要的有凤凰山墓地和高台墓地。凤凰山发掘秦汉墓约30座[1]，以西汉墓为主，其中167号墓[2]、168号墓[3]等均为西汉早期墓，168号墓下葬于公元前167年，是一座重要的纪年墓。高台墓地共发掘44座秦汉墓[4]，绝大多数为西汉早中期。报告对这批墓葬进行了系统的分期。此

①　长江流域第二期文物考古工作人员训练班：《湖北江陵凤凰山西汉墓发掘简报》，《文物》1974年第6期。

②　凤凰山汉墓发掘整理小组：《江陵凤凰山一六七号汉墓发掘简报》，《文物》1976年第10期。

③　湖北省文物考古研究所：《江陵凤凰山一六八号汉墓》，《考古学报》1993年4期。

④　湖北省荆州博物馆：《荆州高台秦汉墓》，科学出版社，2000年。

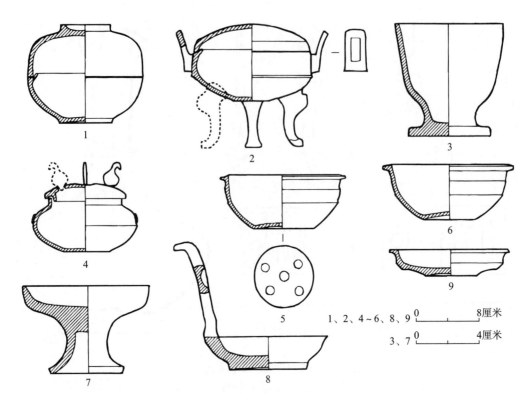

图二二九　西汉时期 M73 部分陶器

1. Ⅰ式盒（M73：19）　2. A 型鼎（M73：10）　3. 杯（M73：7）　4. A 型釜（M73：12）　5. A Ⅰ式甑
（M73：1）　6. A Ⅰ式盂（M73：9）　7. 豆（M73：3）　8. 勺（M73：5）　9. A Ⅰ式盘（M73：2）

外，在荆南寺北侧的张家山墓地也发现了 3 座比较重要的西汉墓①。以上这些墓葬因与荆南寺遗址距离很近，年代又大致相同或相近，因而在后者的年代分期上具有重要参考价值。

荆南寺的 33 座墓中，绝大多数随葬品都是陶器，因此，陶器的组合关系和型式分析，便成为墓葬分期的重要依据。通过比较陶器，我们大致可以将这批墓葬分为四组。

第一组：只有 M73 一座墓。其特点是：全部陶器都是泥质红陶，其他颜色的陶器一件也没有。该墓的陶器有 A 型鼎 2、A 型盒 2、Ⅰ式釜 2、杯 2、豆 2、勺 2、A Ⅰ式盂 1、A Ⅰ式甑 1、A Ⅰ式盘 1（图二二九）。

第二组：也只有 M30 一座墓。陶器中除大口广肩罐为红胎黑皮陶外，其他陶器均为泥质红陶。该墓的陶器有大口广肩罐 1、Ⅰ式矮领罐 2、Ⅱ式矮领罐 2、C 型壶 2、A Ⅱ式盂 1、A Ⅱ式甑 1、A Ⅱ式盘 1（图二三〇）。

①　荆州地区博物馆：《江陵张家山两座汉墓出土大批竹简》，《文物》1992 年第 9 期。

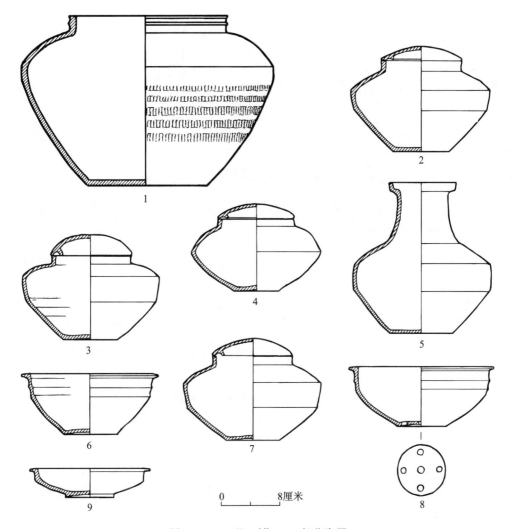

图二三〇　西汉时期 M30 部分陶器

1. 大口广肩罐（M30：5）　　2、3. Ⅰ式矮领小罐（M30：7、M30：8）　　4、7. Ⅱ式矮领小罐（M30：9、M30：12）
5. C 型壶（M30：2）　　6. AⅡ式盂（M30：11）　　8. AⅡ式甑（M30：13）　　9. AⅡ式盘（M30：10）

　　第三组：以 M4、M12 为代表。该组墓陶器绝大多数为泥质灰陶，红陶一件也没有。M4 的陶器有Ⅱ式长颈绳纹罐 2、B 型壶 2、BⅠ式盂 1、Ⅰ式矮领小罐 2、Ⅱ式盒 2 等（图二三一）。M12 的陶器有Ⅰ式长颈绳纹罐 1、Ⅰ式矮领小罐 2、Ⅱ式矮领小罐 1、AⅠ式壶 1、AⅡ式壶 1、BⅠ式盂 1、BⅠ式甑 2、BⅠ式盘 1、B 型釜 1 等（图二三二）。随葬陶器比较接近的墓葬还有 M38、M54 等。

　　第四组：以 M5、M24 为代表。该组陶器的陶色与第三组相同。M5 的陶器有Ⅱ式瓮 1、Ⅱ式矮领小罐 2、BⅢ式盂 1、BⅢ式甑 1、BⅡ式盘 1、灶、仓等（图二三三）。M24 的陶

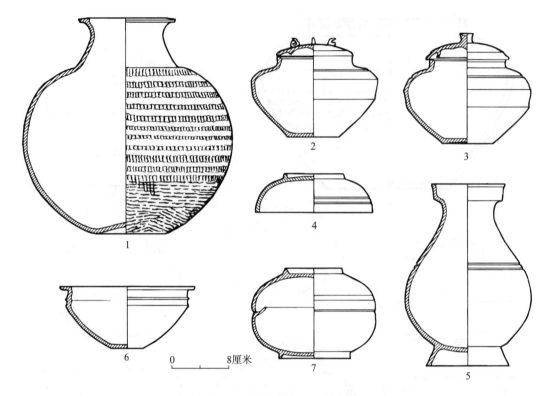

图二三一　西汉时期 M4 部分陶器

1. Ⅱ式长颈绳纹罐（M4：4）　　2、3. Ⅰ式矮领罐（M4：12、M4：13）　4. Ⅱ式盒（M4：3）

5. B 型壶（M4：9）　6. B Ⅰ式盂（M4：2）　7. Ⅱ式盒（M4：14）

器有 B 型鼎2、Ⅲ式盒2、Ⅰ式矮领小罐1、Ⅱ式矮领罐2、A Ⅰ式壶1、B Ⅲ式盂1、B Ⅰ式
甑、B Ⅱ式盘1、灶、仓等（图二三四）。随葬陶器比较接近的墓葬还有 M14、M22、M29、
M33、M47、M49、M57、M78 等。

　　以上四组共包括 14 座墓。还有 19 座墓，或因随葬的陶器太少，或因修复的陶器太
少，无法进行分组。对四组墓葬的陶器进行比较，不难发现，组与组之间的陶器既有很多
相似点，又有明显的差别。参照本地区过去的发掘资料，可知这种差别主要是由于年代早
晚不同造成的。因此可以将这四组墓分为四期，每组代表一个期别。

　　（二）年代

　　这批墓葬中除一枚印章和两个陶文外，未发现其他任何文字性资料，因此在讨论各组
墓葬的年代时，只能与过去发掘的同类资料进行对比，并在此基础上，对其年代作出一些
推测。

　　第一组：M73，其中出土的陶器有鼎、豆、盒、勺、盂、甑、杯、盘、釜。鼎、豆、
盒，为战国晚期传统的陶礼器，秦代及西汉早期在一些小型墓中继续沿用，只是器形有些

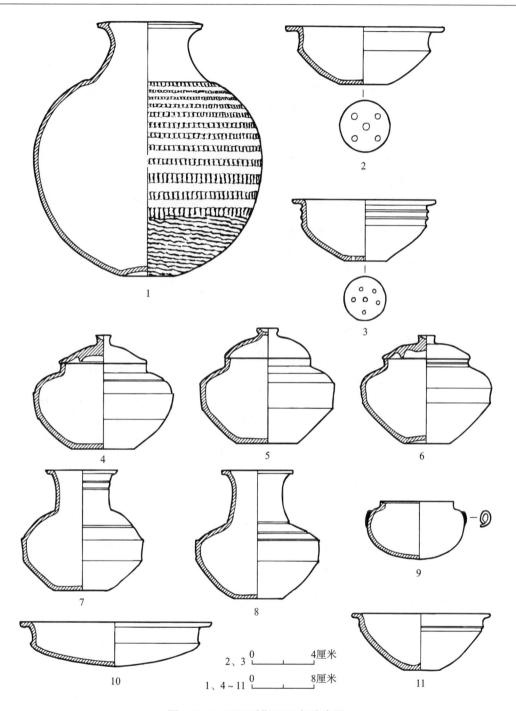

图二三二　西汉时期 M12 部分陶器

1. Ⅰ式长颈绳纹罐（M12：1）　　2、3. BⅠ式瓿（M12：5、6）　　4. Ⅱ式矮领小罐（M12：2）

5、6. Ⅰ式矮领小罐（M12：3、M12：7）　　7. AⅠ式壶（M12：10）　　8. AⅡ式壶（M12：9）

9. B型釜（M12：12）　　10. BⅠ式壶（M12：4）　　11. BⅠ式盂（M12：11）

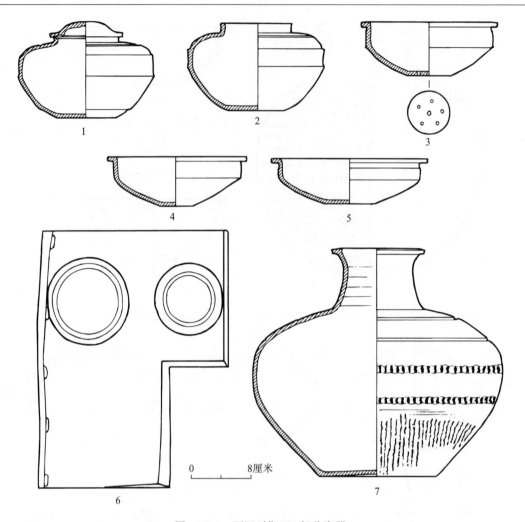

图二三三　西汉时期 M5 部分陶器

1、2. Ⅱ式矮领小罐（M5：2、4）　　3. BⅢ式甑（M5：9）　　4. BⅢ式盂（M5：11）

5. BⅡ式盘（M5：7）　　6. 灶（M5：3）　　7. Ⅱ式瓮（M5：6）

不同。M73 的鼎腹较浅，细高蹄足向外弯曲。这种形式的鼎在长沙西郊桐梓坡汉墓中出土较多，其中 M50：1 的Ⅱa 式鼎和荆南寺 M73：10 鼎在形式上完全一样。前者是桐梓坡第一期的典型器物，而该期的年代被认为是在战国末、秦汉之际至西汉初年①。荆南寺 M73 的盒、杯与江陵（现为荆州区）凤凰山 M38 秦墓所出的盒、杯略同②。荆南寺 M73 的杯与荆州高台 M18：14 的杯也很相似③。高台 M18 是一座纪年墓，下葬于文帝前元七年

①　长沙市文物工作队：《长沙西郊桐梓坡汉墓》，《考古学报》1986 年第 1 期。

②　郭德维：《试论江汉地区楚墓、秦墓、西汉前期墓的发展与演变》，图二，《考古与文物》1983 年第 2 期。

③　湖北省荆州博物馆：《荆州高台秦汉墓》，图一七○，科学出版社，2000 年。

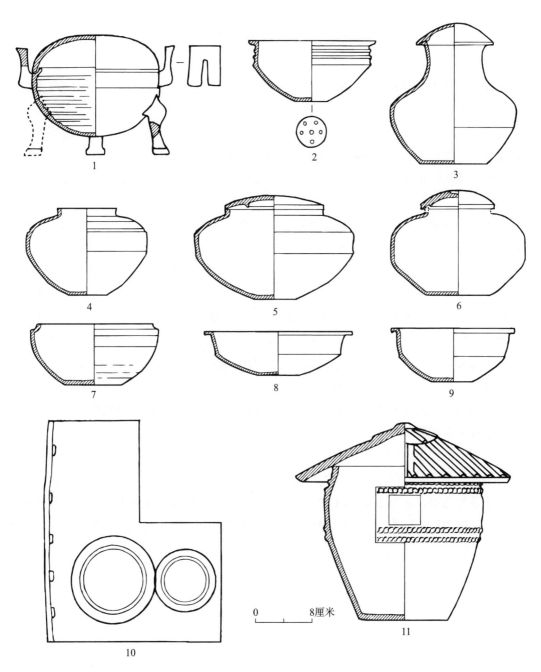

图二三四　西汉时期 M24 部分陶器

1. B 型鼎（M24∶2）　2. B I 式甑（M24∶13）　3. A I 式壶（M24∶9）　4. I 式矮领小罐（M24∶6）

5、6. II 式矮领小罐（M24∶10、M24∶12）　7. III 式盒（M24∶8）　8. B II 式盘（M24∶4）

9. B III 式盂（M24∶1）　10. 灶（M24∶7）　11. 仓（M24∶11）

（公元前 173 年），可见这种形式的杯从秦一直延续到文帝前期。荆南寺 M73 的盂、甄与云梦秦墓 M7 的盂、甄在形式上相当接近①。综合以上资料，将荆南寺 M73 的年代定在秦汉之际是比较适宜的。

第四组：属于这组的墓至少有 10 座。从陶器的型式排比情况看，各墓之间可能还有一些早晚的差别，例如 M24 就比 M5 要早一些，但大体上是处在同一个时期。与过去发现的考古资料比较，可以看出，M24 的鼎、盒与高台 M17 的鼎、盒基本相同，如鼎都是深腹矮蹄足，盒都是平底。这两种器的形式变化，都具有指示年代的意义。高台 M17 被排在二期三段，年代定在景帝时期。荆南寺第四组墓的年代应大致与此相同，其中有个别墓可能略晚一些。

在第一组墓和第四组墓之间，尚有第二、三两组墓。第二组 M30 陶器特征界于第一组与第三组之间。和第一组相比，两组墓的陶器都是泥质红陶，M30 的盂、甄、盘与 M73 的同类器大同小异，前者应是从后者演变而来，并且相隔时间不长。另外荆南寺 M30：5 与云梦秦墓 M20：3 大口广肩罐基本相同②，显示出较早的特征。和第三组相比，两组墓中都有较多的 I 式矮领罐。C 型壶 M30：2、6 与 B 型壶 M4：9、10 都为盘形口，这种风格在秦末汉初比较流行。综合这些情况，推测 M30 年代大致是在秦末汉初到文帝之前。

第三组墓数量较少，该组的陶器与凤凰山 M168 墓的陶器比较相似，如 M54 的 I 式瓮 M54：13 与凤凰山 M168 的瓮 M168：276，无论是形式还是纹饰，都基本相同。前面已经推测前一组墓的年代可能在文帝之前，第四组墓的年代为景帝时期，因此第三组墓的年代就只能落在文帝时期了。

这里还要提到 M1 的年代问题。这是该遗址上最大的一座墓，其陶胎漆方壶形体比较清瘦，口部近似盘形，与云梦 M11：45 铜钫相似③。圆壶的口沿和圈足也显示出较早的特点。但漆器的花纹，又与秦器有较大的区别，而与西汉早期的漆器更为相似。综合这些特点，似可以把 M1 放到第三组，实际年代略早于凤凰山 168 号墓的入葬时间（公元前 167 年）。

---

① 云梦睡虎地秦墓编写组：《云梦睡虎地秦墓》，图八三、八五，文物出版社，1981 年。
② 湖北省博物馆：《1978 年云梦秦汉墓发掘报告》，图三一，《考古学报》，1986 年 4 期。
③ 云梦睡虎地秦墓编写组：《云梦睡虎地秦墓》，图五四，文物出版社，1981 年。

附录

荆南寺遗址动物骨骼遗存研究

在对江陵荆南寺遗址的历次发掘中，获取了大量动物骨骼遗存，笔者有幸承担了对它们的鉴定及研究工作。

这些动物骨骼的获取来源分为两类，一类是采集获得，一类是发掘出土获得。对其进行整理和研究，严格遵循以下程序：

首先，严格按照动物解剖学原理，并参考了一些中外文的动物骨骼图谱[①]对这些动物骨骼进行种属鉴定，确定其所属的部位（包括左右），同时注意区分它们是否属于同一个体。其次，记录骨骼的出土数量、保存状况以及愈合情况，对体现年龄和性别的骨骼做重点描述，同时观察骨骼表面的人工痕迹、埋藏学痕迹以及骨骼是否有病变。第三，严格按照德莱依思奇（Driesch）创立的测量和记录方法，对动物骨骼进行测量和记录。最后，把鉴定、测量和记录所得的数据输入 Access 数据库，利用数据库的数据分析和处理功能对这批数据进行定量分析，并在此基础上展开综合研究。

经鉴定、统计和准确记录后，动物骨骼总数为 960 件，分别属于大溪文化、石家河文化、夏商时期、西周和东周五个时期。其中，夏商时期的动物骨骼为 822 件，占动物骨骼总数的 85.63%，其余四个时期的动物骨骼共计 138 件，占动物骨骼总数的 14.37%。夏商时期的动物骨骼数量在荆南寺遗址动物骨骼总数中占主体地位，而其他各个时期的动物骨骼数量少，不具有统计学上定量分析的相对科学性。因此，本文以夏商时期的动物骨骼遗存作为主要的研究对象，并展开相关讨论。

以下按照整理结果、讨论和结语等三个方面对荆南寺遗址动物骨骼遗存的整理及研究结果进行叙述。

---

① 格罗莫娃著、刘后贻等译：《哺乳动物大型管状骨检索表》，科学出版社，1960 年；中国古脊椎动物与古人类研究所《中国脊椎动物化石手册》编写组：《中国脊椎动物化石手册》，科学出版社，1979 年；伊丽莎白·施密德著、李天元译：《动物骨骼图谱》，中国地质大学出版社，1992 年；Bimin Billon, Mammal Bones and Teeth, Institute of Archaeology University College, London, 1992.

一　整理结果

整理结果分为种属鉴定、骨骼形态观察与测量、数量统计和痕迹观察。

（一）种属鉴定

无脊椎动物　Invertebrate

　　辨鳃纲　Lamellibranchia

　　　真辨鳃目　Eulamellibranchia

　　　　蚌科　Unionidae

脊椎动物　Vertebrate

　　硬骨鱼纲　Osteichthyes

　　　骨镖目　Ostariophysi

　　　　鲤科　Cyprinidae

　　　　　青鱼　*Mylopharyngodon* sp

　　爬行纲　Reptrlia

　　　龟鳖目　Testudinata

　　　　龟科　Testudinidae

　　　　鳖科　Trionychidae

　　鸟纲　Aves

　　哺乳纲　Mammalia

　　　长鼻目　Proboscidea

　　　　象科　Elephantidae

　　　　　亚洲象　*Elephas maximus*

　　哺乳纲　Mammalia

　　　兔形目　Lagomorpha

　　　　兔科　Leporidae

　　　　　兔　Lepus sp.

　　　啮齿目　Podentia

　　　食肉目　Carnivora

　　　　犬科　Canidae

　　　　　狗　Canis *familiaris Linnaeus*

　　　　猫科　Felidae

　　　　　虎　*Felis tigris* Linné

奇蹄目　Perissodactyla

　马科　Equidae

　　马　*Equus* sp.

偶蹄目　Artiodactyla

　猪科　Suidae

　　家猪　*Sus scrofa domesticus*

　鹿科　Cervidae

　　梅花鹿　*Cervus nippon* Temminck

　牛科　Bovidae

　　黄牛　*Bos* sp.

　　圣水牛　*Bubalus mephistopheles*

　　绵羊　*Ovis* sp.

　　大溪文化动物骨骼遗存所代表的动物种属有：梅花鹿、小型鹿科动物和圣水牛。石家河文化的动物种属有猪、黄牛和绵羊。夏商时期的动物种属有：蚌（图版四七，7）、青鱼（图版四八，1）、龟（图版四七，5）、鳖（图版四八，2）、鸟、亚洲象（图版四七，4）、啮齿类动物、兔（图版四八，3）、狗、马、猪（图版四八，5）、梅花鹿（图版四七，1）、小型鹿科动物（图版四八，6）、大型鹿科动物、黄牛（图版四七，3）、圣水牛（图版四七，2）和绵羊（图版四八，7）。西周的动物种属有蚌、鳖、狗（图版四八，4）、马、猪、梅花鹿、大型鹿科动物、黄牛和绵羊。东周的动物种属有虎（图版四七，8）。具体数量及比例情况见表一。

表一　荆南寺遗址动物骨骼数量、比例及代表的动物种属一览

分期	动物骨骼数量	比例	代表的动物种属
大溪文化	18	1.88%	梅花鹿、小型鹿科动物、圣水牛
石家河文化	3	0.3%	猪、黄牛、绵羊
夏商时期	822	85.63%	蚌、青鱼、龟、鳖、鸟、亚洲象、啮齿类动物、兔、狗、马、猪、梅花鹿、小型鹿科动物、大型鹿科动物、黄牛、圣水牛、绵羊
西周	111	11.56%	蚌、鳖、狗、马、猪、梅花鹿、大型鹿科动物、黄牛、绵羊
东周	6	0.63%	虎

（二）骨骼形态观察与测量

　　以下，主要对荆南寺遗址夏商时期的动物骨骼进行测量及统计，并按照动物种属加以叙述，其他各个时期的动物骨骼测量及统计情况见附表七至附表十[①]。

---

　　①　附表七、附表九和附表十中没有将未鉴定至种属的动物骨骼统计在内。

1. 狗

左桡骨和右股骨远端各一件，依照 Driesch 的测量标准和方法[1]对其进行测量（见表二）。

表二　荆南寺遗址夏商时期狗骨测量数据表[2]

单位	骨骼名称	保存状况	愈合程度	近端长	近端宽	远端长	远端宽	全长
H211	左桡骨	完整	愈合	19.07	12.74	20.49	15.07	120.41
H211	右股骨远端		愈合			27.98	32.46	

2. 猪

上颌碎块共计2件，测量数据见附表一；有测量数据的下颌共计8件，测量数据见附表二。

测量左肱骨远端1件，远端长46.17毫米；测量左肱骨远端1件，远端长36.70、宽34.85毫米。

测量左股骨远端1件，远端长47.72、宽59.12毫米。

测量左胫骨近端（残）1件，近端长51.42毫米；测量右胫骨近端（残）1件，近端宽44.53毫米。

测量左桡骨远端1件，远端长37.23、宽29.71毫米；测量左桡骨远端（未愈合）1件，远端长35.61、宽26.84毫米；测量左桡骨近端1件，近端长41.72、宽23.31毫米；测量右桡骨（远端残）1件，近端长27.19、宽16.99毫米。

3. 梅花鹿

测量上颌碎块1件，M^1 长16.83、宽14.09毫米；测量下颌20件，测量数据见附表四。

测量肩胛骨17件，关节盂长和关节盂宽等相关测量统计数据见表三及附表三。

表三　荆南寺遗址夏商时期梅花鹿肩胛骨测量统计表

数据名称	数据个数	离差	平均值	标准偏差
关节盂长	17	30.52～48.05	40.61	4.59
关节盂宽	13	27.06～38.23	30.02	3.15

梅花鹿肢骨的测量数据见附表五。

4. 大型鹿科动物

测量左股骨远端1件，远端长57.35、宽67.99毫米；测量右掌骨近端1件，近端长

---

[1]　Angela Von Den Driesch, A Guide to the Measurement of Animal Bones From Archaeological Site, Peabody Museum of Archaeology and Ethnology Harvard University, 1976.

[2]　本文中所涉及的数据，标准偏差无单位，数据个数单位为个，其他测量数据的单位皆为毫米，特此说明。

58.01、宽35.73毫米。

5. 小型鹿科动物

测量左掌骨近端1件，近端长29.11、宽19.11毫米；测量左掌骨近端1件，近端长28.19、宽21.71；测量左掌骨（远端残）1件，近端长16.62、宽11.67毫米；测量右掌骨近端1件，近端长24.28、宽14.44毫米；测量右掌骨近端1件，近端长30.39、宽22.50毫米；测量右桡骨近端1件，近端长42.82、宽22.80毫米；测量左桡骨近端1件，近端长41.14、宽20.62毫米；测量左肱骨远端（残）1件，远端长39.64毫米；测量右胫骨远端1件，远端长29.96、宽24.55毫米。

6. 黄牛

测量左跖骨近端（残）1件，近端长63.41毫米；测量右跖骨近端1件，近端长64.64、宽57.69毫米；测量右跖骨近端1件，近端长71.49、宽51.94毫米；测量左掌骨（远端未愈合）1件，近端长74.19、宽40.77毫米；测量右掌骨（远端残）1件，近端长71.78、宽43.49毫米；测量右肱骨远端（残）1件，远端长102.66毫米；测量右桡骨近端1件，近端长97.70、宽57.37毫米。

7. 圣水牛

测量右跖骨（远端残）1件，近端长73.77、宽63.62毫米；测量右跖骨近端1件，近端长78.38、宽64.00毫米；测量右胫骨近端1件，近端长132.19、宽98.80毫米；测量右股骨远端1件，远端长131.06、宽137.59毫米；测量左股骨远端1件，远端长121.53毫米；测量右股骨（远端残）1件，近端长154.46、宽78.60毫米。

8. 绵羊

测量下颌共计6件，测量数据见附表六。

测量左肱骨远端1件，远端长45.39、宽43.27毫米；测量右肱骨近端（残）1件，近端长52.24毫米；测量左股骨（远端残）1件，近端长59.81、宽25.44毫米。

9. 兔

测量右桡骨1件，近端长9.80、宽7.05毫米，远端宽10.41毫米，全长68.15毫米。

10. 鱼

发现鱼的脊椎骨（图版四八，8）共计4件，对其直径和厚度进行了测量（表四）。虽然无法根据鱼的脊椎骨来确定其具体种属，也无法判断脊椎骨的大小和鱼的体长呈现出何种比例，但根据现有研究成果可以得知，鱼类脊椎骨的大与和其体长有关[1]。

---

① Rowan Kimon Flad, Specialized Salt Production and Changing Social Structure at the Prehistoric Site of Zhong – ba in the Eastern Sichuan Basin , China , A dissertation submitted in partial satisfaction of the requirements for the degree Doctor of Philosophy in Archaeology, University of California , Los Angeles, 2004.

表四　荆南寺遗址夏商时期鱼脊椎骨测量数据表

单位	种属	骨骼名称	件数	直径	厚
H224	鱼	脊椎	1	34.43	15.03
H224	鱼	脊椎	1	20.10	14.81
H224	鱼	脊椎	1	20.99	12.10
H224	鱼	脊椎	1	34.79	13.49

（三）数量统计

荆南寺遗址动物骨骼遗存（夏商时期和西周）的可鉴定标本数和最小个体数，见表五所示。

表五　荆南寺遗址动物骨骼可鉴定标本数和最小个体数统计

种属 ＼ 分期		夏商时期		西周	
		NISP	MNI	NISP	MNI
蚌	数量	7		1	
	比例	1.35%		1.52%	
鱼	数量	5			
	比例	0.97%			
青鱼	数量	1	1		
	比例	0.19%	2.38%		
龟	数量	8			
	比例	1.54%			
鳖	数量	42		6	
	比例	8.11%		9.09%	
鸟	数量	1	1		
	比例	0.19%	2.38%		
亚洲象	数量	4	1		
	比例	0.77%	2.38%		
啮齿类动物	数量	2	1		
	比例	0.39%	2.38%		
兔	数量	1	1		
	比例	0.19%	2.38%		
狗	数量	3	2	2	1
	比例	0.58%	4.76%	3.03%	7.69%

（续表）

分期 种属		夏商时期		西周	
		NISP	MNI	NISP	MNI
虎	数量			4	2
	比例			6.06%	15.38%
马	数量	9		1	
	比例	1.74%		1.52%	
猪	数量	54	8	6	2
	比例	10.42%	19.05%	9.09%	15.38%
梅花鹿	数量	265	13	40	5
	比例	51.17%	30.97%	60.58%	38.48%
小型鹿科动物	数量	37	3		
	比例	7.14%	7.14%		
大型鹿科动物	数量	10	2	1	1
	比例	1.93%	4.76%	1.52%	7.69%
黄牛	数量	33	3	3	1
	比例	6.37%	7.14%	4.55%	7.69%
圣水牛	数量	17	2		
	比例	3.28%	4.76%		
绵羊	数量	19	4	1	1
	比例	3.67%	9.52%	1.52%	7.69%

（四）痕迹观察

发现用作占卜的卜骨共计6件，其中黄牛肩胛骨（残）（图版四七，6）1件，属于夏商时期；鳖背甲碎块5件，属于西周。黄牛肩胛骨无灼烧痕迹，表面分布有4个钻孔，其余钻孔的数量因肩胛骨破碎而无法统计。4个钻孔中，有3个直径较大，约10毫米，有1个直径较小，约8毫米，有2个钻孔成功钻穿，其余2个未成功钻穿，观察肩胛骨正反两侧，可知其采用单面钻孔技术。

西周的大型鹿科动物胫骨骨干1件，其上有啮齿动物啃咬后留下的痕迹。夏商时期的梅花鹿的右肱骨远端（残）1件，有烧痕。

二　讨论

（一）动物与环境

根据遗址中出土的动物骨骼遗存，来复原古代遗址所处的自然环境和生态环境，是动物考古学研究的一个重要目的。而这种对古代环境的复原，主要基于遗址中出土野生动物的生态习性、位置分布以及种属变化。野生动物与受人为控制的家养动物相比，其生态习性不易发生变化，某个特定的种属往往有适于它们的独特生存环境，因此对自然环境和生态环境的反应极为敏感。我们将通过荆南寺遗址的几类野生动物，对遗址所处的自然环境进行复原。

荆南寺遗址的野生动物主要有蚌、龟、鳖、亚洲象、兔、虎和梅花鹿[①]。蚌常见于湖泊、河流、水库及池塘的沿岸地带。龟和鳖与水有关。象栖息于稀疏草原、竹阔叶树混交林，喜水。兔常栖息于山坡灌丛或杂草丛中。梅花鹿栖息于混交林、山地草原和森林边缘附近，在茂密的大森林中或多岩石的地方较少[②]。从上述野生动物的生存环境推测，遗址附近的地貌环境为坡地、山林、河流或湖泊、森林、灌木丛和草地等。可见荆南寺遗址一带的气候温暖湿润，自然资源丰富。

（二）鱼类枣核状病变骨

在荆南寺遗址动物骨骼遗存中，发现有鱼类枣核状病变骨（图版四八，9）共计2件，分别属于夏商时期和西周。笔者曾参与楠木园遗址出土动物骨骼的整理与研究，楠木园遗址出土有大量鱼类枣核状病变骨[③]。荆南寺遗址和楠木园遗址的此类骨，二者在形态上是完全一致的，只是个体大小有所差异。

此类鱼骨，其实是病变的结果，或称之为骨肥大。它们是某些特定骨骼易膨胀性的肿大，时常存在于脊骨的神经棘上、肋骨上，以及颅内骨膜和鳍的神经嵴上。已知的病变发生于幼年的雄性鲑鱼、石守鱼和鲟鱼等三个鱼种中。这类病变由细胞性骨骼而不是与之相反的非细胞性骨骼构成，一旦出现肿胀和病变，它们将稳定地随着年龄的增长而发育[④]。荆南寺遗址的鱼类枣核状病变骨个体较小，根据其随着年龄的增长而发育的特征以及鱼类的年龄与个体大小呈正比的规律，可以推测荆南寺遗址居民所捕获的发生病变的鱼类个体较小。

（三）动物的比例结构

荆南寺遗址的家养动物有狗、猪、黄牛、圣水牛和绵羊，野生哺乳动物主要有亚洲象、兔、梅花鹿、小型鹿科动物和大型鹿科动物。按最小个体数（见表五）计算，家养动物占哺乳动物最小个体数总数的48.72%，野生哺乳动物占51.28%。家养动物中，数量最多的是猪，占家养动物总数的41%，占哺乳动物总数的20.51%，其次是绵羊和黄牛，最后是圣水牛和狗（图一）。野生哺乳动物中，数量最多的是梅花鹿，占野生哺乳动物总数的65%，占哺乳动物总数的33.33%，其次是小型鹿科动物，最后是大型鹿科动物、亚

---

① 此处及后文中荆南寺遗址仅指该遗址的夏商时期遗存，相关研究以遗址中的夏商时期动物骨骼为依据，特此说明。

② 寿振黄：《中国经济动物志（兽类）》，科学出版社，1962年。

③ 国务院三峡工程建设委员会办公室等：《巴东楠木园》，科学出版社，2006年。

④ Elizabeth J. Reitz, Elizabeth S. Wing, Zooarchaeology, Cambridge University Press, 1999.

洲象和兔（图二）。

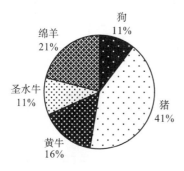

图一　荆南寺遗址家养动物比例结构

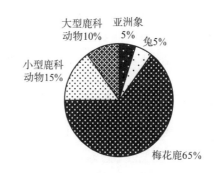

图二　荆南寺遗址野生哺乳动物比例结构

　　荆南寺遗址野生哺乳动物所占比例超过家养动物，说明遗址附近野生动物资源非常丰富，当时居住于遗址上的居民经常从事狩猎活动。

　　（四）家猪的年龄结构

　　目前学术界比较一致地认为，中国北方地区的家猪，最早出自河北武安磁山遗址，距今7500年左右。而迄今为止，南方地区最早的家猪出土于跨湖桥遗址，其年代为距今8000～7000年[①]。荆南寺遗址的猪，下颌 M_3 长和宽的平均值分别为33.92和15.48毫米（附表二）。这些数值均小于"下颌 M_3 平均长度的最大值为40、平均宽度为17毫米"的家猪判断标准[②]，此外将荆南寺遗址猪的相关数据与其他遗址出土家猪的数据进行比较（表六），可以确认荆南寺遗址的猪属于家猪。

　　对照依据猪下颌骨臼齿的萌生、磨蚀状况判断年龄的标准[③]，根据荆南寺遗址猪的右下颌，可以确定年龄的猪共计9个个体（表七）。其中，两岁及两岁以下的个体3个，占总数的33%；两岁以上的个体6个，占总数的67%（表八、图三）。

表六　荆南寺遗址猪下颌骨 M_3 尺寸与其他遗址比较

	遗址	磁山遗址[④]	西山遗址[⑤]	荆南寺遗址
M_3 长	平均值	41.4	35.4	33.92
	离差	39.2～45	29～39	28.96～36.92
	标本数	3	5	5
M_3 宽	平均值	18.3	15.8	15.48
	离差	17.5～20	15～17	13.8～16.89
	标本数	3	5	5

①　袁靖、Rowan K. Flad：《论中国古代家猪的驯养》，《科技考古》第一辑，中国社会科学出版社，2005年。

②　浙江省文物考古研究所、萧山博物馆：《跨湖桥》，文物出版社，2004年。

③　袁靖、杨梦菲：《水陆生动物遗存研究》，《桂林甑皮岩》，文物出版社，2003年。

④　周本雄：《河北武安磁山遗址的动物骨骼》，《考古学报》1981年3期。

⑤　陈全家：《郑州西山遗址出土的动物遗存研究》，《考古学报》2006年2期。

表七　荆南寺遗址猪右下颌年龄鉴定表

单位	骨骼名称	保存状况	件数	备注	M₁磨蚀	M₂磨蚀	M₃磨蚀	年龄
H146	右下颌	碎块	1		g	f	d	4.5 岁
采集	右下颌		1			e	d	4.5 岁
采集	右下颌		1	$M_3 = U$		e		2.5 岁
T99④D	右下颌	残	1		l	f	d	7.5 岁
T99④D	右下颌	碎块	1				b	3 岁
H91	右下颌	残	1	$M_3 = V$				2 岁
H91	右下颌	残	1	$M_3 = V$				2 岁

表八　荆南寺遗址猪的年龄统计表

年龄	2 岁	2.5 岁	3 岁	4.5 岁	7.5 岁
个数	2	1	1	2	1
所占比例	29%	14%	14%	29%	14%

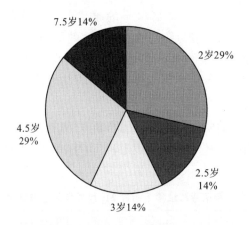

图三　荆南寺遗址猪的年龄结构示意

　　荆南寺遗址的猪，M_3 未完全萌出的未成年个体占总数的 29%，远远低于夏商时期花园庄遗址的 82% 的比例①，成年和老年个体占相当高的比例，显示出极为罕见的地方特征。

（五）荆南寺遗址古代居民肉食结构的复原

　　肉食结构是指人类在摄取肉食资源时所利用的各种动物提供的肉量多少以及由此形成的比例结构。"肉量"是通过动物的总重量减去动物的皮革、内脏以及骨骼重量而得到，这里的"肉"是指附着在骨骼上的肌肉和脂肪。因此只要能够算出每种动物所能提供的肉

---

① 袁靖、唐际根：《河南安阳市洹北花园庄遗址出土动物骨骼研究报告》，《考古》2000 年 11 期。

量，我们就能够复原古代人类的肉食结构。

《古代居民肉食结构的复原》[①]　一文已经对国外复原肉食结构的方法做了系统归纳和总结。对荆南寺遗址古代居民肉食结构的复原，我们采用的方法是：使用动物总重量的百分比以及最小个体数去估算物种所能提供的肉量。这种方法的前提是动物总重量、骨骼重量、内脏重量、皮革重量与肉量的关系已知。具体操作步骤如下：

第一步：确定考古遗址中常见动物的单个个体平均体重。

第二步：用单个个体平均体重乘以此种动物实际可利用的肉量百分比，从而计算出单个动物个体的平均肉量（表九）。

第三步：用单个动物个体的平均肉量乘以这种动物的最小个体数。

表九　考古遗址中常见动物平均体重、肉量百分比及平均肉量

种属	单个个体平均体重（kg）	可利用肉量百分比	平均肉量（kg）
狗	20	50%	10
虎	120	50%	60
猪	70	70%	49
小鹿	12	50%	6
梅花鹿	成年公鹿约150，成年母鹿约100～120	50%	65
麋鹿	雄性214.5，雌性149.7	50%	91
黄牛	312.5	40%	125
水牛	500	50%	250
绵羊	42.5kg	40%	17

荆南寺遗址中有极少数目的蚌、鱼类、龟、鳖、鸟类和兔的骨骼，它们中有的无法确认最小个体数，而其对该遗址古代居民肉食结构的影响作用微乎其微，因而没有将它们计算在内。象骨也因数量稀少而未被计算在内。如表九所示，我们主要基于荆南寺遗址常见的几类哺乳动物进行计算，其中，小型鹿科动物采纳了小鹿的相关数据，大型鹿科动物采纳了麋鹿的相关数据，圣水牛采纳了水牛的相关数据，在此做以说明。

总体看来，荆南寺遗址古代居民的肉食结构复杂、肉食来源丰富，蚌、鱼类、龟、鳖和鸟类等可能已经成为人们肉食资源的一小部分，但最主要的肉食需求则来自哺乳动物，哺乳动物在古代居民的肉食结构中占据了绝对的支配地位。同时，在所有哺乳动物中，又以梅花鹿、圣水牛、猪和黄牛这几种动物最为重要，它们成为荆南寺遗址古代居民最为重要和稳定的肉食来源。梅花鹿是野生哺乳动物，在该遗址主要哺乳动物所提供的肉量中占有最大比重（表十），它成为荆南寺遗址古代居民肉食需求的最主要来源。这一结论再次说明，荆南寺遗址附近野生动物资源非常丰富，当地居民经常从事狩猎活动并以此获取大量肉食资源。

---

①　杨杰：《古代居民肉食结构的复原》，《考古与文物》2007年6期。

表十　荆南寺遗址主要哺乳动物所提供的肉量统计表

狗	肉量（个体肉量×MNI）	10×2＝20	梅花鹿	肉量（个体肉量×MNI）	65×13＝845
	比例	0.83%		比例	35.21%
猪	肉量（个体肉量×MNI）	49×8＝392	黄牛	肉量（个体肉量×MNI）	125×3＝375
	比例	16.33%		比例	15.63%
小型鹿科动物	肉量（个体肉量×MNI）	6×3＝18	圣水牛	肉量（个体肉量×MNI）	250×2＝500
	比例	0.76%		比例	20.83%
大型鹿科动物	肉量（个体肉量×MNI）	91×2＝182	绵羊	肉量（个体肉量×MNI）	17×4＝68
	比例	7.58%		比例	2.83%

（六）与其他遗址的比较

我们选择同为夏商时期的湖北沙市周梁玉桥遗址[①]，与荆南寺遗址进行比较。

周梁玉桥遗址出土的家养动物有狗、水牛和家猪，野生哺乳动物有鼬科动物、野猪、鹿、兔和豪猪。最小个体数为：狗8，水牛7，家猪6，鼬科动物1，野猪1，鹿20，兔1，豪猪1。家养动物最小个体数总数为21，占哺乳动物最小个体数总数的46.67%；野生哺乳动物为24，占53.33%。这一比例与荆南寺遗址具有极大的一致性。

狗在家养动物中所占比例最高，为38%，占哺乳动物总数的17.78%，其次为水牛和猪。鹿在野生哺乳动物中所占比例最高，为84%，占哺乳动物总数的44.45%（图四）。

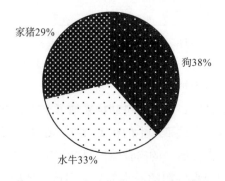

图四　周梁玉桥遗址家养动物比例结构

荆南寺遗址与周梁玉桥遗址中，野生哺乳动物所占比例均高于家养动物，特别是鹿类动物在哺乳动物中所占比例很高（表十一）。根据这一情况，可以推测上述遗址附近野生动物资源非常丰富，居于二遗址上的居民经常从事狩猎活动，狩猎在其生产生活中具有重要地位。

---

① 彭锦华：《湖北沙市周梁玉桥遗址动物骨骸的鉴定与研究》，《考古与文物》1990年1期。

表十一　荆南寺遗址与周梁玉桥遗址出土哺乳动物对比表①

遗址	数据	家养动物						野生哺乳动物					
		狗	猪	水牛	黄牛	圣水牛	绵羊	亚洲象	兔	鹿	鼬科动物	野猪	豪猪
荆南寺	MNI	2	8		3	2	4	1	1	18			
	比例1	11	41		16	11	21	5	5	90			
	比例2	5.13	20.51		7.69	5.13	10.26	2.56	2.56	46.16			
周梁玉桥	MNI	8	6	7					1	20	1	1	1
	比例1	38	29	33					4	84	4	4	4
	比例2	17.78	13.33	15.56					2.22	44.45	2.22	2.22	2.22

三　结语

对荆南寺遗址动物骨骼遗存的研究，始于室内整理和鉴定，经过鉴定、统计和分析，我们得到一些结论，具体如下：

首先，荆南寺遗址所包括的五个时期中，动物骨骼遗存比较丰富，共计960件。这批动物骨骼遗存所代表的动物种属主要有：蚌、青鱼、龟、鳖、鸟、亚洲象、啮齿类动物、兔、狗、虎、猪、梅花鹿、小型鹿科动物、大型鹿科动物、黄牛、圣水牛和绵羊。

其次，根据荆南寺遗址所发现的野生动物的生态习性和位置分布，我们推断出荆南寺遗址周围的地理环境和气候特征。荆南寺遗址附近的地貌环境为坡地、山林、河流或湖泊、森林、灌木丛和草地等。荆南寺遗址一带的气候温暖湿润，自然资源丰富。

第三，荆南寺遗址古代居民的肉食结构复杂、肉食来源丰富，梅花鹿、圣水牛、猪和黄牛，它们成为该遗址古代居民最为重要和稳定的肉食来源。在这四种动物中，又以梅花鹿最为重要。

第四，通过与其他遗址的比较，我们更加清楚地认识到荆南寺遗址古代居民对动物资源的利用方式以及狩猎在当时人类生产和生活中所发挥的重要作用。

---

① 表十一中，比例1为该动物在家养动物（或野生哺乳动物）中所占比例，比例2为该动物在全部哺乳动物中所占比例，比例单位均为%。

附表一　荆南寺遗址商代猪上颌测量数据表

单位	骨骼名称	件数	牙齿	M^1长	M^1前宽	M^1后宽	M^2长	M^2前宽	M^2后宽	M^3长	M^3宽	M^1磨蚀	M^2磨蚀	M^3磨蚀	M^1-M^3
H211	左上颌碎块	1	P^4、M^3残，存M^1、M^2	12.15	9.51	9.77	12.54	13.83	12.10			b	b	f	
H41	右上颌碎块	1	P^3残，存P^4-M^3	15.03	15.89	16.11	20.40			33.75	21.70	m	g	f	70.90

附表二　荆南寺遗址商代猪下颌测量数据表

单位	左右	保存状况	愈合程度	M_1前	M_3后	P_4长	P_4宽	M_1长	M_2长	M_2前宽	M_2后宽	M_3长	M_3宽	M_1-M_3
H146	右	碎块				12.44	9.36	13.85	20.45			35.77	16.89	66.36
采集	右				54.28				19.90	13.55	14.32	32.20	14.43	69.31
采集	右				50.65				19.11	12.02		28.96	13.80	62.76
采集	左		联合部愈合	38.08	50.21			18.17			12.77			62.32
T99④D	右	残		41.09				14.14	20.08		15.73	36.92	16.39	71.25
T99④D	右	碎块										35.73	15.88	
T98④C	左	残							24.28	17.28	17.09			
			最大值						24.28	17.28	17.09	36.92	16.89	71.25
			最小值						18.17	12.02	12.77	28.96	13.80	62.32
			平均值						20.33		14.98	33.92	15.48	66.40
			标准偏差						2.10		1.86	3.29	1.31	3.93
			数据个数						6		4	5	5	5

附表三 荆南寺遗址商代梅花鹿肩胛骨测量数据表

单位	种属	左右	骨骼名称	保存状况	件数	关节盂长	关节盂宽
采集	梅花鹿	左	肩胛骨	残	1	41.51	29.94
采集	梅花鹿	左	肩胛骨	残	1	38.1	28.49
T99④G	梅花鹿	左	肩胛骨	残	1	44.56	34.46
T99④D	梅花鹿	左	肩胛骨	残	1	39.45	30.25
T99④D	梅花鹿	右	肩胛骨	残	1	43.17	31.1
T99④D	梅花鹿	右	肩胛骨	残	1	42.78	28.46
T99④D	梅花鹿	右	肩胛骨	残	1	39.04	27.31
采集	梅花鹿	左	肩胛骨	残	1	40.33	
采集	梅花鹿	左	肩胛骨	残	1	37.26	27.06
T101④I	梅花鹿	右	肩胛骨	残	1	45.42	
T101④I	梅花鹿	左	肩胛骨	残	1	41.43	27.7
T101④I	梅花鹿	右	肩胛骨	残	1	42.59	29.58
T101④I	梅花鹿	左	肩胛骨	残	1	42.59	29.58
H146	梅花鹿	右	肩胛骨	残	1	30.9	
采集	梅花鹿	左	肩胛骨	残	1	30.52	28.07
采集	梅花鹿	右	肩胛骨	残	1	48.05	38.23
采集	梅花鹿	左	肩胛骨	残	1	42.74	
					数据个数	17	13
					最大值	48.05	38.23
					最小值	30.52	27.06
					平均值	40.61	30.02
					标准偏差	4.59	3.15

附表四　荆南寺遗址商代梅花鹿下颌测量数据表

单位	左右	保存状况	愈合程度	P₂前	M₁前	M₃后	dP₄长	dP₄宽	M₁长	M₁宽	M₂长	M₂宽	M₃长	M₃宽	P₂-P₂	M₁-M₃
H211	左					32.48					15.14	10.41	21.33	10.07		
H211	左	残			28.88		19.16	8.67	13.32	8.4						
H211	右	碎块														
H211	右	残											20.79	10.17	27.77	
H211	左	残				37.46			14.71	10.17	16.52	11.63	23.03	10.66		55.02
H211	左	残			24.80	32.79			11.56	10.94	15.26	11.70	22.96	11.21		
H211	右	残							17.47	9.56						
H211	右	残	联合部未愈合	23.92												
H211	右	残	联合部未愈合	23.15											36.13	
H211	左	残	联合部未愈合	18.98					12.83	9.27						
H90	左	碎块							12.57	7.78						
H107	左	碎块											23.54	11.29		
H107	右	残			24.33	35.84			13.22	10.26	16.20	10.34	23.52	10.57		54.38
T99④E	右	残	联合部未愈合	21.82	24.09				14.94	9.68	18.33	10.65			38.36	
T101④I	左	残		23.73	26.29	36.74			14.77	10.24	16.16	10.99	22.39	8.71	37.98	54.24
H44	左	残									18.64	10.70	22.01	10.43		

附表五　荆南寺遗址商代梅花鹿肢骨测量数据表

单位	左右	骨骼名称	部位	保存状况	愈合程度	件数	长	宽	高	近端长	近端宽	远端长	远端宽	全长	痕迹
T59④b	左	股骨	远端	残		1						50.00	61.88		
T59④b	左	桡骨	近端	残		1				41.23	22.95				
采集	右	跟骨				1	26.34	25.60	84.56						

（续表）

单位	左右	骨骼名称	部位	保存状况	愈合程度	件数	长	宽	高	近端长	近端宽	远端长	远端宽	全长	痕迹
采集		距骨	远端			1						30.94	22.51		
采集	右	胫骨	远端			1							24.86		
采集	右	肱骨	远端			1						45.68	44.44		
采集	右	股骨	近端			1				57.98	27.90				
采集	右	肱骨	近端			1				61.98	49.34				
采集	右	胫骨	近端			1				55.36	49.53				
采集	左	桡骨	近端			1				39.63	22.26				
采集	左	距骨				1	44.38	27.24							
采集	右	距骨				1		24.83							
采集	右	距骨				1	41.55	25.82							
H120	左	桡骨	近端			1				36.98	20.54				
H120	右	距骨				1						28.92	20.77		
H120	左	跟骨		完整		1	24.52		82.23						
H120	左	胫骨	远端	近端残		1		29.60				34.67	26.54		
H120	左	股骨		残		1				59.47					
H120	右	肱骨	远端			1						38.83	38.4		
T99④G	右	肱骨	远端			1						42.20	40.34		
H211	右	肱骨	远端			1						37.42	38.29		
H211	左	肱骨	远端			1						41.75	41.44		
H211		掌骨	远端			1						30.76	20.35		
H211		距骨	远端			1						27.01	19.23		
H211		掌骨	远端			1						29.47	21.63		
H211	右	胫骨	远端			1						35.60	26.52		

（续表）

单位	左右	骨骼名称	部位	保存状况	愈合程度	件数	长	宽	高	近端长	近端宽	远端长	远端宽	全长	痕迹
H211	右	跖骨	近端			1				27.68	28.18				
H211	左	桡骨	近端			1				39.60	21.26				
H211	右	桡骨	远端			1						30.07	22.78		
H211	左	桡骨	远端			1						33.48	24.99		
H211	右	胫骨	近端			1				58.71	43.28				
H211	右	股骨	远端			1							70.47		
T99④D	右	胫骨	近端	残	关节未愈合	1						39.66	39.54		
T99④D	右	胫骨	近端			1									
T99④D	右	桡骨		远端残		1				27.03	20.38				
T99④D	左	掌骨		远端残		1		29.17		28.09	19.85				
T99④D	右	跟骨	近端	残		1	29.13								
采集	右	胫骨	近端	残		1				55.25	49.18				
采集	左	股骨	远端			1									
T99④H	右	胫骨	远端	远端残		1						51.86	60.42		
T99④H	左	肱骨	远端			1						39.73			
T99④H	右	肱骨	远端	残	未愈合	1									
T99④H	右	股骨	远端关节		关节未愈合	1						57.73			
T99④H	右	桡骨	近端			1				40.45	21.16				
采集	右	胫骨	远端			1						35.08	28.80		
采集	右	距骨				1	39.75	25.23							烧痕
H210	右	跟骨	远端关节		关节未愈合	1		29.82	26.07						
H210	左	胫骨	远端			1						42.33			
T101④I	左	肱骨	远端			1						43.75	40.79		

（续表）

单位	左右	骨骼名称	部位	保存状况	愈合程度	件数	长	宽	高	近端长	近端宽	远端长	远端宽	全长	痕迹
T101④I	右	桡骨	近端			1						29.7	20.08		
T101④I	右	距骨	近端			1				25.67	29.36				
T101④I	右	距骨		远端残		1				25.85	27.98				
T101④I	右	距骨		完整		1				27.85	30.77	29.97	20.90	226.69	
T101④I	左	距骨	近端	近端残		1				24.81	27.10				
T101④I	左	胫骨	近端	残		1				52.80					
H196	左	跟骨		完整		1	85.88	27.40	31.19						
H40A	右	桡骨				1				42.34	21.57	35.79	25.34	204.07	
H40A	右	股骨	远端			1						49.22	55.51		
采集	右	掌骨	近端			1				31.50	23.4				
采集	右	股骨	近端			1				60.66	25.33				
采集	右	肱骨	远端			1						37.98	38.74		
采集	右	距骨				1	46.15	25.98							
采集	左	距骨				1	42.12	25.33							
		跟骨	远端	残		1									
T99④L	左	肱骨	远端	残		1						38.02	36.14		
T99④L	左	肱骨	远端			1						37.80			
H233	右	胫骨	远端			1						35.15	27.30		
H233	左	距骨	近端	近端残		1				25.32	28.11				
采集	右	胫骨				1						33.75	26.23		
T99④H	右	股骨	远端		远端未愈合	1						49.31	52.45		
T99④H	右	距骨	远端			1				29.13					
		掌骨	远端			1							20.21		
采集	左	桡骨	近端			1				40.71	22.16				

（续表）

单位	左右	骨骼名称	部位	保存状况	愈合程度	件数	长	宽	高	近端长	近端宽	远端长	远端宽	全长	痕迹
采集	右	桡骨	近端			1				41.98	21.21				
采集	右	肱骨	远端	残		1						41.70			
采集	右	距骨				1	39.08	25.11							
采集	左	距骨				1	41.59	25.48							
采集	左	距骨				1	45.45	27.42							
采集	左	跟骨		关节残		1			35.44						
采集	右	跟骨		关节残		1		25.48	27.12						
T58④C	右	股骨	远端			1						58.84	39.40		
T58④C	左	胫骨	近端			1				57.92	53.47				
H90	右	肱骨	远端			1						41.75	40.65		
H90	左	肱骨	远端			1						44.62	40.92		
H90	右	肱骨	远端			1						36.76	35.9		
H90	左	肱骨	远端			1						41.64	39.52		
H90	右	桡骨	近端	近端残		1						32.45	23.84		
H90	右	桡骨	近端	近端残		1						37.10			
H90	左	跟骨		远端残		1	93.07	26.44	35.18						
采集	左	跗骨	远端			1							36.02		
采集	右	跗骨	远端	残		1						27.19	16.65		
采集	右	跗骨	远端			1						29.29			
采集	右	股骨	近端			1				27.75	30.30	51.73	62.81		
H107	右	跗骨	近端			1				38.78	20.39				
H107	右	桡骨	近端			1									
H107	左	跟骨				1	85.40	25.96	29.93						
H107	左	肱骨	远端			1						40.01	39.18		

（续表）

单位	左右	骨骼名称	部位	保存状况	愈合程度	件数	长	宽	高	近端长	近端宽	远端长	远端宽	全长	痕迹
H107	右	距骨	近端			1				29.49					
H107		掌骨	远端			1						28.62	19.70		
H107	右	距骨	近端			1				29.53	32.66				
采集	左	桡骨	远端			1						29.01	17.55		
采集	右	胫骨	近端	残		1					51.22				

附表六　荆南寺遗址商代绵羊下颌测量数据表

单位	左右	保存状况	件数	牙齿	M_3后	P_3长	P_3宽	M_1长	M_1宽	M_2长	M_2宽	M_3长	M_3宽
H211	右	残	1	P_3		13.27	7.40						
H211	右	残	1	M_2、M_3						17.59	11.53	23.17	9.94
T101④I	左	碎块	1	$M_1 - M_3$				13.43	10.92	16.56	11.00	22.35	10.27
T101④I	左	残	1	M_2、M_3	33.85					16.55	10.44	23.20	10.91
H107	右	残	1	$M_1 - M_3$				12.21	10.12	16.29	12.00	23.18	10.78

附表七　荆南寺遗址大溪文化动物骨骼统计与测量表

单位	种属	骨骼名称	部位	件数	长	宽	高	近端长	近端宽	远端长	M_1前	M_1长	M_1宽	M_2长	M_2宽	M_3长	M_3宽	M_1 – M_3
T58⑥A	小型鹿科动物	右掌骨	近端	1				30.39	22.50									
T58⑥A	小型鹿科动物	胫骨	骨干	1														
T58⑥A	梅花鹿	左尺骨		1														
T58⑥A	梅花鹿	左肱骨	远端	1														
T58⑥A	梅花鹿	右肱骨	远端	1						37.25								
T58⑥A	梅花鹿	右跟骨		1	86.43	23.04	26.77											
T58⑥A	梅花鹿	左跟骨		2														
T58⑥A	圣水牛	肱骨	骨干	1														
T58⑥A	梅花鹿	左下颌		1							24.82	13.82	11.32	17.62	11.69	23.02	11.35	58.31

附表八　荆南寺遗址石家河文化动物骨骼统计与测量表

单位	种属	左右	骨骼名称	部位	保存状况	件数	远端长	远端宽
T48⑤	黄牛		炮骨	远端关节		1	81.24	40.37
T51⑤	绵羊	左	下颌		碎块	1		
T51⑤	猪	右	下颌		碎块	1		

附表九　荆南寺遗址西周时期动物骨骼统计与测量表

单位	种属	骨骼名称	部位	件数	长	宽	近端长	近端宽	远端长	远端宽	M1长	M1（前）宽	M1后宽	M2长	M2宽	M3长	M3宽
H120	梅花鹿	左肩胛骨		1													
H120	梅花鹿	右距骨		1	41.55	25.82											
H120	梅花鹿	左下颌支		1													
H120	梅花鹿	左桡骨	近端	1			36.98	20.54									
H120	梅花鹿	左下颌		1												22.76	10.63
H120	梅花鹿	距骨	远端	1					28.92	20.77							
H120	梅花鹿	左跟骨		1	24.52	29.60											
H120	梅花鹿	左下颌		1										17.55	10.00		
H120	梅花鹿	右胫骨		1					34.67	26.54							
H120	梅花鹿	距骨	近端	1													
H120	猪	右胫骨	近端	1			33.67	33.08									
H120	猪	右下颌		1												34.76	15.32
H120	猪	左盆骨		1													
H120	猪	左肩胛骨		1													
H120	黄牛	右桡骨	近端	1			89.00	52.02									
H120	狗	左尺骨		1													

（续表）

单位	种属	骨骼名称	部位	件数	长	宽	近端长	近端宽	远端长	远端宽	M1 长	M1（前）宽	M1 后宽	M2 长	M2 宽	M3 长	M3 宽
H120	狗	右尺骨		1													
H120	蚌	碎块		1													
H120	鱼	枣核状结结骨		1													
H120	鳖	背甲碎块		1													
H120	梅花鹿	左肩胛骨		1		27.96											
H120	梅花鹿	左肩胛骨		1		25.95											
H120	梅花鹿	左股骨	近端	1			59.47										
H120	梅花鹿	右肱骨	近端	1					38.83	38.40							
H120	梅花鹿	右髋骨		1													
H120	梅花鹿	下颌支		2													
H120	梅花鹿	下颌髁突		1													
H120	梅花鹿	左下颌		1							13.91	9.24		15.45	9.90		
H120	绵羊	右肩胛骨		1													
H75	梅花鹿	左肱骨	近端	1						35.05							
H75	梅花鹿	跖骨	骨干	1													
H75	梅花鹿	右股骨	骨干	1													
H75	梅花鹿	左股骨	远端关节	1													
H75	梅花鹿	右肱骨	近端	1					42.16								
H75	梅花鹿	右桡骨	近端	1													
H75	猪	右桡骨	近端	1					44.29	29.46							
H75	黄牛	左肱骨	远端	1					74.05	86.62							
H75	黄牛	左桡骨	近端	1			81.86										

（续表）

单位	种属	骨骼名称	部位	件数	长	宽	近端长	近端宽	远端长	远端宽	M1长	M1(前)宽	M1后宽	M2长	M2宽	M3长	M3宽
H75	梅花鹿	右股骨	远端	1					54.79								
H75	梅花鹿	盆骨碎块		1													
H75	梅花鹿	右肱骨	远端	1					34.55								
H75	梅花鹿	右桡骨	远端	1					34.11	24.75							
H75上	梅花鹿	第一节趾骨		2													
H75	猪	右下颌		1							16.49	8.61	10.18				
T59③	梅花鹿	左股骨	近端	1													
T59③	梅花鹿	跖骨	远端	1					28.06	20.93							
T59③	梅花鹿	跖骨	远端	1					30.24	20.72							
T59③	梅花鹿	左股骨	远端关节	1													
T59③	梅花鹿	右肱骨	近端	1													
T59③	梅花鹿	右肱骨	远端	1					38.20								
T59③	梅花鹿	左肱骨	远端	1													
T59③	梅花鹿	炮骨	远端	1					31.42	20.85							
T59③	梅花鹿	左肱骨	近端	1			62.28										
H75	鳖	背甲碎块		5													

附表十　荆南寺遗址东周时期动物骨骼统计表

单位	种属	骨骼名称	愈合程度	件数
H123	虎	下颌	联合部愈合	1
H123	虎	下颌	联合部愈合	1

后　记

　　本报告由张绪球负责编写。全文由张绪球执笔，器物草图由文必华、王家正、王丽等绘制，线图由张绪球清绘，器物照片由郝勤建拍摄，出土动物骨骼由湖北省文物考古研考所陶洋鉴定并撰写报告。遗物的前期整理工作由王宏、何努等负责。本报告在编写过程中得到了湖北省博物馆暨湖北省文物考古研究所的大力支持，谨在此表示谢意。

编　者

2008 年 9 月

1. 遗址南侧

2. 遗址西侧断面

荆南寺遗址地形

1. F25

2. F26

夏商时期房址

斝（M26：1）

夏商时期铜器

1. 陶罐（T45⑥B：1）

2. 锛（T68④C：20）

3. 戈（M26：2）

4. 钺（M26：3）

5. 刀（M26：6）

夏商时期铜器、陶器

1. AⅡ式鬲（H17：13）

2. A型鼎（H23：1）

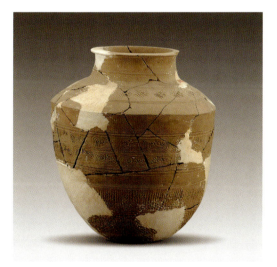

3. 瓮（T④C：1）

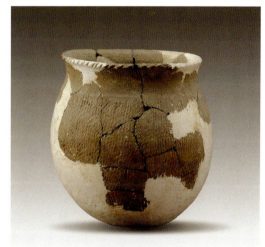

4. 罐（H23：2）

夏商时期陶器

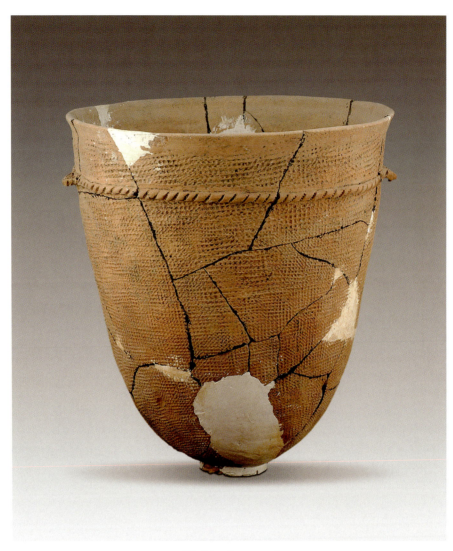

A Ⅲ 式缸（H2：2）

夏商时期陶器

1. 夏商时期A型陶尊（M26：4）

2. 夏商时期陶鬹（H4：3）

3. 夏商时期卜甲（H3：6）

4. 西周时期A型陶鬲（T3③：31）

夏商、西周时期陶器、卜甲

5. 西周时期B型陶鬲（T18③：51）

1、2.方壶、圆壶（M1：64、2）

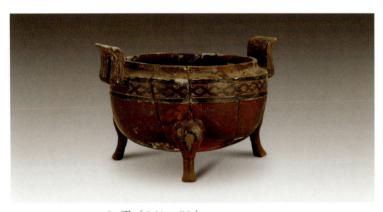

3.盂（M1：70）

4.鼎（M1：69）

西汉时期陶胎漆器

1. 荆南寺遗址地形（由北向南，箭头所指为遗址残存部分）

2. 石杵（T67⑧：62）

3. B型陶豆（T18⑤C：1）

荆南寺遗址地形与
大溪文化石器、陶器

4. 陶三足盘（T13⑤B：1）

1. 大溪文化陶甑（015）

2. 大溪文化A型碗（T18⑤C：230）

3. 大溪文化A型碗（T17⑥A：1）

4. 石家河文化釜（T50⑤：1）

大溪文化、石家河文化陶器

1. A型钵（T8⑤：2）

2. B型钵（T18⑤：1）

3. A型罐（T30⑤A：2）

4. B型缸（T17⑤A：63）

5. 豆（T17⑤B：52）

6. AI式杯（T37⑤：1）

石家河文化陶器

1. 石家河文化陶鬶（T22⑤B：1）

2. 夏商时期C型石斧（M26：5）

3. 夏商时期石杵（H196：60）

4. 夏商时期石锄（T13④C：91）

5. 夏商时期石镰（T97④C：102）

6. 夏商时期石镰（T101④I：24）

石家河文化陶器和夏商时期石器

1. 石镰（T83②B：17）

2. 骨锥（T114④D：3）

3、4. 石镞（H41：71、T74④C：102） 5. 骨镞（H211：79） 6. 石楔（T67④C：105）

7. 铜刀（F34②：3）

8. 铜刀（T77④B：21）

9. 骨锥（H209：25）

夏商时期石器、骨器、铜器

1. AⅢ式（H70②：1）

2. AⅢ式（T48④D：2）

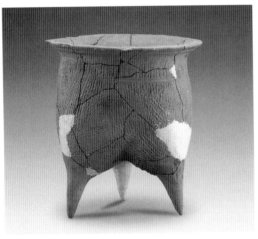

3. BⅡ式（H15：1）

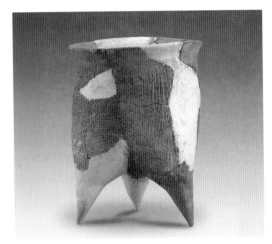

4. BⅡ式（H15：4）

5. BⅡ式（H15：6）

6. BⅡ式（H15：7）

夏商时期陶鬲

1. BⅡ式（H15∶16）

2. BⅡ式（H15∶38）

3. BⅡ式（H21∶1）

4. BⅡ式（T21④C∶1）

5. BⅡ式（T48④D∶3）

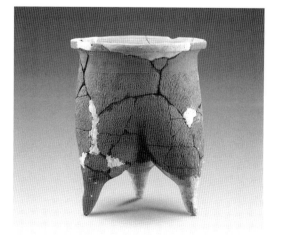

6. BⅢ式（H14∶1）

夏商时期陶鬲

1. BⅢ式（H14：2）

2. BⅢ式（H14：3）

3. BⅢ式（H14：7）

4. BⅢ式（H57：1）

5. BⅢ式（H93：6）

6. BⅢ式（H218：1）

夏商时期陶鬲

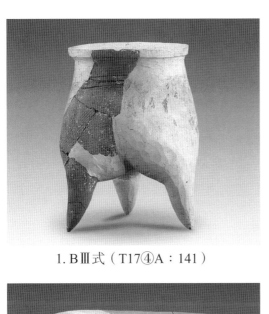

1. BⅢ式（T17④A：141）

2. BⅢ式（T52④A：1）

3. BⅢ式（T57④C：1）

4. BⅣ式（T5④A：1）

5. BⅣ式（T5④A：2）

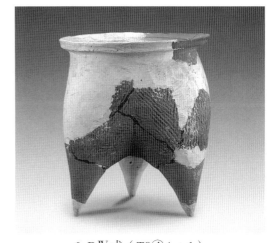

6. BⅣ式（T8④A：1）

夏商时期陶鬲

1. BⅣ式鬲（T21④A：1）

2. Ⅰ式釜（H70⑤：1）

3. BⅣ式鬲（H10：2）

4. Ⅰ式釜（T3④B：1）

5. BⅣ式鬲（H10：1）

6. AⅠ式甗（T11④D：122）

夏商时期陶器

1. Ⅲ式（H12：2）

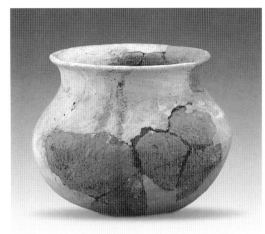

2. Ⅲ式（H12：3）

3. Ⅲ式（H13：1）

4. Ⅲ式（H40：7）

5. Ⅲ式（H70②：3）

6. Ⅲ式（H70②：4）

夏商时期陶釜

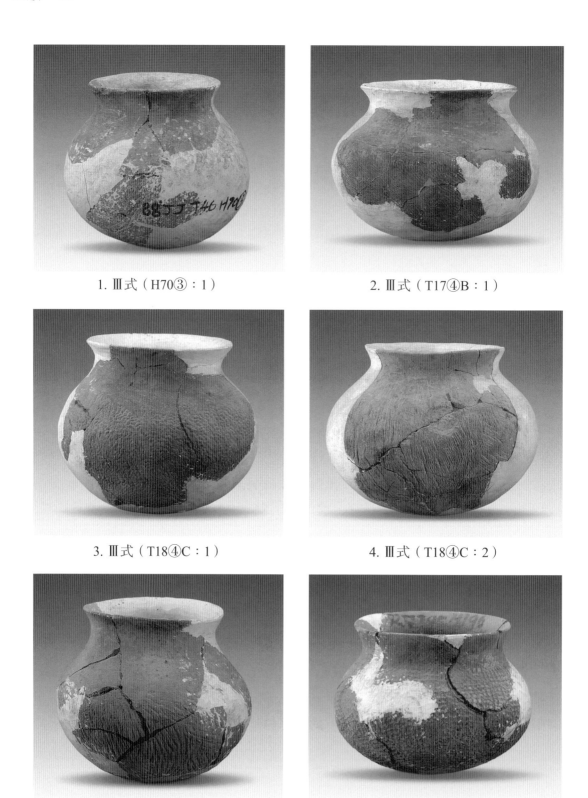

1. Ⅲ式（H70③：1）　　　　　　2. Ⅲ式（T17④B：1）

3. Ⅲ式（T18④C：1）　　　　　　4. Ⅲ式（T18④C：2）

5. Ⅲ式（T62④D：1）　　　　　　6. Ⅲ式（H196：1）

夏商时期陶釜

1. Ⅳ式（H2：1）

2. Ⅳ式（H10：4）

3. Ⅳ式（H25：1）

4. Ⅳ式（H98：1）

5. Ⅳ式（H176：1）

6. Ⅳ式（T17④A：2）

夏商时期陶釜

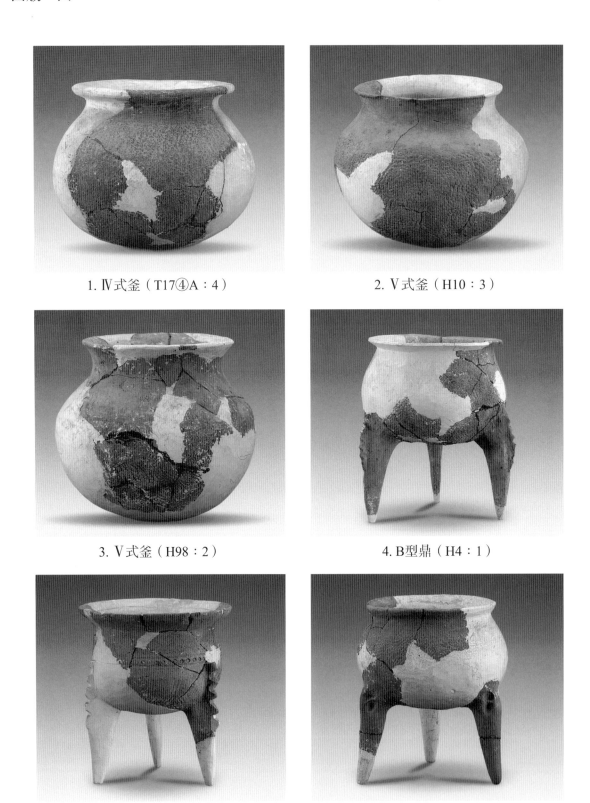

1. Ⅳ式釜（T17④A：4）　　　2. Ⅴ式釜（H10：3）

3. Ⅴ式釜（H98：2）　　　4. B型鼎（H4：1）

5. B型鼎（H4：2）　　　6. B型鼎（H17：1）

夏商时期陶器

1. C型（H105：1）

2. D型（T22④B：3）

3. D型（T24④B：1）

4. E型（T2④A：5）

5. E型（T5④：1）

6. F型（T45④C：18）

夏商时期陶鼎

1. G型鼎（T23④B：1）

2. I 式深腹夹砂罐（T13④C：41）

3. 甑（T17④D：1）

4. I 式深腹夹砂罐（H17：19）

夏商时期陶器

1. Ⅰ式深腹夹砂罐（H17：29）

2. Ⅱ式深腹夹砂罐（H15：18）

4. Ⅰ式凸肩罐（H211：2）

3. Ⅲ式深腹夹砂罐（T11④A：45）

5. Ⅰ式凸肩罐（H211：3）

夏商时期陶器

1. Ⅰ式凸肩罐（T112④F：1）

2. Ⅱ式凸肩罐（T19④：32）

3. Ⅱ式凸肩罐（T103④B：2）

4. 罐（T36④B：1）

5. 罐（T17④A：3）

6. 罐（T17④C：1）

夏商时期陶罐

1. AⅠ式（T11④C：1）

2. AⅡ式（T10④C：1）

3. AⅢ式（H2：6）

4. AⅢ式（H25：2）

夏商时期陶缸

1. AⅢ式（H35：3）　　　　　2. AⅢ式（H210：1）

3. AⅢ式（H165：2）　　　　　4. AⅣ式（H12：7）

夏商时期陶缸

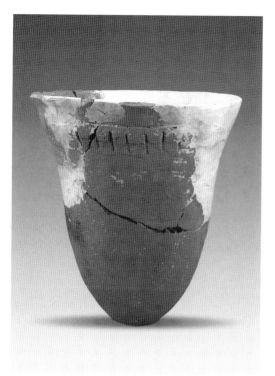

1. C型缸（H90：15）

2. 大口尊（T48④E：13）

3. Ⅲ式大口尊（H167：11）

4. 瓮（H21：7）

夏商时期陶器

1. 瓮（T6③B：1）　　　　2. 瓮（H70③：2）

3. 瓮（H4：4）　　　　4. 壶（H4：5）

5. 壶（T9④B：2）　　　　6. 壶（T106④C：1）

夏商时期陶器

1. 大口尊（T48④D：19）

2. 大口尊（T18④A：185）

3. B型尊（H15：3）

4. B型尊（H37：1）

5. C型尊（T12④B：1）

6. A型盆（H15：10）

夏商时期陶器

1. A型盆（H57：2）

2. B型盆（H21：5）

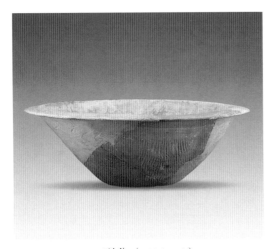

3. C型盆（H21：4）

4. C型盆（T109④D：1）

5. A型簋（T44④A：1）

6. A型簋（G2：12）

夏商时期陶器

1. B型簋（T96④B：1）

2. 研磨盆（H13：24）

3. 研磨盆（H133：1）

4. A型爵（M26：1）

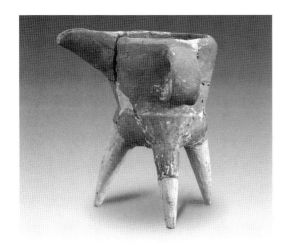

5. A型爵（T45④C：1）

6. B型爵（H217：1）

夏商时期陶器

1. Ⅰ式鬶（T12④C：1）

2. Ⅱ式鬶（T48④C：1）

4. Ⅰ式凸肩杯（H196：2）

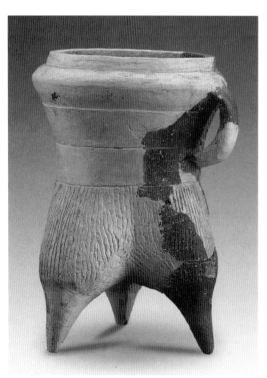

3. Ⅱ式鬶（T80④B：1）

5. Ⅱ式凸肩杯（H3：1）

夏商时期陶器

1. Ⅱ式凸肩杯（H221：1）

2. Ⅱ式凸肩杯（T15④：1）

3. Ⅱ式凸肩杯（T59④C：2）

4. Ⅱ式凸肩杯（T45④C：4）

5. Ⅲ式凸肩杯（T13④A：2）

6. Ⅲ式凸肩杯（H43：1）

1. Aa型（H70③：5）

2. Ab型（T5④C：1）

3. Ab型（T51④C：2）

4. Ab型（T48④D：5）

5. Bc型（T47④C：1）

夏商时期陶豆

1. CⅠ式（H93：3）

2. CⅡ式（H52：1）

3. CⅠ式（T6③：2）

5. CⅡ式（H130：1）

4. CⅠ式（T17④A：5）

夏商时期陶豆

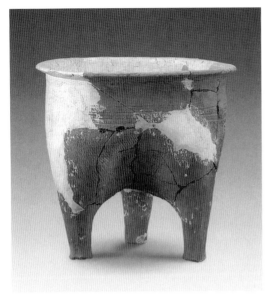

1. 西周时期A型鬲（G2：1）

2. 西周时期D型鬲（H191：1）

3. 西周时期壶（H176：2）

4. 东周时期A型罐（J11：5）

西周、东周时期陶器

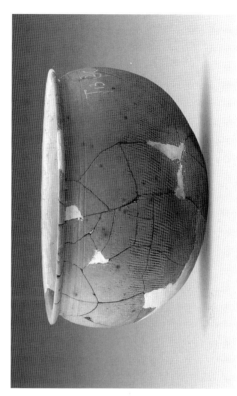

2. 西周时期盆（H137∶1）

1. 西周时期盆（H73∶1）

4. 东周时期A型盆（T13②C∶1）

3. 东周时期A型盆（H11∶21）

西周、东周时期陶盆

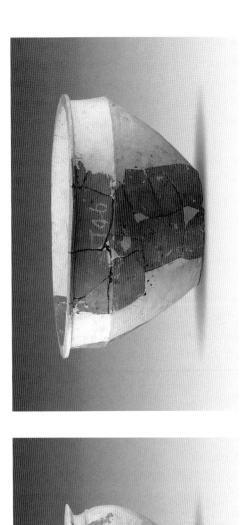

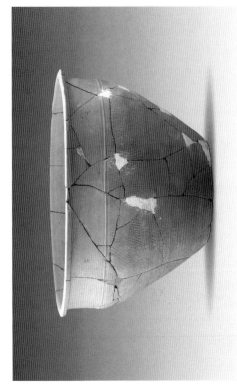

2. B型（T46②A∶1）

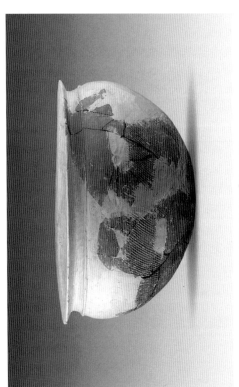

1. A型（T67②C∶1）

4. B型（W1∶1）

3. B型（W4∶1）

东周时期陶盆

1. 瓮（W2∶1）

3. 长颈壶（J11∶4）

2. 瓮（W1∶2）

东周时期陶器

1. 东周时期Ⅰ式豆（H11：3）

2. 东周时期Ⅰ式豆（T13②B：1）

3. 西汉时期Ⅰ式盒（M73：19）

4. 西汉时期Ⅱ式盒（M4：14）

5. 西汉时期Ⅰ式长颈绳纹罐（039）

6. 西汉时期长颈绳纹罐（M4：5）

东周、西汉时期陶器

1. B型鼎（M24：2）

2. Ⅰ式矮领小罐（M4：13）

3. Ⅰ式矮领小罐（M12：3）

4. Ⅰ式矮领小罐（M24：6）

5. Ⅰ式矮领小罐（M30：7）

6. Ⅰ式矮领小罐（M30：8）

西汉时期陶器

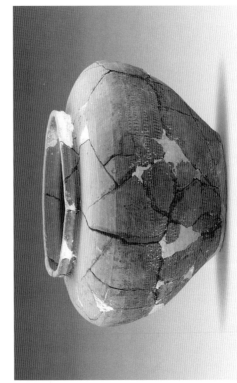

2. Ⅱ式矮领小罐（M30：9）

4. 大口广肩罐（M30：5）

1. Ⅱ式矮领小罐（M24：10）

3. Ⅱ式矮领小罐（M57：12）

西汉时期陶器

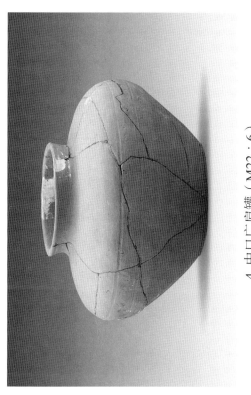

4. 中口广肩罐（M22：6）

5. Ⅰ式瓮（M54：13）

1. A Ⅰ式盘（M73：2）

2. A Ⅱ式盘（M30：10）

3. B Ⅰ式盘（M12：4）

西汉时期陶器

1. Ⅱ式陶瓮（M5：6）

2. Ⅱ式瓮（M38：9）

3. A Ⅰ式壶（M54：11）

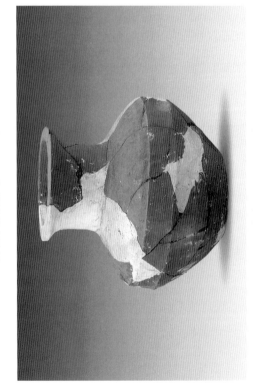

4. A Ⅰ式壶（M54：21）

西汉时期陶器

1. A I 式（M24：9）

2. A II 式（M12：9）

3. B型（M4：9）

4. C型（M30：2）

西汉时期陶器

1. A I 式（M73：9）

2. A II 式（M30：11）

3. B I 式（M4：2）

4. B II 式（M49：7）

西汉时期陶盂

1. B Ⅲ 式盂（M5：11）

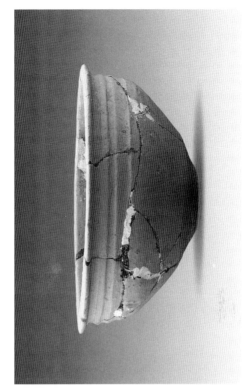

2. B Ⅲ 式盂（M24：1）

3. A Ⅰ 式瓿（M73：1）

4. B Ⅰ 式瓿（M24：13）

西汉时期陶器

1. M24：7

2. M5：3

西汉时期陶灶

1. M38:5

2. M78:2

西汉时期陶灶

1. M24：11

2. M33：3

西汉时期陶仓

1. M38：11

2. M47：2

西汉时期陶仓

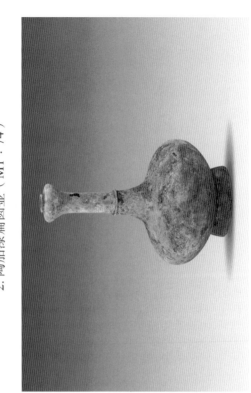

2. 陶胎漆扁圆壶（M1：74）

5. 铜蒜头壶（M1：82）

1. 陶釜（M29：3）

3. 陶胎漆盂（M1：73）

4. 陶胎漆盘（M1：84）

西汉时期器物

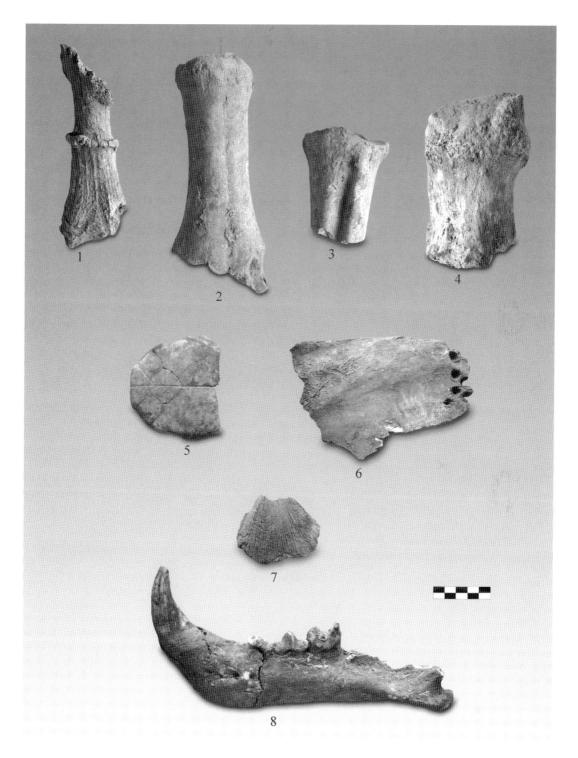

1. 梅花鹿角　2. 圣水牛右跖骨　3. 黄牛右跖骨　4. 亚洲象趾骨　5. 龟背甲
6. 黄牛肩胛骨　7. 蚌　8. 虎左下颌

动物骨骼

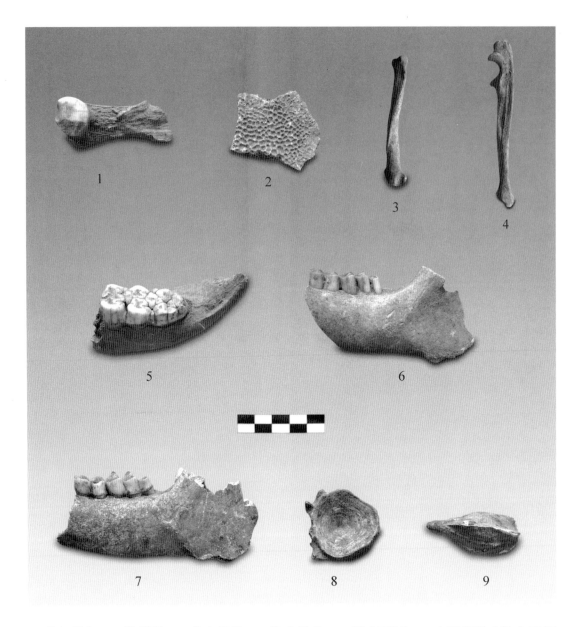

1.青鱼咽齿　2.鳖背甲　3.兔右桡骨　4.狗右尺骨　5.猪右下颌　6.小型鹿科动物右下颌
7.绵羊左下颌　8.鱼脊椎　9.鱼类枣核状病变骨

动物骨骼